ESQUISSE

D'UNE

CONSTITUTION

DÉMOCRATIQUE

PAR

MATHURIN GUÉRIN

PARIS

CALMANN LÉVY, ÉDITEUR

ANCIENNE MAISON MICHEL LÉVY FRÈRES

RUE AUBER, 3, ET BOULEVARD DES ITALIENS, 15

A LA LIBRAIRIE NOUVELLE

1876

NOUVEAUX OUVRAGES EN VENTE

Format in-8°.

J. AUTRAN *de l'Acad. franç.* f. c.

ŒUVRES COMPLÈTES, t. III. — La Flûte et le Tambour.................. 6 »

BEAURE

LA DÉMOCRATIE CONTEMPORAINE, 1 v. 6 »

COMTE DE PARIS

HISTOIRE DE LA GUERRE CIVILE EN AMÉRIQUE, t. I à IV.............. 30 »

ATLAS POUR SERVIR A L'HISTOIRE DE LA GUERRE CIVILE EN AMÉRIQUE. Livraisons I à IV.............. 30 »

VICTOR HUGO

LES CHATIMENTS. 1 volume.......... 6 »

PAULINE L.

LE LIVRE D'UNE MÈRE, 1 volume ... 6 »

J. H. MERLE D'AUBIGNÉ

HISTOIRE DE LA RÉFORME EN EUROPE AU TEMPS DE CALVIN, t. VI....... 7 50

ERNEST RENAN

L'ANTECHRIST, 1 volume.............

J. MICHELET

ORIGINE DES BONAPARTE, 1 volume..

JUSQU'AU 18 BRUMAIRE. 1 volume...

JUSQU'A WATERLOO, 1 volume.......

H. RODRIGUES

SAINT PAUL, 1 volume...........

JULES SIMON

SOUVENIRS DU QUATRE SEPTEMBRE. — Le gouvernement de la Défense nationale. 1 volume ....

L. DE VIEL-CASTEL *de l'Acad. fr*

HISTOIRE DE LA RESTAURATION, t. XVII

Format gr. in-18 à 3 fr. 50 c. le volume.

A. ACHARD vol.

LA TRÉSORIÈRE......................... 1

A. DE BRÉHAT

L'HOTEL DU DRAGON..................... 1

LE MARI DE MADAME CAZOT............... 1

SOUVENIRS DE L'INDE ANGLAISE.......... 1

VACANCES D'UN PROFESSEUR.............. 1

E. CADOL

LA BÊTE NOIRE......................... 1

JULES DE CARNÉ

MARGUERITE DE KERADEC................. 1

AL. DUMAS FILS *de l'Acad. franç.*

THÉRÈSE 1

O. FEUILLET *de l'Acad. franç.*

UN MARIAGE DANS LE MONDE.............. 1

O. FILEX

UN ROMAN VRAI......................... 1

DE GASPARIN

PENSÉES DE LIBERTÉ.................... 1

TH. GAUTIER

PORTRAITS ET SOUVENIRS LITTÉRAIRES. 1

GUSTAVE HALLER

LE BLEUET............................. 1

N. HAWTHORNE *Traduction A. Spoll*

CONTES ÉTRANGES....................... 1

ARSÈNE HOUSSAYE

LES DIANES ET LES VÉNUS............... 1

VICTOR HUGO

QUATREVINGT-TREIZE.................... 2

ALPHONSE KARR

PLUS ÇA CHANGE........................ 1

KEL-KUN

PORTRAITS............................. 1

NOUVEAUX PORTRAITS.................... 1

PROSPER MÉRIMÉE

LETTRES A UNE AUTRE INCONNUE...... 1

MÉRY

LA FLORIDE..........................

MICHELET

LE PRÊTRE...........................

CH. MONSELET

LES ANNÉES DE GAIETÉ................

D. NISARD *de l'Acad. française*

RENAISSANCE ET RÉFORME.............

JULES NORIAC

LA MAISON VERTE....................

PAUL PARFAIT

LA SECONDE VIE DE MARIUS ROBERT...

A. DE PONTMARTIN

NOUVEAUX SAMEDIS. Tome XIII.........

C.-A. SAINTE-BEUVE

CHRONIQUES PARISIENNES..............

GEORGE SAND

LA COUPE............................

LA TOUR DE PERCEMONT................

J. SANDEAU *de l'Acad. franç.*

JEAN DE THOMMERAY. — LE COLONEL ÉVRARD ....

E. SCHERER

ÉTUDES CRITIQUES DE LITTÉRATURE....

FRANCISQUE SARCEY

ÉTIENNE MORET.......................

LOUIS ULBACH

MAGDA...............................

A. VACQUERIE

AUJOURD'HUI ET DEMAIN..............

PIERRE VÉRON

LA VIE FANTASQUE....................

CES MONSTRES DE FEMMES ....

L. VITET *de l'Acad. française*

LE COMTE DUCHATEL avec un portrait.

Typographie Lahure, rue de Fleurus, 9, à Paris.

ESQUISSE D'UNE CONSTITUTION DÉMOCRATIQUE

PARIS. — TYPOGRAPHIE LAHURE
Rue de Fleurus, 9

ESQUISSE

D'UNE

CONSTITUTION

DÉMOCRATIQUE

PAR

MATHURIN GUÉRIN

« Il se défiait des improvisations en politique, précisément parce qu'il avait vu tous les partis improviser l'un après l'autre, et toutes les improvisations s'écrouler l'une après l'autre. »

(J. SIMON, *Éloge de M. de Rémusat*.)

« Les lois sont les rapports nécessaires qui dérivent de la nature des choses. »

(MONTESQUIEU, *Esprit des lois*.)

PARIS

CALMANN LÉVY, ÉDITEUR

ANCIENNE MAISON MICHEL LÉVY FRÈRES

RUE AUBER, 3, ET BOULEVARD DES ITALIENS, 15

A LA LIBRAIRIE NOUVELLE

1876

AVERTISSEMENT

Ce travail devait être publié avant les élections générales; il a été commencé sous le ministère Buffet, succédant au ministère de Broglie. Ceci soit dit pour que le lecteur nous excuse, s'il se trouve parfois, dans notre langage, un peu plus de vivacité ou même d'amertume, que ne semble en comporter notre sujet. Nous ne sommes pas, nous l'avouons sans regret, de ces esprits transcendants qui professent pour le nombre un dédain au moins étrange. Enfant du peuple, nous ressentons vivement les injures qui lui sont faites; homme, nous n'avons pas l'outrecuidance de nous attribuer sur le reste des hommes d'autre supériorité que celle que nous devons (si tant est qu'elle existe), au hasard de l'éducation. Or, ce hasard, nous pouvons bien nous en féliciter, sans doute, mais nous ne nous sentons pas le droit d'en tirer avantage pour accabler de notre mépris des gens qui nous valent bien, au fond, et qui n'ont souvent que le tort de s'abandonner à des guides aveugles ou perfides, au lieu de se fier aux lumières de leur bon sens naturel, que ne troublent pas les sophismes de l'intérêt ou de l'orgueil. « *Homo sum; humani nihil a me alienum puto.* Je suis homme, et rien de ce qui touche aux droits ou à la dignité de l'homme ne peut me laisser indifférent. »

Cependant, ce n'est pas sans inquiétude qu'un esprit modeste, parce qu'il connaît sa limite, en arrive à se demander s'il a le droit de se croire plus sage que ses contemporains, sur des points où il se trouve en désaccord avec ceux qui sont réputés les sages. Aussi avons-nous longtemps balancé avant de nous résoudre à publier cet humble résultat de nos réflexions. Les derniers événements parlementaires, plus significatifs qu'il ne semble à des yeux superficiels, nous y déterminent enfin. Nous sommes de plus en plus convaincu que notre constitution, imposée peut-être par les circonstances (bien que tel ne soit pas notre sentiment), n'a été, au point de vue de notre évolution historique, qu'une rétrogradation. Nos descendants du vingtième siècle auront de la peine à comprendre que nous ayons éprouvé le besoin de revenir à ces « chinoiseries ». La démocratie n'a pas de temps à perdre à des amusettes. Elle retournera quelque jour, dans ses institutions, à une simplicité plus logique : une assemblée souveraine, un pouvoir exécutif subordonné. Ce que doit être cette organisation simple et rationnelle d'un gouvernement démocratique, nous avons essayé de le déterminer dans cet ouvrage. Au lecteur de juger si nous y avons réussi.

21 juin 1876.

A MON FRÈRE LUCIEN GUÉRIN

MON CHER LUCIEN,

C'était autrefois l'usage de dédier ses œuvres aux rois, aux princes, aux grands seigneurs et surtout aux financiers; ce qui prouve, en passant, que ces dédicaces n'étaient pas tout à fait désintéressées. Tu n'es ni roi, ni prince, mon cher ami, tu n'es qu'un simple ouvrier; tu appartiens à ce qu'on appelle si dédaigneusement : le nombre, et c'est pourquoi je tiens infiniment à te dédier ce travail, sachant bien que nul ne te surpasse en noblesse et en dignité. Je voudrais qu'il pût faire durer ton nom à côté du mien; malheureusement, je ne puis me flatter d'une telle illusion. Je commence à comprendre qu'on ne sait vraiment assez comment il faudrait faire un livre que lorsqu'il est fini; mais de le recommencer, je n'ai ni le loisir, ni le courage. Qu'il reste donc ce qu'il est, je n'en retrancherai pas même une boutade. — Je ne m'abuse point, crois-moi; je ne travaille ni pour le profit, ni pour la gloire. Payer à la patrie ce que j'estime une dette civique, voilà toute mon ambition. Quiconque croit tenir dans sa main fermée une vérité utile, a le devoir de l'ouvrir, sans s'inquiéter des conséquences.

Tu trouveras, peut-être que le moment est mal choisi pour parler de réformes constitutionnelles en présence d'une constitution toute neuve, et dont nous n'avons encore eu le temps d'éprouver ni les défauts ni les mérites. Mais n'est-il pas certain, mon cher ami, que nous ne l'avons subie que dans l'espoir de l'améliorer un jour? Et d'ailleurs, il ne faut pas oublier un fait sur lequel, par une espèce d'accord tacite, il nous plaît de fermer les yeux; il ne faut pas oublier, dis-je, que, si cette constitution n'a pas produit tout le mal que nous pouvions en redouter, nous devons en rendre grâces à notre fortune autant qu'à notre génie. Où en serions-nous aujourd'hui si, *ce qui était une probabilité qui allait presque jusqu'à la certitude*, nos adversaires avaient obtenu la majorité dans le Sénat? — Il n'est donc pas hors de propos, autant que tu pourrais le croire, de chercher encore une forme de constitution qui réponde mieux à notre idéal démocratique. — C'est la question que je me suis efforcé de traiter sous ses principaux aspects. Je sais bien, mon cher ami, que tout ne peut se faire en un jour, et que le temps est l'étoffe dont la vie des nations est faite, comme celle des individus; je ne suis ni intransigeant, ni même impatient; ma devise est celle-ci : radicalisme dans les principes, modération dans la conduite. Cependant tu comprends bien que, quoi qu'il ne soit pas impossible à un habile ouvrier de faire d'assez bonne besogne avec un outil médiocre, il serait à lui très-peu sensé de ne pas le changer pour un outil meilleur, qui lui permettrait de faire mieux, plus vite et à moins de frais. — Cet outil meilleur, je crois pouvoir l'offrir à mes concitoyens. Je le fais en toute humilité, mais sans aucune inquiétude ni préoccupation. Je ne me suis proposé qu'un but : faire mon devoir, comme je l'entends, et il n'est au pouvoir de personne de m'empêcher de l'avoir fait.

Laisse-moi terminer cette lettre, déjà trop longue, par une réflexion que je te recommande, quoiqu'elle ne soit pas neuve : rien ne serait plus facile à réformer que les constitutions, si nous commencions par nous réformer nous-mêmes. Éclairons-nous; cherchons *avec désintéressement* la vérité et la justice; et les réformes politiques et sociales s'opéreront comme par enchantement. C'est l'ignorance et l'intérêt qui gâtent tout.

Adieu, mon bon ami,

Ton frère dévoué,

M. Guérin.

ESQUISSE

D'UNE

CONSTITUTION

DÉMOCRATIQUE

CHAPITRE PREMIER

Qu'est-ce qu'une société? — Son origine, ses développements.

—

PROLOGUE

En prenant la plume pour exposer sommairement mes idées sur un sujet si important en lui-même et d'un intérêt si actuel pour notre pays, je ne me dissimule pas que je ne possède guère l'autorité requise en ces matières et que nombre de gens, parmi ceux qui me feront l'honneur de me lire, ne manqueront pas de me demander : « Qui êtes-vous? Qui vous a donné mandat de vous occuper de pareilles choses? Allez à vos affaires, brave homme; laissez le soin de bâcler des constitutions à ceux qui sont en possession de nous gouverner; à ces honorables gentilshommes qui ont si profondément médité sur l'organisation des sociétés humaines en chassant leurs lièvres ou leurs sangliers, en engraissant leurs bœufs ou leurs moutons, en jouant à la bourse ou en pariant sur le turf; en vendant leur vin ou leur huile, en tissant leur laine ou leur coton, en forgeant leur fer, en raffinant leur sucre et en faisant leurs affaires de toutes les façons. Qu'avons-nous besoin d'ailleurs de votre logique et de votre théorie? Ne sait-on pas qu'en matière politique il ne faut parler que d'expérience et d'expédients? »

A quoi je me permettrai de répondre en peu de mots : Je suis Français et citoyen; mes intérêts particuliers, si minimes qu'ils puissent paraître, sont compris dans l'intérêt général, ce qui suffit, de reste, à légitimer le mandat que je m'impose à moi-même; je suis homme aussi, et, à ce titre, cet ordre de questions ne peut me rester indifférent; nous avons en ceci, comme en toutes choses, la conception du bien et du mieux, et, comme conséquence de cette conception ou de cet idéal, une tendance nécessaire à en amener la réalisation la plus prompte et la plus complète possible. Ce sont là des intérêts d'un ordre supérieur, des intérêts tout à fait moraux, *spiritualistes* même, que les soi-disant spiritualistes de l'ordre moral sont aujourd'hui les seuls à ne pas comprendre.

Il est vrai que notre vie est obscure, notre position modeste; que nous ignorons absolument l'art de tromper sur la qualité ou la quantité de la marchandise vendue; que nous avons perdu peu d'heures à solliciter dans les antichambres; que notre maladresse serait extrême s'il nous prenait jamais fantaisie de faire passer dans notre poche la fortune d'autrui; qu'il est dans nos habitudes de consacrer plus de temps à méditer sur la justice et la vérité, que nous n'en employons à combiner les moyens de faire plus ou moins malhonnêtement notre chemin dans le monde : Raisons puissantes assurément, mais qui ne me semblent pas suffisantes pour me faire renoncer à mon dessein. Je ne puis me persuader, en effet, qu'il suffise d'avoir fait ses affaires pour faire, comme on dit, celles des autres; ni que le monde en allât beaucoup plus mal pour être gouverné par de simples philosophes, ne fussent-ils pas millionnaires. Quand je remonte vers le passé, j'en trouve même quelques-uns qui ne font pas trop mauvaise figure dans l'histoire de l'humanité. Socrate, par exemple, et Jésus-Christ — sans comparaison, grands dieux! — qui n'eurent jamais à souffrir, je crois, de l'embarras des richesses. Il est vrai qu'ils n'auraient pas même été, sous Louis-Philippe, électeurs censitaires et que les prodigieux personnages qui président à nos destinées leur refuseraient aujourd'hui le nom de conservateurs et les relégueraient dédaigneusement parmi cette canaille révolutionnaire, cette tourbe vile et sans nom qu'on ne peut désigner que par cet ingénieux vocable : « Le nombre ».

— Quant aux esprits transcendants qui trouvent qu'il faut « peu écouter ces docteurs qui mettent toujours en avant la logique et la théorie quand on ne devrait parler que d'expérience et d'expédients », nous n'avons qu'un mot à leur répondre : c'est que la théorie n'est que l'expérience généralisée, l'expérience formulée en lois et en principes; qu'en un mot elle est la science, dont l'expérience ne peut fournir que les éléments. Nous voudrions bien trouver aussi un moyen de nous passer de logique; mais la logique c'est la raison même, et la raison n'est-elle pas la résultante de toutes les forces intellectuelles qui ont élevé l'homme des bas-fonds de l'animalité jusqu'au point culminant de la civilisation moderne? Hélas! est-ce donc de l'abus de la logique que nous avons à nous plaindre aujourd'hui?

Ceci posé, nous entrons en matière, et, sans faire étalage d'une vaine et indigeste érudition, évitant, autant que possible, de nous perdre dans les ténèbres d'une philosophie abstruse, nous allons nous efforcer d'exposer aussi clairement et aussi brièvement que possible, du simple point de vue de notre raison propre, telle que le développement humain, l'étude et la réflexion nous l'ont faite, notre humble opinion sur l'important problème de la constitution politique d'une démocratie en général, et de notre pays en particulier. Si nos idées sont justes, tant mieux! elles feront peut-être leur chemin. Si elles ne le sont pas, tant pis! Mais elles ne seront pas inutiles si elles provoquent la contradiction, et, avec la contradiction, la découverte d'une vérité plus vraie. Dans tous les cas, j'aurai fait mon devoir. Et d'ailleurs, c'est mon plaisir [1].

1. Peut-être est-il besoin de rappeler au lecteur que ces pages étaient écrites avant les élections, et que ce qu'elles peuvent avoir d'un peu vif dans la forme était alors amplement justifié par ce que nous nous permettrions, si nous n'étions poli, d'appeler : les insolences conservatrices.

Toutes les fois qu'on se mêle d'organisation politique ou de gouvernement, il me semble qu'on devrait se demander avant tout ce que c'est qu'une société, ce qu'elle est dans son essence, quel est son but et quels sont les moyens les plus propres à l'atteindre. Le gouvernement, en effet, n'est pas autre chose que l'ensemble de ces moyens, et il est d'autant meilleur qu'il est mieux adapté à l'essence de la société et au but qu'elle poursuit.

Toute la sagesse humaine, à notre avis, peut se résumer en deux mots : Chercher à connaître les lois de la nature afin de nous y soumettre en tant qu'elles nous dominent, et de nous les soumettre en tant que nous sommes capables de les dominer et de les faire servir à nos usages. C'est une grande habileté que de savoir céder à la force des choses quand elle est contre nous, et en faire notre auxiliaire quand elle est pour nous. Vivre conformément à la nature, c'est là qu'est le bonheur possible pour les nations comme pour les individus; car, n'en déplaise aux docteurs dont nous parlions tout à l'heure, pas plus que le monde physique, le monde moral n'est régi par des expériences et des expédients, mais par des lois, lesquelles, dit Montesquieu, sont les rapports nécessaires qui dérivent de la nature des choses.

Malheureusement, il est difficile de dégager ces rapports, quand, au lieu d'étudier l'homme dans son histoire naturelle, on s'en tient, sur son origine, à des notions erronées que nous puisons servilement aux sources d'une tradition antique (et respectable, sans doute, à cause de son antiquité), mais que la science n'avoue pas; ou dans une histoire mal comprise de laquelle nous concluons superficiellement que ce qui a été une fois dans la série des temps est par cela seul légitime et doit subsister à jamais.

Rien, certes, n'est plus contraire à la vérité qu'une pareille manière de voir. S'il est une chose qui soit manifeste aujourd'hui pour des esprits libres, c'est la variabilité continue de l'être par une évolution, si lente, il est vrai, qu'elle échappe dans ses détails à nos observations éphémères, mais dont les résultats importants sont si profondément gravés dans l'écorce même de notre globe, qu'elle éclate à tous les yeux non prévenus. Or, s'il n'est pas possible de croire que l'homme soit sorti tout barbu des mains d'un créateur problématique, qui l'aurait façonné de ses propres mains comme un potier pétrit l'argile; s'il n'est pas possible non plus d'admettre qu'il ait poussé en une nuit comme un champignon, il faut bien qu'il soit devenu ce qu'il est par une suite de transformations successives et que, par sa racine, il plonge au plus profond de l'animalité, dont il subit les lois. Il n'y a là, certes, pour nous, quoi qu'on en dise, rien d'humiliant; nous ne saurions avoir au contraire de plus beau titre de noblesse. C'est peu que d'hériter de la fortune de ses pères; mais de rien s'être fait quelque chose, voilà qui est véritablement noble et dont on peut se glorifier.

— Quand nous embrassons d'un regard l'ensemble des êtres vivant actuellement à la surface de notre planète, nous sommes frappés de ce double fait :

1° Que, malgré leur prodigieuse variété, ils semblent se rattacher les uns aux autres si étroitement que quelques naturalistes ont cru, prématurément peut-être, pouvoir en dresser l'arbre généalogique;

2° Qu'à partir de l'organisme le plus rudimentaire la vie monte sans cesse avec l'intelligence, d'autant plus complexe et plus parfaite, que l'organisme se complique davantage et se perfectionne en se compliquant. — Mais, quel que soit le degré de complication ou de perfection des êtres vivants, un fait primordial les caractérise tous : C'est, par cela seul qu'ils sont, une tendance à persévérer dans leur être et à se développer selon leur essence. Voilà le premier de tous les droits, le droit absolu, la liberté[1].

— Certes, cette liberté, nous ne la respectons guère. Dans la lutte terrible, éternelle à laquelle nous condamne la nécessité de vivre les uns des autres, nous la violons sans remords, mais nous ne la contestons pas. Nous ne disons pas au bœuf ou au mouton : tu n'as pas le droit de vivre; nous le supprimons purement et simplement au nom de la nécessité.

Cependant, il s'en faut de beaucoup que le respect de la liberté soit absent de ce monde. Nous le trouvons, au contraire, dans une certaine mesure à tous les degrés de l'échelle des êtres vivants. Il existe entre les êtres de même espèce et repose sur la notion de similitude ou d'égalité. C'est là, dans son origine, le droit relatif, réduit sans doute à sa plus simple expression, mais indubitable, réel, bien plus nécessaire; l'existence des espèces est à ce prix. Toutefois ce respect n'est pas absolu, car la lutte

1. Ayant à nous occuper de la liberté politique, nous entendons ici le mot de liberté dans le sens d'indépendance; la liberté sociale n'étant, en effet, que l'indépendance personnelle.

pour l'existence s'exerce encore entre les êtres de même espèce; avec ce caractère cependant qu'entre les êtres appartenant à des espèces différentes, il y a guerre déclarée, sanglante; entre les êtres de même espèce, seulement compétition et quelquefois conflit.

Tout cela est assez clair, ce me semble, pour qu'il ne soit plus permis à notre orgueil d'écraser de tant de mépris nos frères inférieurs; frères ou cousins éloignés si l'on veut, dangereux trop souvent, ou incommodes, j'en conviens: mais qui n'en sont pas moins nos frères et quelques-uns nos bons frères, sortis comme nous du sein fécond de la même nature, qui tous nous allaite également à sa robuste mamelle, et qui nous a tous marqués du sceau d'une commune origine [1].

1. Depuis que nous avons lu dans la Bible que tout n'a été créé et mis au monde que pour nous, nous sommes devenus tellement dédaigneux du reste de la nature que j'éprouve le besoin d'abriter la naïveté de mon opinion derrière celle de Montaigne. Le lecteur, j'en suis sûr, me pardonnera volontiers une citation qui est pour lui une bonne aubaine : « Quand je rencontre.... les discours qui « essayent à montrer la prochaine ressemblance de nous aux ani- « maulx, et combien ils ont part à nos plus grands priviléges, et « avecques combien de vraysemblance on nous les apparie, certes, « j'en rabats beaucoup de nostre présomption, et *me démets volon-* « *tiers de celle royauté imaginaire qu'on nous donne sur les autres* « *créatures.*

« Quand tout cela en serait à dire, si y a il un certain respect qui « nous attache et un général debvoir d'humanité, *non aux bestes* « *seulement* qui ont vie et sentiment, *mais aux arbres mesmes et* « *aux plantes.* Nous devons la justice aux hommes, et la grâce et « la bénignité aux aultres créatures qui en peuvent estre capables : « il y a quelque commerce entre elles et nous et quelque obligation « mutuelle. Je ne crains point à dire la tendresse de ma nature, si « puérile, que je ne puis pas bien refuser à mon chien la feste « qu'il m'offre hors de saison, ou qu'il me demande. » (Livre II, chap. XII.)

N'est-ce pas charmant? et de pareils traits ne font-ils pas aimer

— Nous avons déjà trouvé dans la nature les principes généraux du droit, la liberté et l'égalité; nous y avons trouvé ce que l'on pourrait peut-être appeler un droit des gens. Nous n'y avons rien vu encore qui ressemble à un droit politique. En effet, pour des raisons qu'il serait trop long et qu'il est du reste inutile d'exposer ici, la plupart des êtres vivants en sont restés à l'état d'existence individuelle, ou à l'état de famille dans sa forme la plus rudimentaire réduite au rapport des sexes, à la procréation et à l'éducation des enfants jusqu'à l'âge adulte. Est-ce à dire qu'il n'existe rien, en dehors de l'espèce humaine, qui ressemble à une organisation politique, à ce que nous appelons un gouvernement? Loin de là.

Il existe parmi les animaux des sociétés de différents ordres, entre lesquelles il y en a d'admirables que les poëtes et les philosophes se sont plu de tous temps à expliquer par une espèce de *divinæ menti* accordée par les dieux aux animaux qui les composent, et que nous qualifions volontiers d'instinct sublime; tant nous aimons à faire l'économie du mot intelligence, quand il s'agit de l'appliquer à d'autres que nous. Il n'est personne qui ne connaisse les sociétés des abeilles, des fourmis et des castors; ce sont en effet, les plus merveilleuses, mais ce ne sont pas les seules. Tandis que le carnivore vit ordinairement dans une solitude jalouse et farouche, avec sa femelle et ses petits, tenant à une distance respectueuse ses congénères, aussi farouches et aussi jaloux que lui

l'homme autant qu'on l'admire? — Viennent ensuite des exemples de la considération des différents peuples pour les animaux : des Turcs, des Grecs, des Romains, des Égyptiens; mais de Chrétiens néant.

en état d'hostilité constante et nécessaire avec les autres animaux, qu'il attaque ou dont il lui faut se défendre, suivant le rapport qui existe entre leurs forces respectives, les paisibles herbivores, moins puissamment armés, exposés sans cesse à mille périls, se réunissent en troupes nombreuses, soit pour mieux résister à leurs ennemis, soit pour opérer ces longues migrations dont Chateaubriand et Cowper nous ont tracé le magnifique tableau [1].

Voilà un premier exemple de société, bien élémentaire sans doute, réduite à sa plus simple expression ; mais nous y trouvons déjà le caractère fondamental et nécessaire de toute société, à savoir : La liberté, se limitant elle-même pour obéir soit à une autorité reconnue, soit à une règle commune dans un intérêt général. Liberté, autorité, tels sont les deux termes dont la conciliation harmonieuse peut seule produire une bonne et utile constitution.

— Cette harmonieuse conciliation est bien près d'être réalisée, si elle ne l'est complétement, dans des sociétés très-supérieures, quoique formées quelques-

1. « Les tarpans ou chevaux sauvages vivent en troupes de plusieurs centaines d'individus.... Les habitants des steppes, adonnés à l'élève des chevaux, craignent les tarpans encore plus que les loups, à cause des dommages qu'ils leur causent. Dès que ces animaux sauvages aperçoivent une voiture traînée par des chevaux domestiques, ils courent à eux, les entourent et les entraînent de gré ou de force ; ils brisent les voitures à coups de pied, arrachent les harnais avec leurs dents et emmènent leurs congénères dans les déserts. » (MM. Chantre et Lartet. — Le bassin du Rhône à l'époque quartenaire. — *Revue scientifique*, 15 avril 1876.)

N'est-ce pas le cas de s'écrier avec la Fontaine :

> Qu'on m'aille soutenir, après un tel récit,
> Que les bêtes n'ont point d'esprit !

unes par des animalcules d'une extrême petitesse, comme pour nous rendre plus étonnante dans des corps si faibles la grandeur de l'intelligence [1]. Il n'est pas de mon sujet d'entrer ici dans des détails qu'il est facile d'ailleurs de trouver partout, dans les ouvrages d'histoire naturelle. Qu'il me suffise de dire que tous les observateurs s'accordent à reconnaître l'ordre admirable qui règne dans ces petites sociétés, le dévouement absolu de tous les membres à la chose commune, leur intelligence, leur prévoyance, leur énergie au travail et leur courage. Sont-ce là des républiques ou des monarchies? Je l'ignore. Je croirais plutôt, cependant, que ce sont des républiques, car, s'il y a une hiérarchie de fonctions, ce qui est de l'essence même de toute société; on n'y remarque pas de castes vivant aux dépens de la plèbe; point d'oppression, point d'exploitation de la fourmi par la fourmi, de l'abeille par l'abeille, du castor par le castor; point de riches et de pauvres, de millionnaires et de mendiants, de repus et d'affamés; il est vrai qu'il n'y a point d'oisifs, chacun selon son appétit s'assoit au banquet commun et prend justement sa part de la richesse publique.

N'y a-t-il pas quelque rapport entre ces sociétés et les sociétés phalanstériennes, telles que les rêvait Fourrier et telles peut-être qu'elles existeront un jour? quoique je ne l'espère ni ne le désire, ayant de l'organisation des sociétés humaines un idéal que je crois

1. Grandeur et petitesse n'expriment que des relations. Que sommes-nous, nous-mêmes, comparés, non pas à l'univers, mais seulement au globe que nous habitons? moins que des fourmis. Y a-t-il d'ailleurs un rapport nécessaire entre la masse et l'intelligence?

supérieur. Ne jurons de rien cependant; qui oserait, en pareille matière, dire jamais? Ces sociétés, ces états de civilisation, si je puis ainsi parler, nous paraissent immobiles, immuables, parce que, depuis l'origine des temps historiques, nous les avons toujours vus ce qu'ils sont. Mais qui peut affirmer que, dans la longue série des siècles qui composent l'existence de ces espèces, elles n'ont pas traversé les étapes diverses que traverse maintenant l'humanité, la dernière venue parmi les êtres vivants, et que nous ne nous fixerons pas un jour dans cet état définitif, qui semble être le rêve de nos modernes communistes, comme il fut celui de Platon et des premiers chrétiens?

— Qu'on nous permette, en passant, une remarque qui se rattache, du reste, étroitement à notre sujet: c'est que, par l'hérédité, par la tradition, par la division du travail, la sociabilité semble être la condition même de la perfectibilité, ou du moins sa raison la plus puissante. Cela est si vrai, que ces mêmes animaux sociables, le castor par exemple, lorsqu'une cause quelconque les condamne à la vie solitaire, semblent perdre leur génie et cette *divinæ mentis partem* que Virgile attribuait aux abeilles. Certes, la perfectibilité n'est pas niable, au moins chez l'homme; mais cette perfectibilité sera-t-elle indéfinie, ou doit-elle aboutir, pour nous comme pour les autres animaux, à un état fixe qui serait la perfection relative de l'espèce? Montaigne dit: « Que sais-je ! » et Rabelais : « Peut-être »[1].

1. Victor Hugo.

Tout ce que nous pouvons affirmer à cette heure comme résultant de l'étude des êtres vivants, c'est que, quelle que soit la supériorité dont il se vante, à bon droit sans doute, l'homme, en tant qu'être sociable, pas plus qu'à tous autres égards, ne se distingue du reste des animaux, ou ne s'en distingue que par des qualités qui ne sont peut-être pas autant qu'il le croit à son avantage. Il subit comme eux la loi de la nature. S'il est sociable, ce n'est ni par privilége ni par préférence, car il n'est pas le seul; c'est parce qu'il est *devenu* tel que l'état social est pour lui l'état le plus naturel, si naturel qu'il serait aujourd'hui difficile d'admettre qu'il en pût déchoir, et que si, par hasard, quelque couple venait à s'en écarter, sa descendance, vivant dans les mêmes conditions, serait bientôt réduite au même degré d'infériorité relative qui caractérise le castor solitaire par rapport à ce qu'on me permettra d'appeler le castor civilisé.

— Non-seulement l'état de société n'est pas un état de privilége pour l'homme, mais les lois sur lesquelles reposent les sociétés humaines sont nécessairement les mêmes que celles qui régissent les sociétés formées par les animaux inférieurs. Il est évident, en effet, que la première loi de tout être vivant et, par conséquent, son droit fondamental, c'est, par cela seul qu'il est, de persévérer dans son être et de se développer selon son essence; la seconde, de reconnaître à ses semblables, c'est-à-dire aux individus appartenant à la même espèce, un droit identique, c'est-à-dire l'égalité; la troisième enfin, est la nécessité de limiter sa propre liberté pour obéir, soit à une autorité reconnue, soit à une règle commune, dans un intérêt général. Les différences entre les sociétés diverses ne peuvent tenir qu'à la différence d'organisation des êtres divers qui les composent et à leurs conditions d'existence. Elles tiennent aussi à ce que, autant que nous pouvons en juger, les espèces sociables que nous connaissons sont désormais immuables, ayant atteint depuis longtemps le degré de perfection relative dont elles sont susceptibles, tandis que l'homme, poursuivant son évolution dans des conditions multiples et variables, en est encore à chercher cette conciliation harmonieuse entre les principes que nous avons signalée, conciliation qui réaliserait pour lui la perfection sociale et le fixerait à son tour dans une constitution définitive.

— Dans le développement progressif de l'humanité, l'heure de cette conciliation est-elle venue ? C'est ce qu'il importe de se demander. Mais la réponse à cette question ne sera possible que lorsque nous aurons parcouru rapidement les diverses phases du développement social dans l'espèce.

— Quand il veut se rendre compte de l'origine d'un être, le philosophe, qui ne prend pas le mot d'ordre d'une autorité religieuse, se trouve dans un grand embarras. C'est que rien n'est si difficile que de savoir où un être commence, parce que rien ne commence, en effet, et que, d'anneaux en anneaux, il nous faut remonter tout entière la chaîne qui aboutit à l'être universel et nécessaire, le seul qui mérite véritablement le nom d'Être, et dont l'éternelle évolution, qui est la vie dans ses manifestations et ses incarnations diverses, produit, successivement et par des métamorphoses insensibles, l'infinie variété des choses dont notre regard borné ne peut embrasser qu'une faible partie, mais que conçoit cependant notre intelligence, divine au sens réel du mot. Donc, sans nous demander, comme pourrait le faire un naturaliste, par quelle série de transformations l'homme en est venu à être ce qu'il est, à former une espèce fixe, au moins en apparence, dans ses caractères fondamentaux, nous le prendrons tel que l'archéologie préhistorique nous le révèle dans ces âges reculés qu'on appelle l'âge de la pierre polie ou de la pierre taillée. Il est évident qu'à cette époque, dont la durée doit être immense, si nous la comparons à celle de l'âge historique, l'homme était depuis longtemps, par la nécessité de sa nature, un être sociable. On ne conçoit guère, en effet, qu'il puisse en être autrement, quand on considère que l'homme n'est pas adulte avant sa quinzième année, et qu'une si longue cohabitation doit établir, entre les membres de la même famille, des liens indestructibles. De telle sorte qu'à l'état de famille succéda naturellement l'état de tribu, le jour où l'autorité du père, respecté longtemps pour la supériorité de sa force, plus tard pour la supériorité de son expérience, fit place, en s'évanouissant, à l'égalité fraternelle. La tribu, d'ailleurs, s'élargissant tous les jours, une autorité quelconque dût y succéder naturellement à celle du père de famille. Quelle fut cette autorité? Il est vraisemblable que ce fut l'autorité fraternelle, c'est-à-dire, l'autorité résultant de la réunion de tous ces frères descendant d'un auteur commun, devenus chefs de famille à leur tour, se réunissant en conseil pour délibérer sur les affaires d'intérêt général, et se plaçant librement, quand cet intérêt l'exigeait, par exemple, en cas de guerre ou de migration, dans les expéditions de pêche ou de chasse, sous la conduite d'un chef renommé pour sa sagesse, sa force ou son courage.

Ceci est d'autant plus vraisemblable, que l'état de société que je viens de décrire est encore celui de nombreuses tribus du nouveau monde, qui sont restées pour nous comme des vivants spécimens de ces sociétés primitives. Il est facile de voir que dans ces sociétés l'égalité est entière, la liberté presque sans limites, l'autorité réduite à sa plus simple expression, volontairement consentie et fondée sur le seul mérite. Sauf l'éminence de l'espèce, les premières sociétés humaines, de même que celles des modernes Peaux-Rouges, différaient peu, comme on le voit, de celles des bisons dont ils font leur proie[1]. — C'est, peut-être, ici le lieu de remarquer que le philosophe de Genève était moins déraisonnable et moins ridicule que ne le supposent ses détracteurs (et même ses amis qui passent trop aisément condamnation sur le fait), quand il plaçait son idéal social au commencement, dans la vie sauvage, ou plutôt dans ce qu'il appelait si justement : l'état de nature. Il est difficile, en effet, qu'un homme de ce mérite puisse se tromper aussi grossièrement qu'on affecte de le croire. Vivant au sein d'une société artificielle dont les

1. Nous ne nous proposons ici, comme il est facile de le voir, que d'exposer les lois simples de la nature, telles qu'elles se dégagent pour nous de la complexité des faits. — Lire, pour plus de détails, le remarquable et intéressant chapitre de Bancroft sur les aborigènes de l'Amérique : Histoire des États-Unis, chapitre XXII : *The aborigines east of the Mississippi.*

mœurs, les lois et les institutions choquaient également son âme républicaine, faut-il s'étonner que cet amant passionné de la nature ait regretté le temps où les hommes vivaient selon la bonne loi naturelle, temps heureux qui, dans son imagination ardente, se changeait en âge d'or ? Il est certain, en effet, que si l'humanité, en possession du langage, du feu et des premiers arts utiles, s'avançant, pour ainsi dire, dans la voie de la civilisation suivant une progression géométrique, a porté l'industrie et la science au degré si élevé qu'elles atteignent aujourd'hui, elle a d'ailleurs si peu progressé dans l'art des gouvernements, que le progrès même consistera désormais (en tenant compte, bien entendu, des conditions infiniment plus complexes des sociétés actuelles) à se rapprocher, en pleine conscience, de l'organisation rudimentaire que nous avons exposée.

— Qu'on nous dispense d'entrer dans une multitude de détails, qui ne seraient pas ici à leur place, et qu'on nous permette de ne point parler d'un grand nombre de sociétés particulières qui se sont arrêtées à des étapes inférieures. C'est une théorie rationnelle, abstraite, si l'on veut, et non une histoire du développement humain que nous esquissons. Nous suivons, pour ainsi dire, en ligne droite, l'humanité dans sa marche ascensionnelle, et nous devons négliger tout ce qui dévie ou reste en arrière.

— Tant que les hommes vécurent en peuplades isolées, indépendantes les unes des autres, cette simple et naturelle organisation dut subsister. Nous ne voyons pas, en effet, comment aurait pu s'établir, dans une tribu de chasseurs ou de pêcheurs, un régime de castes ou un pouvoir despotique. Mais lorsque, croissant en nombre, en industrie et en richesses, la race humaine, ayant conquis la primauté sur le globe, soumis les animaux et tracé sur la terre les premiers sillons, différentes tribus se rencontrant entrèrent en compétition, la guerre éclata, et avec la guerre, la conquête; avec la conquête, l'esclavage ou l'assujettissement des vaincus. De là, la domination d'une caste, ou le despotisme du chef de cette caste devenu roi.

Sans doute, aussi, dût-il arriver quelquefois qu'un homme assez riche ou assez fort pour se faire des créatures parvint à se rendre tout-puissant dans sa tribu ou dans sa nation. On a pratiqué bien longtemps avant La Boétie la servitude volontaire, c'est-à-dire, l'art de se donner à un maître pour avoir des esclaves. Cependant nous inclinons à croire, car c'est ce que nous voyons encore partout aujourd'hui, que la conquête fut l'origine et la principale cause de l'inégalité sociale et de tous les maux qu'elle engendre. Alors commença cette exploitation de l'homme par l'homme, qui, sous des formes plus ou moins brutales, n'a jamais cessé de s'exercer depuis. L'homme, en effet, mû par un égoïsme excessif, et cherchant à se développer de la manière la plus large possible, méconnaissant l'égalité qui existait entre lui et ses semblables, immola tout à son intérêt, leur liberté, leurs personnes et leurs biens. Et, comme de tous les êtres vivants l'homme est celui dont on peut tirer le plus de profit, la conquête, qui n'avait été d'abord qu'un accident, devint un moyen habituel de se procurer des esclaves domestiques, ou, ce qui vaut encore mieux pour une exploitation devenue savante, des sujets.

L'esprit humain est un sophiste qui ne reste jamais longtemps sans trouver des théories qui justifient sa pratique. Aussi les religions qui furent la première philosophie du monde naissant, quand elles ne purent dominer par elles-mêmes sous forme de caste sacerdotale, ne tardèrent pas à prêter leur concours au pouvoir politique qui, en échange, leur assura leur part de domination. Dès lors l'autorité devenue divine et solidement appuyée sur la superstition, fit peser sur les peuples, maintenus dans la sujétion et dans l'ignorance, ce joug si lourd que nous nous vantons faussement ou prématurément d'avoir secoué aujourd'hui. La liberté et l'égalité disparurent de la terre et, avec elles, la justice sociale. Que dis-je? La liberté continua d'exister pour les maîtres. Elle fut même sans bornes, car elle ne trouva plus aucune liberté qui la limitât. C'est alors que naquit cette maxime oppressive qui fut toute la constitution des sociétés monarchiques : « Si veut le roi, si veut la loi. » Quant à l'égalité, elle continua d'exister, elle aussi, mais entre les maîtres, ou bien entre les sujets, ou bien entre les esclaves. Il y eut l'égalité dans la domination et l'égalité dans la servitude; mais il n'y eut plus d'égalité humaine — cette égalité originelle que regrettait Rousseau. Il y eut de grands empires, des civilisations brillantes de tout l'éclat des arts, de toutes les richesses de l'industrie; mais est-il bien sûr qu'un esclave de Rhamsès ou de Darius fût, pour la noblesse de l'âme, l'égal d'un simple Peau-Rouge?

— Cependant, il ne faut pas croire que l'humanité, prise dans son ensemble, ait jamais oublié cette égalité originelle qui est la condition essentielle de la liberté. Pendant que les grands empires orientaux, fondés par la conquête, s'acheminaient par la servitude à une décadence irrémédiable, des peuples relativement faibles s'élevaient par la liberté à un degré de puissance tout à fait en disproportion avec leur faiblesse numérique. Je parle des Phéniciens, de Tyr et de Carthage, et particulièrement des Grecs, race noble entre toutes par l'intelligence et le caractère, et qui furent, avec les Romains, les vrais pères de notre civilisation moderne.

Ce petit peuple grec, dont le rayonnement fut si vaste dans le monde antique, et dont la gloire, comme celle d'Homère, sera éternellement jeune, quoiqu'il y eut, dans ses constitutions diverses, bien de l'alliage, résidu des conquêtes ou des états de civilisation antécédents, se distingua partout par son amour de la liberté et sa tendance à la réaliser dans ses institutions. Athènes, la plus illustre de toutes ces petites cités, dont les habitants se disaient autochthones, fils de la terre, parce que, moins que d'autres sans doute, ils avaient subi les conséquences du droit de conquête[1], Athènes réalisa, dans ses mœurs et dans ses lois, le type d'une société démocratique. Sparte même n'était, à proprement parler, qu'une démocratie austère dans un peuple de vainqueurs superposés à une population vaincue et privée de tout droit politique. Il n'est pas jusqu'aux révolu-

1. C'est, en termes plus précis, la pensée même de Thucydide.

tions si fréquentes dans les cités grecques qui ne soient la preuve éclatante de cet esprit de liberté toujours en lutte contre la tyrannie individuelle ou collective partout où elle essayait de s'établir. C'est lui qui faisait de ce petit monde quelque chose de si vivant, quand on le compare au morne silence des vastes empires orientaux qui vinrent se briser une première fois contre les Miltiade et les Thémistocle, en attendant qu'Alexandre, avec trente mille Grecs, les rayât définitivement du livre de l'histoire. C'est cet esprit de liberté, dont la flamme échauffa leur génie, qui fit d'eux les plus beaux, les plus braves, les plus intelligents, les plus nobles des hommes et les plus forts tant qu'ils lui furent fidèles. Ce qui prouve, en passant, que la liberté, que les agitations de la liberté ne nuisent nullement, comme se plaisent à le dire certains sophistes, à la fortune des nations.

Ce qui fait, à nos yeux, le principal mérite des peuples grecs, ce n'est pas seulement de nous avoir laissé tant de beaux exemples de courage, de vertu, de patriotisme; tant de modèles et de chefs-d'œuvre incomparables dans les sciences, dans les lettres et dans les arts; c'est surtout d'avoir relevé l'humanité déchue, de lui avoir rendu ses titres, de l'avoir restauré dans sa souveraineté, d'avoir promulgué les droits de l'homme. Car c'est à eux surtout que nous devons d'avoir échappé aux ténèbres et à l'oppression du moyen âge; c'est à eux surtout que les nations modernes doivent leur renaissance et qu'elles peuvent espérer de voir reconstituer les sociétés politiques sur leurs bases naturelles primitives, qui sont: la liberté et l'égalité.

— Si des Grecs nous passons aux Romains, nous y trouvons le même spectacle. L'histoire romaine peut se résumer d'un mot pour quiconque, au lieu de se perdre dans le détail des faits, ne les étudie qu'afin d'en dégager la loi qui les régit, l'idée qui les engendre ; car les faits ne sont que l'expression des idées. Or, pendant cinq cents ans, l'histoire intérieure de Rome n'est pas autre chose que la lutte de la plèbe contre le patriciat pour conquérir l'égalité, et, avec l'égalité, le droit humain. A l'extérieur, c'est la même cause qui maintient la République romaine dans la voie des conquêtes ; car le patriciat, pour détourner des affaires du dedans l'esprit turbulent du peuple, saisit toutes les occasions, et, au besoin, les fit naître, de l'occuper au dehors, jusqu'à ce que, après avoir vaincu le monde méditerranéen et s'être enrichi de ses dépouilles, il se laissa conquérir à son tour par le luxe, la mollesse et les vices des vaincus.

Réduite alors à deux catégories également méprisables de citoyens, des riches avides et corrompus et une populace abjecte, nourrie aux dépens du fisc et ne demandant que deux choses, du pain et des spectacles, Rome fut mûre pour le despotisme. La liberté, qui n'habite que des âmes viriles, disparut, plutôt encore des mœurs que des institutions, et, avec la décadence morale, commença, chose inévitable, la décadence sociale, qui devait aboutir au démembrement de l'empire par les barbares, et replonger le monde dans la longue nuit du moyen âge.

En effet, quand la vie se fut éteinte au cœur de ce vaste empire, composé d'éléments hétérogènes, de races et de nationalités diverses, le corps tout entier ne tarda pas à tomber en dissolution. Les barbares n'eurent plus qu'à frapper à ses portes; elles s'ouvrirent de tous côtés. Quand les peuples ont cessé d'être libres, quand ils ont perdu jusqu'à la notion même de la liberté, que leur importe un changement de maîtres? Dans ces diverses nations, jadis indépendantes et belliqueuses, qu'une force supérieure avait eu tant de peine à soumettre, s'était éteint le sentiment même de la nationalité; aucune ne fit la moindre tentative pour reconquérir son indépendance; toutes courbèrent la tête sous le joug des hordes brutales d'envahisseurs qui accouraient de tous côtés pour avoir des terres fertiles, des richesses et des esclaves. La civilisation antique disparut; le vieux droit, qui avait tant coûté à conquérir, fut extirpé jusque dans ses racines. On se partagea le sol avec les personnes qui y furent incorporées comme des immeubles par destination. Au despotisme impérial, absolu mais lointain, et qui laissait place partout à la vie municipale, succédèrent une multitude de despotismes particuliers, non moins absolus, mais bien autrement oppressifs; car ils étaient partout présents à la fois. Du fond de sa misère, l'humanité dut recommencer à gravir l'abrupt sentier qui conduit au règne de la justice, toujours désiré, toujours entrevu, mais jamais encore atteint. Elle n'eut qu'à céder inconsciemment à la force qui la sollicite, qui est sa vie même, sa destinée; à cette force rationnelle qui, en révélant à un être intelligent un idéal de plus en plus parfait, le pousse irrésistiblement à chercher les moyens de le réaliser. C'est là la grande loi du progrès; c'est elle qui fait l'homme perfectible et qui le fera perfectible jusqu'à ce qu'il ait épuisé, pour ainsi dire, son idéal. Alors seulement il se fixera, immobile, immuable, à moins que son idéal, s'abaissant et se dégradant, il ne s'abaisse lui aussi et ne se dégrade encore. Nous avons vu plus d'une fois dans l'histoire le spectacle de ces déchéances, et cela seul devrait nous faire comprendre toute l'importance, pour l'homme, du développement intellectuel et moral; le développement moral n'étant lui-même que le développement intellectuel dans l'ordre du droit et du devoir, de la justice et de la dignité personnelle.

— Une cause particulière vint se joindre à cette cause générale pour soulever l'humanité moderne de l'abjection du servage jusqu'à la liberté plénière et à l'égalité politique et sociale: je veux parler du christianisme. L'antiquité tout entière, Rome comme Athènes, reposait sur une détestable institution, la conséquence la plus abusive du droit de conquête; institution aussi funeste qu'immorale, et la principale cause, peut-être, de la ruine des sociétés antiques : l'esclavage. Les modernes possesseurs d'esclaves ont essayé d'invoquer à leur décharge une excuse spécieuse. Ces violateurs de l'humanité prétextaient, en effet, qu'ils n'avaient affaire qu'à une race inférieure, créée et mise au monde pour servir de bête de somme à la race supérieure à laquelle nous avons l'honneur d'appartenir. Les textes sacrés ne leur manquaient pas pour appuyer cette prétention. Les Grecs et les Romains ne pouvaient alléguer une pareille excuse, la plupart des esclaves appartenant à la même famille humaine que leurs maîtres[1].

1. Ésope, Térence, Épictète. Platon le fut : Phèdre.

Aussi, plus d'une voix s'était élevée parmi les philosophes pour revendiquer la liberté naturelle. De bonne heure on avait écrit que la nature ne fait point d'esclaves : φυσις μηδενα δουλον πεποιηκε. Mais ces revendications timides et isolées avaient échoué contre le préjugé né de l'intérêt, qui s'imposait à l'esprit même des plus grands penseurs.

Environ le temps où la liberté romaine venait d'expirer avec les Caton et les Brutus, commençait en Judée un mouvement religieux, écho lointain, peut-être, de la réforme bouddhique, alors presque inaperçu, mais qui devait, avec le temps, changer la face du monde. Ce n'était d'abord, en apparence, qu'une espèce de réaction contre l'esprit exclusif et fermé de la synagogue; mais, au fond, c'était une doctrine d'une portée vraiment humaine, générale, universelle, catholique au vrai sens du mot; car, en faisant de tous les hommes les enfants d'un même père, elle les faisait tous frères. L'égalité et la fraternité, voilà tout le christianisme. Ses premiers adeptes, allant jusqu'au bout de ses conséquences, en déduisaient même le communisme, lequel, du reste, existe encore à peu près dans ce que les chrétiens de nos jours appellent leurs communautés.

On comprend aisément quelle facilité de prosélytisme était offerte à une pareille doctrine, au milieu d'une population si nombreuse d'infortunés voués à la plus terrible de toutes les misères, à la déchéance du droit humain. Ils étaient relevés, ils étaient restaurés dans leur dignité première. Redevenus hommes ici-bas, ils pouvaient invoquer, au même titre que les autres hommes, leurs frères, ce Dieu nouveau qui, loin de dédaigner les misérables, les traitait au contraire avec une bienveillante partialité. Ils pouvaient espérer, en échange et pour prix de leurs souffrances, une éternelle béatitude.

Tels furent, sans doute, les sentiments qui gagnèrent au christianisme naissant les déshérités de ce monde. Mais la hauteur morale de ses doctrines ne pouvait manquer de lui conquérir bientôt, dans d'autres sphères, de nobles âmes qui voyaient en lui comme l'expression la plus élevée des idées antérieurement professées par la philosophie grecque, et qui, dégoûtées du polythéisme, depuis longtemps usé, cherchaient à échapper à un scepticisme stérile en embrassant une croyance qui donnait à leur esprit le repos, parce qu'elle leur offrait des raisons nouvelles d'espérer et d'agir.

Certes, si le christianisme monothéiste ne fût pas sorti de sa voie, s'il s'était contenté d'être une religion vraiment humaine, toute morale et philosophique, telle qu'elle résulte de l'esprit même de l'évangile, il eût été, sans aucun doute, la plus puissante de toutes les forces civilisatrices, et l'humanité moderne serait parvenue depuis longtemps à cet état de paix et de sérénité sociale auquel elle aspire et qu'elle cherche à travers tant de sang et de ruines. Malheureusement, s'égarant dans un mysticisme et un dogmatisme empruntés aux vieilles religions de l'Orient, organisé d'ailleurs en une puissante hiérarchie, visant à la domination universelle, s'alliant dans ce but à tous les despotismes, le christianisme ne tarda pas à mentir à son origine et devint le plus grand obstacle au développement de la raison humaine.

Mais le christianisme, dégénéré en catholicisme, ne put cependant faire que, de l'égalité des âmes, la logique populaire ne conclût à l'égalité des droits; et c'est ainsi que sa force vint s'ajouter à la force spontanée de la raison qui pousse l'homme vers un ordre social fondé sur la liberté, l'égalité des droits et la fraternité universelle, le catholicisme rationnel, le seul logique et le seul véritable. Il n'est pas possible, en effet, de jeter dans l'esprit humain une pensée lumineuse en lui disant : tu n'en éclaireras qu'une partie. Le christianisme eut beau répéter que son royaume n'est pas de ce monde; quelque enclins que nous soyons à une crédulité superstitieuse, il y a, dans le plus ignorant même, un fond de scepticisme qui se retrouve toujours quand le surnaturel vient heurter ses intérêts présents. Car enfin il n'y a qu'une chose qui soit bien certaine, c'est la vie présente! Or, pourquoi sacrifier nos intérêts et nos droits dans cette vie à des hommes qui sont nos frères, et dont les droits, par conséquent, ne sont pas supérieurs aux nôtres? Les sacrifier à la vie future, n'est-ce pas une duperie? Et, d'ailleurs, où est la nécessité de ce sacrifice? En quoi l'égalité dans cette vie est-elle incompatible avec l'égalité dans l'autre? — L'exemple du sacrifice n'était guère donné, du reste, par une Église avide et oppressive, dont toute la politique se résumait alors et se résume encore en deux mots : Obtenir la domination matérielle par la domination intellectuelle. C'est cette politique qui a fait de bonne heure de ces chrétiens dégénérés des assembleurs de nuages, qui ont tenu les peuples modernes dans une longue nuit où ils s'efforcent encore de les replonger.

— C'est l'idée de l'égalité humaine essentielle à la raison, indissolublement liée à l'idée de liberté, fondement de la justice et du droit, — du devoir, par conséquent, et de la responsabilité morale; — c'est cette noble idée, également cachée au fond de la religion populaire, qui souleva comme un ferment puissant cette matière inerte, cadavre décomposé du grand empire d'Occident, et, lui donnant une nouvelle vie, l'éleva, dans son ensemble, à une réalité, mais, surtout, à un idéal très-supérieur à celui des sociétés antiques. C'est cette idée qui, retrouvée, au seizième siècle, dans les écrits de la Grèce et de Rome, et vulgarisée par l'imprimerie, donna bientôt à l'esprit humain un nouveau branle, une puissante impulsion qui s'est traduite dans le monde intellectuel par la philosophie du dix-huitième siècle, et dans le monde social et politique par la Révolution Française, qui en fut la mise en œuvre et le couronnement.

Qu'est-ce en effet que la Révolution Française, sinon la tendance à organiser les sociétés humaines sur la seule base de la raison révélant aux hommes leur liberté primordiale, l'égalité des droits entre personnes naturellement libres, la solidarité sociale et la fraternité qu'elle engendre? Aussi la Révolution Française ne sera-t-elle terminée que lorsque ces grands principes, acceptés par tous, se seront enfin incarnés dans les mœurs et dans les institutions.

C'est surtout à la lumière de cette importante Révolution que s'éclaire non-seulement notre histoire nationale, mais l'histoire de l'Europe tout entière depuis la chute de l'empire romain. Nous ne pouvons refaire ici cette histoire dans tous ses détails.

Qu'il nous suffise d'établir qu'elle n'est pas autre chose que ce travail que nous avons vu se faire partout, à Athènes comme à Rome, cette lutte de la plèbe contre l'aristocratie, pour la conquête du droit, lutte infiniment variée, suivant les temps, les races, les circonstances et les milieux; lutte marquée par bien des revers, signalée par bien des misères, mais constante, quoique sourde bien souvent, et dans laquelle la plèbe, favorisée par cette force inéluctable qu'on appelle la force des choses, n'a cessé de gagner du terrain sur ses adversaires, s'alliant tantôt avec les uns, tantôt avec les autres, ici avec l'aristocratie contre la royauté; là, avec la royauté contre l'aristocratie, jusqu'au jour où, les dominant enfin l'une et l'autre, elle s'est présentée au monde avec cette immortelle déclaration des droits de l'homme et du citoyen qui sera la charte des sociétés futures.

— Loin de nous la pensée de nous attribuer à nous seuls, par un étroit chauvinisme, tout le mérite de notre grande révolution; nous avons, peut-être, assez souffert pour en revendiquer la plus grande part; mais nous reconnaissons volontiers, — c'est même le fond de notre thèse, — qu'elle n'est que le résultat du travail intellectuel de l'humanité, souvent interrompu, quelquefois ruiné, mais toujours repris dans la plus noble de ses races et mené presque, aujourd'hui, à bonne fin. Ce qui le prouve, c'est qu'à ces accents nouveaux le monde entier resta suspendu; toutes les vieilles aristocraties, tous les despotismes frémirent, et d'un commun accord se jetèrent sur leurs armes pour frapper l'ennemi; mais partout aussi, courbé sur la glèbe qu'il arrêtait de ses sueurs, le serf releva la tête, et voyant enfin poindre dans le ciel cette aube tant attendue qui lui annonçait des jours meilleurs, il sentit pour la première fois son cœur s'ouvrir à l'espérance. Espère, prolétaire! Cette aube a déjà tenu sa promesse. Et cependant les jours du calme et de la sérénité ne sont pas encore venus. La lutte continue entre les maîtres qui ne sont plus les maîtres, et les esclaves qui ne sont plus les esclaves. Mais elle approche, quoique lentement, de sa fin. Nous avons remporté la victoire décisive, nous n'avons plus à livrer que des combats, plus ou moins meurtriers, qui peuvent bien retarder le triomphe final, mais non l'empêcher. Le coche, comme dit Paul-Louis, le coche est maintenant en plaine roulant; il s'avance d'un mouvement accéléré; malheur à ceux qui s'attarderaient à lui jeter des bâtons dans les roues : ils seraient écrasés.

— Si maintenant nous résumons ce que nous avons exposé, avec trop de détail, peut-être, quoique bien sommairement, à notre avis, nous dirons que quiconque veut s'élever jusqu'à la connaissance des lois qui président à l'organisation des sociétés, doit, avant tout, chercher à connaître l'homme, et que pour le connaître il faut l'étudier, non dans des traditions théologiques, produit de la jeune imagination de l'humanité, mais dans son histoire naturelle, comme s'il s'agissait de tout autre animal inférieur. L'homme, en effet, ne diffère des autres animaux qu'en degré; il porte plus haut la tête, mais il a les pieds au même niveau. Sans remonter, autrement que par une simple affirmation, qui, au point où en est arrivée la science, me paraît l'évidence même, sans remonter, dis-je, de transformations en transformations et d'anneaux en anneaux, la longue chaîne des ancêtres jusqu'à la matière élémentaire qui est notre origine; en prenant l'homme à l'état d'espèce, nous le trouvons comme tous les autres êtres vivants, soumis à deux grandes lois, savoir : 1° la tendance nécessaire à persévérer dans son être et à se développer selon son essence ; 2° la nécessité d'entrer en lutte pour son existence et son développement avec tous les êtres qui peuvent lui servir ou lui nuire.

Considéré à ce point de vue abstrait, extra-social, si je puis m'exprimer ainsi, l'homme jouit d'une liberté sans limites, ou du moins sans autres limites que celles que lui oppose la nature extérieure. Sauf le droit absolu de vivre inhérent à la vie même, rien qui ressemble à ce que nous entendons ordinairement par droit, c'est-à-dire, quelque chose d'essentiellement relatif, d'interpersonnel. Et rien d'étonnant à cela, puisque, par une abstraction logique, que nous croyons nécessaire, nous considérons d'abord l'homme antérieurement à la société.

Qu'on ne se méprenne point toutefois sur notre pensée; nous n'ignorons pas que cette liberté sans limites serait pour l'homme extra-social la pire des faiblesses et la pire des misères. C'est par la sociabilité, en effet, et par la sociabilité seule que l'humanité a développé d'une manière si merveilleuse sa puissance et son génie. Or, la sociabilité, nous l'avons vu, est nécessaire à l'homme; c'est non-seulement un fait, c'est une conséquence indiscutable de sa constitution. Mais dire société c'est dire nécessairement limitation de la liberté individuelle par la liberté individuelle, — ce qui est la justice même dont l'idée résulte de la notion d'égalité entre êtres de même espèce, — limitation qui, pour être légitime, ne doit être subie qu'en vue de l'intérêt commun.

Telle fut, nous n'en doutons pas, l'organisation des sociétés primitives. La simplicité des besoins facilement satisfaits dut, à cet âge de l'humanité, maintenir aisément les hommes dans leur liberté originelle. On ne désire guère ce dont on n'a pas besoin; encore moins ce que l'on ignore. Mais, à mesure que les sociétés se développèrent et se perfectionnèrent, avec des besoins nouveaux naquirent des ambitions nouvelles avides de se satisfaire. Alors cette grande loi de la lutte pour l'existence qui domine tout, commença à s'exercer rigoureusement, non-seulement dans l'espèce tout entière, mais dans chaque groupe et entre les différents groupes qui la constituent. C'est cette lutte qui fait le fond de l'histoire de l'humanité; c'est elle dont les différentes péripéties ont fait passer l'homme par tous les états de société, depuis les sociétés primitives où la liberté est presque tout et l'autorité presque rien, jusqu'aux sociétés fondées sur l'esclavage et le despotisme, où la liberté n'est presque rien et où l'autorité est presque tout. Mais le sentiment de l'égalité et de la liberté originelles, l'humanité ne l'a jamais perdu, pas plus le sentiment de la liberté sociale que celui de la liberté individuelle. Sans doute, plus d'une des familles humaines est restée en chemin par des causes que nous ne pouvons énumérer ici sans que nous puissions dire qu'elles sont arrivées au terme de leur évolution. Mais dans celle qui marche à la tête de l'humanité, dans la grande famille Aryane, *cujus pars magna sumus*, cet esprit de liberté semble être plus particulièrement vivace. Cette tendance à la conquête de la liberté originelle, à l'établissement de la société sur le droit résultant de la liberté et de l'égalité sociales, s'est incarnée successivement dans les groupes les plus illustres de cette grande race. Plus d'une fois la liberté a été refoulée par la force, la civilisation par la barbarie ; mais il s'est toujours trouvé quelqu'un pour recommencer la lutte. — *Uno avulso, non deficit alter.* Aujourd'hui c'est la race tout entière qui marche, quoique avec une vitesse inégale, à la réalisation de cet idéal que nous appelons la démocratie et qui (ainsi que nous l'établirons d'une manière plus explicite dans le chapitre suivant) est l'état social nécessaire des sociétés futures, parce qu'elle n'est pas autre chose que cette conciliation harmonieuse, dont nous parlions plus hant, entre la liberté et l'autorité, la mise en pratique des lois fondamentales de la nature humaine, à savoir : le droit de vivre et de se développer selon son essence, droit limité chez chacun par un droit égal chez les individus appartenant à la même espèce ; tout l'effort de l'administration sociale devant tendre 1° à assurer, 2° à faciliter le plus possible l'exercice de ce droit.

CHAPITRE II

Quelle est la forme d'organisation politique qui convient à la société humaine? — Y a-t-il une forme d'organisation politique nécessaire? — La démocratie.

Nous avons vu dans le chapitre précédent que la sociabilité n'est point pour l'homme un privilége, et que, quelle que soit sa supériorité sur le reste des animaux, supériorité qu'il ne doit qu'à une organisation plus parfaite, il est soumis, comme eux, à la loi suprême de la lutte pour l'existence. C'est cette loi qui, combinée avec la sociabilité nécessaire à l'espèce, régit et détermine toute son histoire. En effet, supposons l'homme, — et cette hypothèse, dans bien des milieux, n'a rien d'invraisemblable ni d'arbitraire, — supposons l'homme vivant encore à l'état de tribu et trouvant abondamment dans la nature de quoi suffire à des besoins extrêmement restreints. Il est évident, qu'à moins d'admettre chez lui une perversité essentielle que nous n'observons pas même chez les animaux les plus féroces, on ne voit pas comment, en dehors de toute concurrence vitale, naîtrait entre les membres de la tribu l'état de guerre qui engendre toutes les usurpations sur la liberté générale. Il n'y a donc, dans un tel état de société, ni place, ni raison, ni prétexte pour le despotisme aristocratique ou monarchique ; ce qui doit y dominer encore, c'est le sentiment, tout instinctif si l'on veut, de la liberté et de l'égalité originelles. L'autorité, car il n'y a pas de société sans une autorité quelconque, doit y être réduite à sa plus simple expression, ne s'exercer que dans l'intérêt général, n'être fondée que sur la capacité reconnue, acceptée et non subie, et seulement aussi longtemps que cette capacité existe.

Tel est l'état social, la forme gouvernementale qui convient aux sociétés primitives. Cette conclusion, à laquelle nous conduit la logique pure, l'observation et l'histoire la confirment. Lorsque Christophe Colomb découvrit l'Amérique, certaines populations aborigènes avaient atteint un degré de civilisation assez élevé : les Mexicains et les Péruviens, par exemple ; mais le plus grand nombre en était encore, à peu près, à cet état de démocratie primitive qui a pour base l'égalité, pour seul but l'intérêt général, et qui se distingue par l'absence de toute exploitation de l'homme par l'homme.

Tel est cet état de nature tant regretté de Rousseau. Rousseau avait-il tort ? Non, certes ! puisque, après un circuit qui a duré des milliers d'années, c'est à cette forme originelle que nous revenons aujourd'hui. Est-ce à dire que notre histoire, depuis ces époques primitives, ne soit qu'une longue décadence ? Pas davantage ! Car, dans ces longs siècles de lutte, l'humanité a développé toutes les énergies de son être intellectuel et moral. Elle a créé, dans l'ordre matériel comme dans l'ordre intellectuel, toutes les merveilles qui mettent les sociétés civilisées si au-dessus de ce que nous appelons les sociétés sauvages. Elle a fait plus : elle a usé, et presque brisé, les liens dont elle s'était, pour ainsi dire, garrottée elle-même. Du droit instinctif elle est arrivée, à travers ses erreurs et ses préjugés de toute sorte, au droit conscient; elle s'est élevée du sens commun au sens philosophique des choses. Nous avons aujourd'hui la conception claire de notre véritable état de nature, d'un état social conforme aux lois de notre propre organisation : à savoir, la liberté primordiale se limitant nécessairement au sein d'une société d'égaux, dans la mesure seulement où l'intérêt général exige cette limitation.

— Mais pourquoi ce long circuit? dira-t-on peut-être. — Et comment se fait-il que l'humanité primitive en soit arrivée du premier pas à un état de perfection sociale qui semble être l'idéal encore peu réalisable des sociétés modernes les plus avancées? Comment se fait-il surtout qu'elle soit sortie de cet état pour tomber dans des formes d'organisation sociale si inférieures et si contraires à la raison et à la justice?

C'est ici le lieu de rappeler un article célèbre de Jouffroy sur le sens commun et le sens philosophique. L'homme ne saurait agir sans un certain nombre de notions communes qui résultent pour lui de la vue même des choses, mais cette vue confuse ne lui suffit pas; — à mesure que son intelligence se développe, que sa raison s'affermit, il fixe sur ces mêmes choses le regard de son esprit et ne s'arrête que lorsqu'il en a obtenu l'explication, lorsqu'aux solutions spontanées et synthétiques du sens commun se sont substituées les solutions analytiques et réfléchies de la science. Tel est l'objet de la philosophie; or, la science des principes sociaux est une science essentiellement philosophique (c'est même à notre avis, la partie la plus importante de la science philosophique). Mais l'intelligence individuelle, soumise à mille causes d'erreurs, s'égare le plus souvent dans la recherche de ces explications et ce n'est qu'après avoir longtemps oscillé entre les systèmes qu'elle s'arrête enfin dans la vérité, tout étonnée de la trouver ordinairement conforme aux solutions instinctives du sens commun.

C'est ce qui s'est passé en cette matière. Rien de plus naturel, en effet, comme nous l'avons établi, que les notions de liberté et d'égalité dans les sociétés primitives. Ces notions produisaient naturellement leurs conséquences; on en jouissait sans y réfléchir. Personne ne les contestant, on n'avait ni à les prouver ni à les défendre; ne les ayant point perdues on n'avait pas à les revendiquer. Ce n'est que du jour où la liberté et l'égalité eurent été violées, où, par conséquent, la justice sociale eut fait place à l'oppression et à l'arbitraire, que l'esprit humain, qui jamais, quoi qu'on en dise, n'oublia la liberté et l'égalité originelles, parce qu'elles constituent son essence même, se préoccupa de trouver et d'établir les preuves de son droit. Aujourd'hui le droit a sa formule, et s'il n'est pas reconnu de tous, ce n'est pas l'intelligence qui s'y oppose, mais l'intérêt; j'entends l'intérêt égoïste qui se met au-dessus de la justice et qui ne recule devant aucun sophisme pour maintenir dans l'ignorance et les préjugés tout ce qui subit encore son influence délétère.

— S'il est facile de comprendre comment l'homme à peine échappé à l'animalité, précisément parce qu'il y échappait à peine et qu'il en gardait les lois, se trouva, dans son premier état social, en conformité parfaite avec ce que nous considérons comme les principes fondamentaux des sociétés futures, il n'est pas moins facile d'expliquer comment il en est sorti pour tomber, partout et toujours, dans des états fondés sur l'inégalité, c'est-à-dire, d'un côté sur l'oppression, de l'autre sur la servitude.

On a soutenu que l'esclavage plus ou moins absolu, plus ou moins mitigé, avait été une des conditions nécessaires du perfectionnement humain, et que, sans une autorité énergique qui la pliât à l'obéissance et au travail, la perfectibilité humaine serait demeurée stérile. Nous en doutons fort pour notre part, et nous nous défions beaucoup de ces opinions qui concluent toujours du fait à la nécessité. Sans doute, nous reconnaissons qu'une servitude plus ou moins complète a été, jusqu'à présent, la condition de la plupart des hommes et qu'elle ne les a point empêchés d'atteindre un haut degré de développement intellectuel ; mais nous ne pouvons nous dispenser en même temps de remarquer que le développement intellectuel a été, partout et toujours, en raison inverse du degré d'asservissement des peuples, et en raison directe, au contraire, de leur degré de liberté. C'est qu'en effet la liberté c'est l'activité, et l'activité c'est le progrès.

Si nous supposons une famille humaine se multipliant à travers les siècles, sans aucun contact avec d'autres familles, sans être exposée aux incursions d'aucune population étrangère, nous voyons bien comment, par la force même des choses, elle en arriverait à développer peu à peu les qualités qui sont virtuellement en elle, à découvrir les lois de la nature, à se les soumettre, à créer les industries, les arts, les sciences diverses, et à se donner les organes nécessaires à l'administration d'une société nombreuse, où l'extrême division des fonctions et la multiplicité des besoins engendrent une complexité de rapports sans analogie avec la simplicité des sociétés rudimentaires. Mais nous ne voyons pas comment, pour obtenir ces résultats, il eût été nécessaire de courber sous le joug de fer d'un despotisme monarchique ou oligarchique la grande majorité des membres de cette société. Nous ne voyons même pas comment on y serait parvenu.

Nous concevons, toutefois, sans nous l'expliquer bien clairement, que, même dans une telle société, la division des fonctions, fondée sur l'inégalité des facultés, puisse, avec le temps, engendrer l'inégalité des conditions; inégalité qui nous paraît légitime parce qu'elle nous semble naturelle. Nous concevons aussi que l'inégalité des conditions puisse amener l'inégalité des droits; ce qui est contraire à la justice sociale qui n'est que le respect de l'égalité des droits fondée sur la liberté naturelle : une telle usurpation est parfaitement conforme à la nature de l'homme dont la première loi, commune à tous les êtres vivants, n'est pas seulement de persévérer dans son être, mais de se développer, selon son essence, de la manière la plus large possible.

On conçoit, disons-nous, à la rigueur, que, sous l'impulsion d'un égoïsme sans frein, profitant de leurs richesses qui leur assuraient des créatures, de la supériorité de leurs talents, de la reconnaissance des services rendus, certains hommes aient essayé de s'élever au-dessus de leurs égaux, de se les subordonner, et que, grâce aux circonstances, grâce surtout à l'enfance intellectuelle des masses, ils y soient parvenus; tournant ainsi à leur profit exclusif des avantages qu'ils auraient dû faire servir au bien commun et fondant leur fortune ou leur puissance particulière sur la misère et l'abjection d'autrui. Il se peut que les choses se soient ainsi passées quelquefois; mais nous n'en connaissons pas d'exemple.

Une cause, au moins plus générale, comme nous l'avons déjà dit, est la conquête. Soit que nous regardions dans le présent, soit que nous remontions dans le passé, même au-delà des temps historiques, la terre nous apparait comme un immense champ de bataille où les différentes familles humaines, les différents groupes humains, partout où ils se sont rencontrés, sont d'abord entrés en compétition et se sont efforcés de se dominer ou de se détruire. Ainsi l'exigeait la grande loi de la lutte pour l'existence, surtout chez des peuplades qui ne s'étaient pas encore élevées à la connaissance du droit humain, et pour qui l'étranger était nécessairement un ennemi. Combien de races ont été exterminées ou refoulées par d'autres races qui, elles-mêmes, ont été exterminées à leur tour ou refoulées ou soumises par de nouveaux envahisseurs? Combien se sont mutuellement absorbées, formant ainsi, par ce mélange, des races nouvelles? L'anthropologie sera toujours impuissante à nous l'apprendre; mais le fait est constant, il est indéniable.

Cependant, cet état de guerre ne dut avoir d'abord rien de commun avec ce que nous entendons aujourd'hui par conquête. Il ne saurait, en effet, y avoir de conquête où il n'y a rien à conquérir. Tant que les hommes vécurent de la vie de chasseurs, ils purent bien se combattre quand ils se rencontraient sur le même territoire de chasse; le plus faible se retirait devant le plus fort, et c'était tout. Il ne restait de ces luttes qu'un sentiment d'orgueil sauvage chez le vainqueur, une soif inextinguible de vengeance chez le vaincu. Il n'y avait encore ni sujétion, ni esclavage, parce qu'on n'aurait su que faire d'esclaves ou de sujets. Quand une tribu de Peaux-Rouges (ils en sont encore à peu près à l'âge de la pierre) fait un prisonnier, elle l'attache au poteau de torture et l'immole aux mânes des guerriers qu'elle a perdus. Le captif meurt héroïquement en chantant les chants de sa nation, en célébrant ses exploits et ceux de ses ancêtres. Ou bien la tribu l'adopte à la place d'un de ses guerriers morts, et l'adopté devient un de ses membres au même titre que celui qu'il remplace; il lui est substitué dans tous ses droits et tous ses devoirs.

Mais lorsque, s'élevant au-dessus de ce que nous appelons l'état sauvage, c'est-à-dire la vie de chasseurs ou de pêcheurs, quelques groupes humains furent parvenus à la vie pastorale ou agricole; quand leurs richesses se furent accrues avec leur industrie, on comprend aisément que le spectacle de leur prospérité tentât vivement la cupidité de peuplades moins civilisées et, par cela même, plus guerrières et plus énergiques, qui se ruèrent sur eux, les soumirent, se superposèrent à eux, se réservèrent la souveraineté et jouirent paresseusement du fruit du travail du vaincu. Alors commença partout l'exploitation de l'homme par l'homme. Il y eut partout des maîtres et des esclaves publics ou domestiques ; alors fut inventé l'art, si perfectionné depuis, de faire [1] des nations elles-mêmes les gardiennes de leur propre servitude. Alors naquirent ces théories sacerdotales qui, faisant des dieux mêmes les soutiens et les appuis de tous les oppresseurs, ôtaient aux nations déprimées jusqu'au droit de se plaindre au ciel de leur misère ; alors se formèrent les castes et les aristocraties, ces conservateurs de tous les temps ; alors les superstitions et les erreurs, engendrées en grande partie et entretenues par ces systèmes d'organisation sociale, se déposèrent sur l'intelligence humaine en couches si épaisses que, malgré les efforts de la science, on se demande parfois si elle parviendra jamais à les soulever.

— On comprend que nous ne puissions entrer dans le détail des faits ; c'est l'histoire tout entière. Mais, afin qu'on ne puisse douter de leur réalité, nous appelons l'attention des lecteurs sur les migrations et les invasions mémorables qui ont eu lieu à des époques relativement modernes. Qu'allaient chercher en Italie les Gaulois, les Cimbres et les Teutons ?

1. Par une discipline militaire bien calculée ou une administration habile.

On se rappelle le terrible dialogue entre ces derniers et Marius. « Que demandez-vous? Des terres pour nous et pour nos frères. Ils en ont qu'ils garderont éternellement... » Ce qu'ils demandaient, ce n'était pas la terre; elle ne leur manquait point; c'était la terre cultivée et les richesses qu'elle procure, sous un beau ciel, à des populations industrieuses; ce qu'ils demandaient c'était le droit de jouir de tout cela. Que voulaient les barbares qui envahirent plus tard l'empire romain dans sa décrépitude? la même chose[1].... Aussi, malgré quelques différences superficielles tenant surtout à des causes locales, partout s'établit le même système de domination: une aristocratie oisive et guerrière pesant de tout son poids sur un peuple de vaincus[2].

1. C'étaient encore des terres que les Marcomans demandaient à Marc-Aurèle.

2. L'histoire d'Angleterre nous offre, à elle seule, des exemples redoublés de ce que nous avançons ici. Plusieurs races différentes s'y conquièrent et s'y oppriment successivement les unes les autres: les Bretons, les Saxons, les Danois. Enfin, l'invasion normande livre ce pays à toutes les horreurs d'une effroyable conquête. L'Angleterre, tout entière, hommes et choses, devient la proie des compagnons de Guillaume, qui se partagent sans remords, eux chrétiens, avec la faveur du Saint-Siége, ces dépouilles d'un peuple chrétien. — Et cependant il ne faut pas croire que, dans cet obscurcissement général de la conscience humaine, la lumière de la justice soit absolument éteinte. « Un seul parmi les hommes venus à « la suite du Conquérant ne voulut rien accepter de la dépouille « des vaincus. C'était un Normand de condition noble, appelé Gou« bert, fils de Richard; il dit qu'il avait accompagné son seigneur « en Angleterre pour remplir les devoirs d'un vassal, mais que le « bien d'autrui ne le tentait pas; qu'il retournerait dans son pays et « se contenterait de l'héritage modeste qu'il y possédait légitime« ment. » (Augustin Thierry, *Conquête de l'Angleterre par les Normands.*)

« Goubert, fils de Richard », voilà un nom digne d'une éternelle

Quelquefois aussi ce fut l'intelligence qui prima la force et se mit à sa place dans la domination. La première philosophie de l'humanité, nous l'avons déjà dit, c'est la religion. C'est à elle qu'appartiennent les plus anciennes solutions des problèmes philosophiques qui se posent naturellement à la pensée humaine. Ces solutions, elle les imagine; car ni les méthodes, ni les moyens d'investigation ne sont encore suffisants pour qu'elle puisse trouver la vérité scientifique. Or, comme on ne sait pas se résigner à ignorer; comme il faut absolument aux esprits une explication du problème de la nature, on leur en donne une, la plus grossière, mais la seule qui soit à leur portée: on explique l'origine des choses par un Dieu créateur et providence dont la caste sacerdotale est l'interprète et l'oracle. Une fois en possession de la science dont elle se réserve habilement le monopole, appuyée sur la divinité, que lui manque-t-il pour dominer la force matérielle? C'est ce qu'elle a fait souvent; c'est ce qu'ont fait, par exemple, dans l'antiquité, les prêtres égyptiens, les Brahmes, et, dans les temps modernes, l'Église romaine. Quand la domination exclusive leur échappe, ils en obtiennent toujours une grande part en s'alliant aux dominateurs dont ils deviennent, par leur influence sur les masses, le plus ferme et le dernier appui; influence bien plus funeste que celle des aristocraties laïques, car celles-ci peuvent se transformer; tandis que les religions fondées sur la révé-

mémoire, et, pour ceux qui mettent avant tout la grandeur morale bien au-dessus de celui du Conquérant et de tous les conquérants.

lation divine, étant incapables de transformation et ne voulant point périr, font peser sur les peuples qu'elles dominent le joug intellectuel le plus redoutable et tarissant en eux, avec la liberté de l'esprit, la source de la perfectibilité, les préparent, s'ils ne s'en affranchissent point, à une décadence irrémédiable. Les exemples abondent. Une religion improgressive est semblable au mancenillier; malheur aux peuples qui s'endorment à son ombre!

—Tels sont les grands faits qui expliquent l'histoire au point de vue de l'organisation sociale et politique. Ils en forment, pour ainsi dire, la trame, et tous les autres faits qui, pour des yeux superficiels, ont une importance intrinsèque considérable, ne sont que les facteurs ou le produit de ceux-ci. D'un pays à l'autre et d'un siècle à l'autre ils semblent différer, et ils diffèrent, en effet, à la surface, par le dessin, pour ainsi dire, et le coloris; mais le tissu est le même, parce que ces faits puisent leur cause à la source la plus profonde de la nature vivante, dans cette loi, cette tendance primordiale, de tout être animé à se développer le plus largement possible, et à se sacrifier, dans ce but, tout ce qui peut lui servir ou lui nuire.

— Mais s'ils sont conformes à la nature humaine, ces faits sont donc légitimes? Oui, certes, ils seraient légitimes s'ils étaient l'œuvre d'un être solitaire en rapport seulement avec des êtres appartenant à des espèces différentes. Mais ici se place une autre loi, logiquement postérieure, sans doute, à celle-ci, quoiqu'elle ne soit pas moins naturelle; c'est celle qui établit l'égalité des droits entre tous les êtres appartenant à la même espèce. La nature ne fait ni esclaves, ni sujets; elle ne fait que des hommes libres et égaux. C'est cette égalité qui constitue la justice sociale ; c'est cette seconde loi qui circonscrit et limite la première ; c'est l'égalité limitant la liberté ; ou plutôt ce sont des libertés égales se limitant entre elles. Toutes les fois que, par un égoïsme excessif de la part d'un homme ou d'un groupe d'hommes, il y a empiétement de la liberté propre sur la liberté d'autrui, il y a, en même temps, injustice sociale, désharmonie entre les lois de la nature humaine, état anti-naturel et, par conséquent, instable ; il y a tendance nécessaire à rétablir cette harmonie, cet équilibre qui est la fin même de la société.

— C'est la nécessité imposée à la raison humaine, à la conscience humaine, à la dignité humaine de rétablir l'harmonie sociale, de restaurer la justice dans la société, qui engendre ce que les malveillants à courte vue appellent l'esprit révolutionnaire. C'est cette nécessité, intellectuelle encore plus que matérielle, qui a poussé de tous temps les plus grandes âmes à se sacrifier pour le triomphe de la cause démocratique, c'est-à-dire pour la justice. C'est elle qui amena l'un après l'autre les généreux fils de Cornélie sous les coups du patriciat conservateur; et comme ce sont les patriciens conservateurs qui ont écrit leur histoire, les Gracques qui auraient peut-être assuré à Rome cet empire sans fin, [1] dont parle le poëte, sont restés pour la postérité des séditieux [2].

1. Imperium sine fine.

2. Quis tulerit Gracchos de seditione querentes?

Les Gracques, qu'on s'est trop habitué à ne considérer que

Pour nous, tout en répudiant avec énergie tout homme à qui l'ambition seule, ou l'envie ou la haine mettent les armes à la main, du plus loin qu'il nous souvienne nous avons toujours rendu un culte intérieur aux nobles âmes, antiques ou modernes, qui sont, comme Spartacus ou les Gracques, tombées victimes de leur dévouement à la cause des opprimés. Un jour viendra, sans doute, où une humanité plus sage, libre enfin de tous les liens qui la garrottent encore, élèvera un panthéon à ses martyrs et les honorera comme des dieux.

C'est cet esprit révolutionnaire qui animait les Grecs et les Romains aux beaux jours de leur histoire. Quand il s'éteint chez un peuple, c'est-à-dire quand s'éteint chez lui l'amour de la justice et de la liberté, c'en est fait, la décadence commence; c'est un peuple fini; à moins qu'il ne soit parvenu à réaliser dans son organisation sociale l'idéal d'une bonne constitution démocratique, et qu'il ne se repose dans la perfection. C'est le même esprit qui animait nos pères alors que, courbés sous le joug écrasant de ce despotisme aux mille têtes qu'on appelle la féodalité, ils engageaient avec elle la lutte qui conduisait à l'affranchissement des communes, à

comme de vulgaires ambitieux, tendaient par leurs lois agraires à transformer la plèbe romaine en un peuple de petits propriétaires qui auraient fait à Rome, comme partout ailleurs, la force de la République. Mais il fallait pour cela dépouiller le patriciat d'une partie de ce qu'il avait usurpé sur le domaine public. On conçoit, dès lors, la résistance de ces « conservateurs » qui, selon leur habitude, ne se privèrent point d'employer contre leurs adversaires le mensonge et la perfidie.

(Voir, dans Florus, la mort de Tibérius Gracchus.)

la résurrection d'un peuple. Que de sang généreux a été versé, que de martyrs inconnus sont tombés pour cette cause! Ce n'est qu'avec un sentiment de pieuse reconnaissance que nous devons penser à ces obscurs combattants. Ils ont fait autant que nous, plus que nous, pour le triomphe de la liberté et de la justice; venus dans des temps plus sombres, ils ont plus souffert, sans doute, et, s'ils n'ont cessé d'avancer, malgré tous les obstacles, il ne leur a pas été donné d'entrevoir même l'aube des jours meilleurs que nous pouvons contempler aujourd'hui. S'ils ont reçu leur récompense, ils l'ont chèrement achetée; ils ne l'ont trouvée, la plupart du temps, que dans la fortifiante pensée qu'ils avaient combattu le bon combat.

— Cette lutte séculaire du vaincu contre le vainqueur, du vassal contre le seigneur, du sujet contre le maître, nous la trouvons dans toute l'Europe; c'est elle qui fait le fond de l'histoire intérieure de tous les États; elle a revêtu différentes formes selon les milieux, mais elle a été partout la même, consciente ou non, parce qu'elle avait la même cause et tendait au même but : à la justice sociale, qui ne trouve sa consommation que dans l'égalité des droits.

— Dans notre pays il a existé comme une alliance tacite entre le peuple et la royauté, aussi longtemps que la royauté a eu besoin du peuple pour briser la féodalite. Cette besogne faite, elle a été la première à reprendre aux communes les libertés qu'elles avaient si chèrement achetées et n'a plus parlé que de son droit divin et de son pouvoir absolu. Réduits désormais à n'être plus rien dans la politique que par le bon plaisir du roi, mais conservant encore, grâce à lui, leurs priviléges sociaux, la noblesse et le clergé lièrent si étroitement leur fortune à celle de la royauté, que, lorsque le peuple qui, selon l'expression de Siéyès, n'était rien et devait être tout, voulut enfin être quelque chose, roi, noblesse et clergé tombèrent d'une chute commune. Le retentissement fut immense, et le vieux monde fut ébranlé jusque dans ses fondements (*insolitis tremuerunt motibus Alpes*). C'est que la résistance avait été aveugle, rendant toute transaction impossible, et que l'effort fut nécessairement en proportion de la résistance. L'histoire définitive qui juge les révolutions dans leurs causes ou dans leurs résultats, et qui s'inquiète médiocrement des coups échangés dans la mêlée, sera plus indulgente pour nous que nous ne le sommes nous-mêmes.

— D'autres pays ont opéré, d'une manière moins brusque peut-être, mais non sans peine, croyons-le bien, la même évolution ; et ces différences tiennent encore plus à des causes accidentelles qu'à ce qu'on est convenu d'appeler le génie des races. En Angleterre, par exemple, un tyran lâche et sanguinaire qui se jouait également de l'honneur, de la fortune et de la vie de ses sujets, Jean sans Terre, un méchant homme et un pire roi, ayant ameuté contre lui ses barons, ils lui arrachèrent la grande charte, par qui fut définitivement assurée la liberté des classes privilégiées, le clergé et la noblesse. Quant aux classes inférieures, de beaucoup les plus nombreuses, il n'en fut pas question, jusqu'à ce qu'un ministre séditieux[1], qui détenait la personne du roi, crut habile de s'appuyer sur le peuple pour résister à ses adversaires. Il adjoignit alors au parlement composé des barons et des ecclésiastiques de son parti, deux chevaliers par comté, et des députés des bourgs. Telle fut la première ébauche de la Chambre des communes. Mais bientôt un des rois les plus belliqueux qu'ait eus l'Angleterre, Édouard Ier, dont le trésor était épuisé par des guerres continuelles, forcé pour obtenir des subsides de s'adresser au peuple enrichi par le commerce et l'agriculture, fit élire un parlement où siégeaient également les chevaliers des comtés et les députés des bourgs, investis par leurs électeurs d'un pouvoir suffisant pour voter tout ce qu'ils croiraient utile au salut de l'État. Les députés, profitant de la circonstance, commencèrent par demander au roi la confirmation de la grande charte en y ajoutant une clause qui assurait pour toujours la nation contre tout impôt ou toute taxe qui n'aurait pas été consentie par le parlement. Le roi, bon gré, mal gré, se rendit à cette exigence. Ainsi les bases de la constitution anglaise étaient jetées, car, une fois maîtresses de la bourse, les communes étaient en mesure d'arracher successivement à la royauté toutes les libertés de la nation.

C'est ce qui eut lieu, et c'est ce qui explique le caractère tout local et tout personnel, pour ainsi dire, de l'évolution anglaise. Tenue de bonne heure en échec par la noblesse et les communes, la royauté, malgré sa répugnance, est obligée de céder sans

1. Leicester, sous Henri III

cesse à une force qu'elle est impuissante à briser, et chaque pas fait par la nation, dans la voie du progrès politique, est dû à quelque transaction entre elle et la royauté. De plus, cette précoce coopération de l'aristocratie et du peuple dans l'œuvre commune rend parfaitement raison d'un état social qui, à beaucoup d'égards, peut nous paraître suranné, à savoir : la liberté dans l'inégalité[1].

S'il n'en a pas été de la France comme de l'Angleterre, cela tient moins à la différence de génie qu'à celle des circonstances. Dans les choses humaines, il ne faut pas l'oublier, les causes générales agissent avec une force inéluctable; elles engendrent nécessairement leurs effets; mais il y a des questions de temps et de forme; elles ne vont pas toujours à leur but par la voie la plus courte et la plus directe, parce que des causes occasionnelles les traversent souvent et les font dévier. Il n'y eut jamais en France action commune entre le peuple et la noblesse; ce qui assura la prépondérance absolue à la royauté. Après s'être appuyée sur le peuple et avoir aidé à son affranchissement pour triompher de la féodalité, une fois sa puissance bien établie, elle s'appuya sur

1. L'aristocratie anglaise a toujours été, contrairement à la nôtre, une aristocratie ouverte; elle s'est, de tout temps, largement recrutée dans les rangs de la bourgeoisie, grâce à la fusion des deux ordres dans la chambre des Communes. « Ainsi, dit Macaulay, notre démocratie fut de bonne heure la plus aristocratique, et notre aristocratie la plus démocratique du monde; particularité qui a duré jusqu'à nos jours et qui a produit maints importants effets moraux et politiques. » — « Thus our democracy was, from an early period, the most aristocratic, and our aristocracy the most democratic in the world; a peculiarity wich has lasted down to the present day, and wich has produced many important moral and political effects. »

la noblesse et le clergé pour asservir le peuple et lui retirer les franchises qu'il avait eu tant de peine à conquérir. Alors il arriva, ce qui devait nécessairement arriver, que la pensée de la nation se replia sur elle-même, que la Révolution couva longtemps dans les esprits, qu'elle fut théorique, philosophique, et que, comme toutes les théories qui n'ont pas subi l'épreuve de l'application, elle fut générale et radicale. Aussi, quand l'heure fut venue de passer de la théorie à la pratique, la Révolution éclata comme un coup de tonnerre et, du premier bond, elle atteignit les extrêmes limites de ce que l'humanité a pu rêver jusqu'ici de plus absolu en fait de réformes sociales et politiques.

— Une preuve certaine que le caractère général de la Révolution française, opposé au caractère local de l'évolution anglaise, ne tient pas à la race, dont on est trop enclin, de nos jours, à exagérer l'influence au détriment de celle de l'espèce; cette preuve, dis-je, se trouve dans l'histoire de celles de ses colonies qui sont devenues depuis les États-Unis d'Amérique. Toutes, quelle que fût la diversité de leur origine, quelles que fussent les entraves dont la mère-patrie s'efforça longtemps de les charger, toutes arrivèrent bientôt à cet état de parfaite démocratie dont l'Union américaine nous offre le séduisant modèle. C'est que là, il n'y avait point de conquête, et, par conséquent, point de priviléges héréditaires. Tous ces colons, quelle que fût leur naissance, leur éducation, leurs préjugés, se trouvèrent égaux devant la nature; et, cette égalité naturelle constatée, elle passa bientôt dans la société. La nature est une sage inspiratrice.

Aussi ces rudes enfants de la vieille Angleterre, après avoir noyé, pour ainsi dire, dans l'Océan qui les séparait, les préjugés aristocratiques de la mère-patrie, ne s'enfermèrent pas dans l'étroite conquête d'un droit tout local et tout personnel; ils s'élevèrent jusqu'à la conception des principes fondamentaux sur lesquels doit reposer l'organisation définitive des sociétés humaines.

Le 12 juin 1776, une déclaration de droits fut lue et adoptée à l'unanimité par les représentants du bon peuple de Virginie réunis en libre convention. « Tels sont, dit M. Bancroft, les droits qu'ils déclarèrent appartenir à eux et à leur postérité comme le fondement et la base du gouvernement : Tous les hommes sont par nature également libres ; ils ont des droits essentiels (inherent) dont, quand ils entrent dans l'état de société, ils ne peuvent, par aucune convention, priver ou dépouiller leur postérité.... — Tout pouvoir n'existe que dans l'intérêt du peuple et, conséquemment, dérive du peuple ; les magistrats sont ses mandataires et ses serviteurs toujours responsables devant lui. — Le gouvernement est ou doit être institué pour le commun avantage et la sécurité du peuple, de la nation et de la communauté ; et toutes les fois qu'un gouvernement sera trouvé inégal ou contraire à ce but, la majorité de la communauté a le droit indubitable, inaliénable et inviolable de le réformer, de le modifier ou de l'abolir de telle manière qu'il sera jugé le plus utile au bien public. — Les fonctions publiques étant personnelles, les offices de magistrat, de législateur ou de juge ne peuvent être héréditaires. — Les pouvoirs législatif et exécutif de l'État doivent être séparés et distincts du pouvoir judiciaire; *les membres des deux premiers* doivent à des époques fixes retourner dans le corps d'où ils ont été originellement tirés, et les vacances être supplées par des élections fréquentes, certaines et régulières. — Les élections des membres devant servir de représentants du peuple dans l'assemblée doivent être libres; tous les hommes pouvant justifier d'un intérêt durable ou de leur attachement à la communauté, ont le droit de suffrage et ne peuvent être taxés ou privés de leur propriété pour un usage public sans leur propre consentement ou celui de leurs représentants élus, ni être liés par aucune loi à laquelle ils n'auraient pas, en semblable manière, consenti pour le bien public.... On ne doit pas pouvoir suspendre arbitrairement les lois, ni exiger des cautions excessives, ni décerner des mandats généraux. — Un homme ne peut être privé de sa liberté si ce n'est par la loi du pays ou le jugement de ses pairs, et l'ancien jugement par jury doit être tenu pour sacré. — L'indépendance de la presse est un des plus solides boulevards de la liberté et ne peut jamais être restreinte que par des gouvernements despotiques. — Une milice bien organisée composée du corps du peuple, instruite aux armes est la propre, naturelle et sûre défense d'un état libre; les armées permanentes en temps de paix doivent être évitées comme dangereuses pour la liberté et dans tous les cas le pouvoir militaire doit être sous la stricte subordination du pouvoir civil..... Un gouvernement libre ne peut être conservé que par un ferme attachement à la justice, à la modération, à la tempérance, à la frugalité, à la vertu, et par un fréquent retour aux principes fondamentaux. — La religion ne doit être réglée que par la raison et la conviction, et non par la force et la violence; — par conséquent tous les hommes ont un droit égal au libre exercice de la leur, conformément aux dictées de leur conscience, et c'est le mutuel devoir de tous envers chacun et de chacun envers tous de pratiquer l'indulgence, l'amour et la charité chrétienne. »

«La Virginie, ajoute Bancroft, s'est élevée des chartes et des coutumes aux premiers principes, des étroites discussions de légistes sur les faits à la contemplation de l'immuable vérité. Elle a appelé les lois éternelles de l'humanité à protester contre la tyrannie. La pétition des droits de 1688 était historique et rétrospective; la déclaration de la Virginie sortit directement du cœur de la nature; elle énonça des principes de gouvernement pour tous les peuples et tous les temps. C'était la voix de la raison qui s'élevait pour créer des constitutions nouvelles et appeler à l'existence un nouveau monde politique. La Virginie se présenta elle-même à la barre du monde et donna le nom et l'honneur de ses enfants comme garants que sa vie publique offrirait le tableau des plus hautes idées du droit, de l'égalité et de la liberté parmi les hommes. »

Moins d'un mois après, le 2 juillet 1776, dans la déclaration d'indépendance rédigée par Jefferson, ces principes étaient affirmés avec plus d'énergie encore s'il est possible. On les trouve du reste dans les écrits et dans les paroles de la plupart des penseurs de ce temps. Si j'insiste sur ce point c'est pour bien montrer que nous n'avons été ni les seuls, ni les premiers à proclamer les droits de l'homme et du citoyen, et que ces principes, selon l'expression de Bancroft, sortent des entrailles même de la nature.

— Si la Révolution américaine a moins agité, si elle a moins passionné le monde que la Révolution Française, ce n'est pas qu'elle soit différente ni inférieure; c'est parce que, au point de vue social et politique, elle était déjà faite, qu'elle changea peu de chose à l'organisation intérieure des colonies, et que la question d'indépendance, aux yeux du monde, prima la question de gouvernement. Ce qui fit, au contraire, que la Révolution Française eut un tel retentissement et devint une date si importante dans l'histoire de l'humanité, c'est que, placée au milieu de l'Europe, entourée d'Etats dont les constitutions étaient analogues à la sienne, la France ne pouvait modifier son régime sans ébranler profondément celui des nations voisines; c'est qu'elle eut à lutter contre toutes les forces coalisées de tout ce qui avait intérêt à soutenir le passé: la royauté, le clergé, la noblesse; qu'elle excita partout les plus grandes espérances, et que, quoique son triomphe définitif ait été retardé par un ambitieux sans scrupule, elle n'en a pa moins changé la face du monde; c'est enfin qu'elle dure encore et que, quoiqu'elle soit dans la période militante, aux prises avec les résistances insensées de partis aveugles ou égoïstes, on peut prévoir le moment où les principes démocratiques, cessant d'être contestés, passeront enfin de la théorie dans les institutions et dans les mœurs de l'Europe tout entière.

—Sommes-nous maintenant en mesure de répondre

à la question que nous nous posions au commencement de ce chapitre : Y a-t-il une forme nécessaire d'organisation sociale et politique ? En d'autres termes, y a-t-il un état de société vers lequel tende l'humanité perfectible, comme à un idéal réalisable ? Nous n'hésitons pas à répondre : Oui. Nous disons à dessein l'humanité perfectible ; car nous n'ignorons pas que nombre de races ont disparu sans s'élever à la conception de cet état ; qu'il en est encore, et de considérables, que nous regardons, peut-être à tort, comme improgressives. Mais il ne s'agit point de races particulières qui seront, sans doute, un jour, entraînées dans le mouvement en avant des races supérieures et se modèleront sur elles, autant que le permettront leurs conditions d'existence. Il s'agit de l'espèce dont la capacité possible doit se mesurer au moins à sa capacité prouvée. Oui, disons-nous, il y a pour l'humanité une forme d'organisation sociale nécessaire ; c'est celle qui résulte de la nature même de l'homme, des lois qui le constituent comme être vivant, comme être sociable, comme être perfectible. Comme être vivant, sa loi c'est la liberté absolue ; comme être sociable, sa loi c'est l'égalité des libertés, c'est-à dire, l'égalité des droits. L'humanité, dans son enfance, obéissait instinctivement à ces lois, sans les analyser et sans les comprendre, et parce que rien dans cet état rudimentaire des sociétés ne pouvait en troubler l'harmonie. Mais un jour vint où, par l'effet même du progrès de l'industrie et de la richesse dans certains groupes humains, l'égoïsme naturel tendit à faire triompher la première loi sur la seconde. De là la conquête et ces états de société fondés sur l'inégalité, où le plus grand nombre fut privé de ses droits les plus essentiels et même de toute espèce de droit, dans l'intérêt de classes oisives et oppressives.

Tel fut, pendant de longs siècles, l'état des sociétés antiques, et l'on aurait pu croire que l'homme avait perdu tout souvenir de la liberté et de l'égalité originelles. Mais la perfectibilité humaine n'est point un vain mot. Quand l'humanité, cet homme immortel de Pascal, qui va toujours se développant et acquérant des connaissances nouvelles, fut parvenue à l'âge de la raison, elle voulut se rendre compte des lois qui régissent les sociétés; elle les soumit à la réflexion et à l'analyse, et, les trouvant contraires à la justice, elle se demanda ce qu'elles devaient être pour y être conformes. C'est ainsi qu'étudiant sa propre nature elle y retrouva les vraies bases de toute société parfaite, à savoir : la liberté et l'égalité des droits.

Alors commença nécessairement la lutte entre ce qu'on peut appeler d'une manière générale, les démocrates et les conservateurs ; les démocrates qui mettaient la souveraineté dans la nation tout entière, et les conservateurs qui la réservaient à une caste privilégiée, — en un mot, entre les vainqueurs et les vaincus. Sans doute les hommes qui furent les premiers soutiens de la cause démocratique, n'arrivèrent pas tout d'abord à cette claire intelligence des principes que nous possédons aujourd'hui ; mais, malgré les obstacles de toute sorte qui obstruaient la route du progrès, malgré les chutes d'empires, et les éclipses de civilisation, l'humanité ne cessa d'avancer, poussée par cette force intime, inéluctable qui est son essence même et qui ne lui permet de se reposer que dans la raison et la justice. Son idéal n'a cessé de s'épurer et la conception du droit humain, même chez des peuples relativement arriérés, est très-supérieure de nos jours à ce qu'elle était chez les nations les plus libres de l'antiquité.

— Dans cette marche en avant, tous les peuples de l'Europe n'ont pas été du même pas parce que, placés dans des conditions diverses, tous n'ont pas eu à triompher de la même somme d'obstacles ; mais tous ou presque tous ont contribué, pour leur part, au développement du droit démocratique. Nous avons eu le périlleux honneur de livrer la bataille décisive, mais notre victoire semble avoir profité aux autres plus qu'à nous-mêmes, et l'ennemi ne se tient pas encore pour vaincu. Un seul peuple paraît avoir jusqu'ici, sinon dans ses mœurs, au moins dans ses lois, réalisé l'idéal d'une parfaite démocratie. Gloire à lui ! Mais qu'il se garde bien de jeter un regard de mépris sur notre vieille Europe. En passant l'Océan il avait laissé derrière lui les préjugés, les priviléges les intérêts et les résistances de toute sorte qui ont entravé notre marche. Mis en présence de la nature, redevenus les hommes de la nature, ils ont aussitôt retrouvé les lois naturelles dans toute leur pureté ; ils s'y sont sagement soumis, et leur prospérité inouïe a été le fruit de leur sagesse. C'est en les imitant et en revenant, nous aussi, à la nature que notre vieux monde, si troublé par les prétentions gothiques de nos classes conservatrices, trouvera enfin le bonheur dans le calme et la paix d'une sage démocratie. Plus de vainqueurs ni de vaincus ; la démocratie n'est pas un parti, c'est la fusion de tous les partis dans une même nation; plus que cela, c'est la fraternité entre les peuples, c'est le règne de l'humanité. Les droits sur lesquels elle repose ne sont point propres à telle nation ou à telle race; ils sont les mêmes pour tous; ils sont plus anciens que les institutions humaines; ils prennent leur source au cœur même de la nature et sont antérieurs à tout État. « Jusqu'à ce jour, dit Bancroft, — et nous ne saurions mieux terminer que par ces paroles, — jusqu'à ce jour deux théories politiques divisaient le monde; l'une établissait la république sur la raison d'État et la politique d'expédient; l'autre sur les principes immuables de la morale. La nouvelle République, en prenant sa place parmi les puissances du monde, proclama sa foi dans la vérité, la réalité et l'invariabilité de la liberté, de la vertu et du droit. Le cœur de Jefferson en écrivant cette déclaration, et celui du congrès en l'adoptant, battit pour l'humanité toute entière ».

CHAPITRE III

La France est-elle une démocratie ? — Résistances à la démocratie. Ses avantages.

Nous avons vu dans les chapitres précédents que, sous l'impulsion irrésistible d'une force inhérente à sa propre nature, l'humanité sociable tend nécessairement à la démocratie. La plus légère esquisse historique suffit à rendre la chose évidente pour tous ceux qui ne s'arrêtent pas à la superficie des choses, et qui, sous la complexité des faits, sont capables d'apercevoir les lois simples qui les régissent.

Parmi les peuples qui ont une histoire et dont, par conséquent, nous pouvons étudier l'évolution jusqu'à nos jours, il en est qui paraissent incapables, par leurs propres forces, soit de concevoir notre idéal démocratique, soit de le réaliser, et qui, depuis des siècles, semblent fixés dans l'immobilité de l'inertie. Ces peuples doivent-ils à leur nature propre à ce qu'on appelle la race, cette immobilité qui les conduit inévitablement à une décadence relative, et sont-ils radicalement improgressifs ; ou bien n'attendent-ils pour se remettre en marche que l'impulsion d'une race supérieure ? Ce qui se passe dans l'extrême Orient, en Chine et surtout au Japon semble confirmer ce dernier point de vue.

Quoi qu'il en soit, en prenant l'humanité dans son ensemble, nous sommes forcés de reconnaître, que parmi les grandes familles qui la constituent, il en est une, à laquelle nous appartenons, qui, depuis une époque déjà fort ancienne, semble avoir pris la direction du mouvement humain. C'est elle qui, par la science, par l'activité, par l'énergie, tient aujourd'hui incontestablement le premier rang ; c'est à elle qu'il appartient, dans un temps prochain, de transformer le monde ou de le soumettre. Or, nous avons vu que cette race supérieure, la plus haute expression du génie perfectible de l'humanité, avait constamment tendu à la forme démocratique, et que, malgré « des chutes d'empires et des éclipses de civilisation », elle n'avait cessé de reprendre son œuvre et d'épurer son idéal jusqu'à ce qu'elle l'eût enfin à peu près réalisé dans les institutions et les lois de la grande démocratie américaine.

Cependant, quand il s'agit de progrès démocratique, il est un nom qui s'offre peut-être le premier à l'esprit; c'est celui de France et de Révolution Française. — Nous en avons donné la raison; — si bien qu'il n'est pas sans intérêt, surtout dans les circonstances présentes, de se demander si la France n'a point usurpé sa réputation et si elle est vraiment une démocratie.

— Une démocratie, avons-nous dit, est un état social dans lequel la liberté de chacun n'a de limite que la liberté de tous, et où règne, par conséquent, l'égalité des droits, qui n'est pas autre chose que l'égalité des libertés. Voilà les bases, mais ce n'est point l'édifice. L'édifice est formé de ce qu'on élève sur ces bases, de leur développement logique. Nous avons vu comment les Américains, dans leur déclaration des droits de l'homme, avaient compris les détails de cet édifice, et nous savons comment ils l'ont construit. Nous pouvons nous abstenir de reproduire ici notre propre déclaration des droits de 1791, parce qu'elle est, au fond, identique à celle de la Virginie ou à celle du congrès de 1776. Il nous suffira, pour notre démonstration, de reproduire quelques-unes des dispositions fondamentales établies par la Constitution de 91 dans son titre Ier.

« La Constitution garantit comme droits naturels et civils : 1° Que tous les citoyens sont admissibles aux places et emplois, sans autre distinction que celle des vertus et des talents; 2° Que les mêmes délits seront punis des mêmes peines, sans aucune distinction de personnes. Elle garantit en outre : la liberté à tout homme de parler, d'écrire, d'imprimer et publier ses pensées sans que les écrits puissent être soumis à aucune censure ni inspection avant leur publication, et d'exercer le culte religieux auquel il est attaché; la liberté à tout homme d'aller, de rester, de partir sans pouvoir être arrêté ni détenu que selon les formes déterminées par la Constitution; la liberté aux citoyens de s'assembler paisiblement et sans armes en satisfaisant aux lois de police. » Telles sont quelques-unes des principales conséquences des principes de 1789, que nous reconnaissons tous, et que la Constitution de 1852 elle-même reconnaissait comme « la base de notre droit public. » Ajoutons que nous jouissons d'un droit électoral aussi large que possible, le suffrage universel direct, et nous conclurons nécessairement que la France est, en fait comme en droit, une parfaite démocratie.

Mais si nous comparons les faits aux principes, que voyons-nous? La moitié de la France en état de siége, c'est-à-dire le pouvoir civil subordonné au pouvoir militaire, la liberté communale confisquée, la liberté de la presse et de la parole dépendant du bon plaisir d'un ministre, ou, qui pis est, du caprice d'un subalterne; le droit de réunion supprimé, les fonctions publiques livrées par la faveur à des privilégiés, hostiles pour la plupart aux institutions et aux idées démocratiques; la justice aveugle et boiteuse quand il s'agit de certaines catégories de criminels, précipitée et impitoyable pour d'autres. Quelle conclusion tirer de ce spectacle, sinon que, de tous les États modernes régénérés par la Révolution, la France est un de ceux qui, dans son administration et ses lois, s'éloignent le plus des principes de 89 et des vraies mœurs démocratiques?

— Entre ces deux apparences, où est la vérité? Se trompe-t-on ou nous trompons-nous, quand nous parlons de l'esprit démocratique de notre pays? Est-il vrai, au contraire, comme l'affirme un certain parti, que la France soit essentiellement monarchique? La vérité, c'est qu'il existe en France deux courants d'opinions dont l'origine se perd, comme nous l'avons démontré, dans les profondeurs les plus lointaines de la nature et de l'histoire, mais dont l'un va sans cesse grossissant, tandis que l'autre s'affaiblit de plus en plus, et qui se rapprochent sans cesse sans cependant se confondre.

Tous ceux qui appartenaient au parti vaincu et qui formaient la grande masse de la nation ; tous ceux qui sont en dehors des classes privilégiées, les hommes de travail, d'intelligence, de désintéressement, depuis le paysan qui laboure et l'ouvrier qui manie la lime ou le marteau, jusqu'à l'ingénieur, au savant, à l'artiste, tous ceux-là composent, avec une conscience plus ou moins éclairée, le grand parti démocratique, le parti qui place le progrès politique et social dans la jouissance de la liberté toujours plus complète et plus assurée, dans l'égalité effective des droits et des devoirs, et, par une éducation plus générale et plus élevée, dans le rapprochement des conditions et la fusion fraternelle de tous dans la grande unité nationale.

Tous ceux, au contraire, qui appartiennent ou se vantent d'appartenir au parti vainqueur, les ex-privilégiés, nobles ou prêtres, qui rêvent de nous ramener au temps où la nation n'était que leur humble servante; tous les épicuriens sans vergogne et les aventuriers sans scrupule qui espèrent trouver sous la domination d'un seul le moyen d'avoir leur part dans l'exploitation du peuple; les bourgeois idiots, que la mordante ironie de Molière n'a pu corriger de leur vanité ridicule, et dont le noble souci est de masquer leur roture sous un vernis de gentilhommerie; tous ceux-là forment ce qu'on appelle le parti conservateur, le parti hostile à la démocratie, le parti de l'inégalité, le parti des classes dirigeantes, le parti de l'exploitation plus ou moins habile de la nation au profit d'une oligarchie, le parti de l'éternelle minorité du peuple, en un mot, le parti monarchique. Il est vrai que cet honnête parti, qui ne trouve plus à se donner, par antiphrase sans doute, que le nom de conservateur, est bien loin d'être homogène, composé qu'il est de la fusion adultère de toutes les épaves des partis vaincus depuis la Révolution, dont la haine (c'est-à-dire la haine de la liberté, de l'égalité, de la justice sociale) est leur seul lien.

C'est ce dualisme qui est la cause de toutes nos agitations politiques et de l'instabilité de nos gouvernements. Aussi longtemps qu'il existera, nous sommes condamnés à n'avoir point de paix et à user dans des divisions intestines notre force et notre génie. C'est en vain qu'on s'épuiserait à chercher une conciliation impossible entre des principes contraires; il faut que le pays tombe d'un côté ou de l'autre.

Certes, si les volontés étaient libres de s'éclairer et d'agir, nous savons bien de quel côté elles pencheraient; nous n'avons aucun doute à cet égard; nous savons que l'immense majorité de la nation française est profondément imbue de l'esprit démocratique [1]; mais, par une fatalité déplorable, le pouvoir, en France, n'a cessé d'être entre les mains d'une minorité hostile à ses idées, contraire à ses tendances les plus manifestes, qui a tout fait pour arrêter son développement, qui a tout osé pour fausser son intelligence, pour brider ses volontés,

1. Elle vient de le prouver d'une manière éclatante.

et rétablir ce que ces gens de bien appellent aujourd'hui : *l'ordre moral.*

— Est-il possible de comprendre que les grandes vues des hommes de 89 et l'élan héroïque des hommes de 92 aient abouti à un pareil résultat? — Hélas! il n'est que trop facile de l'expliquer! La Révolution Française, en modifiant profondément les bases de l'ordre social, avait soulevé contre elle, soit à l'intérieur soit à l'extérieur, tout ce qui tenait à l'ancien régime : le clergé, la noblesse et les vieilles monarchies qui sentaient leurs trônes trembler sous elles. Rien de plus naturel, dès lors, que la ligue de tous ces intérêts contre la Révolution, de l'esprit ancien contre l'esprit nouveau, du privilége contre l'égalité, de la foi contre la raison, du droit divin contre le droit populaire. La première période de la Révolution, de 89 à 92, avait été *déclarative*, pour ainsi dire ; elle avait posé les principes ; et ce fut assez pour soulever contre elle tous ses ennemis. Depuis 92, elle ne fut qu'un combat dans lequel la France, assaillie de tous côtés, ayant à étouffer à l'intérieur la terrible insurrection vendéenne, fut semblable à ce vaisseau dont parle le poëte, faisant feu de tous ses sabords et vomissant quatorze armées. Mais ce fut aussi l'exagération des plus sages principes, des idées les plus justes en elles-mêmes ; exagération qui, sous la pression fébrile d'une multitude ulcérée par une oppression de quinze siècles, égarée par des sophistes et des fanatiques, poussa la Révolution dans la voie sanglante où coula tant de sang généreux, et qui, par une réaction trop naturelle, devait nous ramener à la dictature.

Du caractère du dictateur allait dépendre pour longtemps l'avenir de la France. En effet dire dictature, c'est dire abandon, au moins momentané, d'un peuple à un homme. Si l'homme entre les mains de qui tomba la France, à la fin de la Révolution, eût été un esprit sage et surtout honnête, ayant la conception de la véritable grandeur, un citoyen désintéressé, mettant avant tout, dans ses préoccupations, l'intérêt de la patrie ; en un mot, si cet homme eût été un Washington au lieu d'être un Bonaparte, la Révolution Française était consommée. Rien alors n'était plus facile que de la clore. La tourmente révolutionnaire avait fait table rase de l'ancien régime ; il ne restait que des ruines au-dessus desquelles planaient les grands principes, les grandes idées de 89. Réaliser ces principes dans les institutions, donner à ces institutions le temps de prendre racine et de se consolider à l'abri de sa puissante épée, tel était le rôle admirable qui s'offrait à l'homme de Brumaire. Héros assez glorieux pour être pacifique, il eût ainsi couronné son nom d'une éternelle grandeur ; il se fût placé au premier rang des bienfaiteurs de l'humanité. Que de misères épargnées à l'Europe, que de désastres épargnés à la France ! Quelle impulsion n'eût pas donné au développement humain l'exemple d'un grand peuple qui, après avoir, au prix des plus terribles sacrifices, établi sa constitution sur la base des droits de l'homme, après l'avoir défendue les armes à la main avec une valeur sans égale, après avoir triomphé de tous ses ennemis, se serait gouverné lui-même en paix, conformément aux lois de la justice éternelle ?

Vous vouliez établir la prépondérance de la France et cela par la force? Idée aussi barbare que chimérique. Il n'y a qu'une prépondérance qui vaille et qui mérite d'être recherchée, parce qu'elle a sa raison d'être dans son utilité même; c'est la prépondérance morale et intellectuelle. Cette prépondérance rien n'était plus facile que de nous l'assurer; si les rois nous étaient hostiles, les peuples étaient pour nous, parce que nous étions pour eux, tout prêts à nous suivre dans la voie de la Révolution, si nous y eussions marché avec sagesse. Les trônes seraient tombés d'eux-mêmes. Ce qui n'est encore que le rêve d'un avenir sans doute lointain, les États-Unis d'Europe seraient, peut-être, aujourd'hui constitués, et toutes les branches de la grande famille Aryane vivraient fraternellement entre elles. Nous n'aurions pas en perspective les tueries fratricides qui pèsent sur notre pensée comme un sanglant cauchemar, et qui, dans ce siècle si fier de sa civilisation, ressemblent fort à une rétrogradation vers l'antique barbarie.

Malheureusement, l'homme fatal, comme l'appelle Manzoni, et que nous appellerions plus justement l'homme funeste, le mauvais génie de la France moderne, cet homme qui n'était pas même Français et qui nous a fait payer si cher la dernière annexion de la monarchie, cet homme, qu'une fortune prodigieuse avait rendu l'arbitre de nos destinées et peut-être de celles du monde; cet homme n'était pas à la hauteur de ce rôle. Il lui manquait deux choses qui ont fait de Washington le fondateur à jamais vénéré de la grande République Américaine, et sans lesquelles il n'y a pas de véritable grandeur : la moralité et le patriotisme. Génie emphatique et barbare dans un siècle civilisé, il ne comprit la gloire que comme l'avaient comprise les conquérants des âges passés, les Alexandre ou les Tamerlan. Il fallait qu'il fît dans le monde beaucoup de bruit, et qu'il remplit beaucoup de pages dans l'histoire universelle. Il sacrifia tout à cet épouvantable égoïsme, corrompant tout, les hommes et les choses, détruisant des conquêtes de la Révolution tout ce qui pouvait lui faire obstacle ; traquant la liberté sous toutes ses formes, violant l'égalité autant que la liberté, relevant, pour en faire les étais de son despotisme, les deux colonnes de l'ancien régime : le clergé et la noblesse ; concentrant tout dans sa forte main ; et tout cela pour se faire de la France guerrière une armée toujours prête, qu'il pût lancer à son gré, sous le plus léger prétexte, sur les peuples de l'Europe ; jusqu'à ce qu'ayant enfin soulevé contre lui la conscience universelle, il lui fallût succomber sous les coups d'une coalition qui nous rapportait dans ses bagages la vieille monarchie et les émigrés.

Que voulait-il, cet homme ? Quel but poursuivait-il ? L'a-t-il jamais su lui-même ?... Et cependant des historiens admirés, célèbres, n'ont pas craint de le représenter comme le bras de la Révolution Française, providentiellement armé pour en répandre les principes dans le monde ! Est-ce légèreté ? Est-ce aveuglement ? Avions-nous besoin, pour le bien comprendre, de le retrouver dans son pseudo-descendant ? — Quand nous voudrons enfin sérieusement établir le bilan des Bonaparte, nous ne trouverons à leur actif que despotisme, immoralité, invasion, démembrement de la patrie dont ils ont compromis même l'existence. — Et la gloire militaire, dira-t-on? Le poëte cité plus haut a déjà répondu pour nous : « Fu vera gloria? Ai posteri l'ardua sentenza[1]. » Hélas! nous sommes cette postérité. La gloire! nous savons ce qu'elle vaut et ce qu'elle coûte.

— La France sous l'empire n'avait été qu'un camp; s'il existait encore des partis ils s'étaient tus devant le maître. Après la double invasion de 1814 et de 1815, la lutte entre l'ancien régime et le nouveau recommença aussitôt. Sans doute, il n'était pas possible de reculer jusqu'au-delà de 89, et la royauté restaurée dut, comme on dit, mettre les pouces. Mais, ses serviteurs naturels, les émigrés, ces hommes qui n'avaient rien oublié, ni rien appris, ne désespérèrent point d'en revenir là; ils commencèrent à pousser la royauté dans la voie qui devait la mener à 1830. Qui allait succéder à la royauté légitime? Était-ce la République?... Ce ne fut que la meilleure des Républiques; une transaction et une transition, la monarchie constitutionnelle; une oligarchie en présence de la nation; d'un côté, deux cent mille conservateurs, et de l'autre..., le nombre; les intérêts, c'est-à-dire ceux qui payaient trois cents francs d'impôts directs et ceux qui n'avaient pas d'intérêt, sans doute, à être bien gouvernés, parce qu'ils ne payaient que l'impôt du sang..... et le reste, à peu près tout l'impôt. Car, ce que MM. les conservateurs ne disaient pas, ce qu'ils voulaient bien ignorer, le

1. « Fût-ce une vraie gloire? A la postérité la difficile sentence. »

producteur, qui fait l'avance de l'impôt, en fait passer le montant dans ses frais généraux, et c'est, en fin de compte, le consommateur qui le paye. Ajoutons que ces honorables législateurs, par des lois restrictives de la liberté du travail, s'assuraient le dernier mot dans tous les conflits entre le travail et le capital et restaient les arbitres des salaires. C'était l'intérêt qui faisait la capacité ; pour trois cents francs on pouvait faire un électeur ; pour cinq cents francs un député ou un ministre ; au-dessous de trois cents francs, on était un incapable.... en politique ; du reste il n'était pas absolument interdit d'être un homme de génie.

Comme on voit bien que le peuple français est ingouvernable ! Quelques séditieux s'avisèrent de demander qu'il plût au gouvernement d'élargir un peu le droit électoral. Car enfin, disaient-ils, pourquoi un médecin, par exemple, un avocat, un savant illustre, mais pauvre, n'offrirait-il pas autant de garanties de sagesse et de capacité politique, qu'un épicier parvenu ou un idiot favorisé d'un riche héritage? « Ils n'ont pas d'intérêt », répondait l'homme austère, qui déclarait qu'avec un gouvernement représentatif il n'était pas possible de gouverner sans corruption. « La fortune est le signe de l'intelligence ». Et il se refusa insolemment à toute concession jusqu'au jour où le torrent de l'indignation publique eût emporté comme un fétu ce conservateur borné, et, avec lui, le trône qu'il avait mission de conserver. « Le suffrage universel n'aura jamais son jour », s'était-il écrié, avec cette solennité de mépris, que l'intelligence doit professer pour le nombre. Il est vrai que, plus tard, à une heure de crise, alors qu'il y allait du salut de la patrie, ce même homme ne dédaigna pas de tailler sa plume pour conseiller au nombre de voter en faveur du neveu du dix-huit brumaire, afin qu'il pût nous conduire à Sedan! Et ce sont ces gens-là qui déclament contre le suffrage universel, contre le nombre! Mais, hommes de bonne foi, si le nombre a fait des sottises, c'est pour vous avoir suivis! Conservateurs, vous? Conservateurs de quoi? Ce n'est pas assurément des gouvernements que vous servez. Votre nom est: oligarques; vous êtes une oligarchie. Dans l'impossibilité, que vous sentez bien, de ramener la France au régime du bon plaisir, il n'est rien que vous ne soyez capables de tenter pour vous emparer du pouvoir et pour le garder, pour l'exploiter à votre profit; vous couvrant dans l'opposition d'un faux semblant de libéralisme, et, quand vous êtes au gouvernement, ne reculant devant aucune violation de la liberté et de l'égalité, si odieuse qu'elle puisse être; sollicitant humblement les suffrages du peuple que vous trompez audacieusement; surprenant et faussant sans vergogne, comme il sied aux honnêtes gens, le mandat qu'il vous confie. C'est ce que vous avez fait toujours; c'est ce que vous avez fait en 1848 où vous n'avez cessé de conspirer le renversement de la République que vous aviez juré de défendre; si bien que celui qui est devenu plus tard l'homme de Sedan a pu dire: « J'ai conspiré, c'est vrai, mais contre des conspirateurs. » Ce que vous avez fait avant son élection, vous l'avez fait après sa chute; mentant au pays, usurpant un mandat qu'il ne vous avait point donné, tramant des restaurations impossibles, fauteurs de guerre civile, improvisant pour faire échec à la République des constitutions byzantines, et ne rougissant pas, pour cela, de mettre votre main conservatrice dans la main de ceux que vous aviez solennellement déclarés responsables des malheurs de la patrie. Les malheurs de la patrie? Vous seuls en êtes responsables ! Vous, dont l'aveugle égoïsme s'opposant toujours à toute réforme juste et modérée, a nécessairement poussé le pays dans les voies révolutionnaires et l'a livré par là au despotisme qui nous a perdus. Pourquoi donc la détester si fort cette République qui n'exclut personne, la République de l'égalité? Il semble, en vérité, que vous vous défiez trop de vos talents et de votre vertu.

— Il est facile maintenant de comprendre le désaccord qui existe entre l'esprit général du pays, qui est l'esprit de 89, et sa législation politique. C'est que, depuis le premier empire, la France, même sous les deux Républiques de 1848 et de 1871, n'a cessé d'être gouvernée par de soi-disant conservateurs, c'est-à-dire, par des oligarques, résidu à peine mitigé des privilégiés d'ancien régime, lesquels, en vue d'un intérêt égoïste, n'ont cessé de réagir, par tous les moyens appropriés aux circonstances, contre ce qu'ils appellent l'esprit de la révolution.

— Si l'on s'en tenait aux apparences, cet esprit de réaction se serait incarné seulement dans les descendants de la noblesse et dans ces bourgeois aristocratisés qui, dans l'étroitesse de leur esprit et de leur cœur, se sont séparés du peuple pour devenir les suppôts intéressés d'une monarchie conservatrice. Mais, à considérer plus attentivement la réalité des choses, on s'aperçoit qu'ils ne sont le plus souvent, à leur insu même, que les instruments d'un parti, bien plus intéressé qu'eux à la ruine de la révolution, je veux dire le clergé catholique. Pour le catholicisme, il ne s'agit pas seulement, comme on le croit communément, de satisfaire un vain esprit de domination, et de placer, à cet effet, les sociétés sous son absolue influence. Il s'agit d'être ou de ne pas être, de vaincre ou de mourir.

Le catholicisme, dont les dogmes sont immuables, et dont par conséquent l'évolution touche à son terme, est en complet antagonisme avec l'esprit moderne représenté, sous toutes ses faces, par la Révolution. Car ce qu'on doit entendre par la Révolution, n'est pas seulement la liberté politique ; c'est la liberté dans tous ses domaines et particulièrement la liberté scientifique, philosophique, rationnelle, dont les solutions contraires à celles de la religion et non moins absolues qu'elles, n'attendent pour se vulgariser qu'un gouvernement sincèrement animé de l'esprit démocratique. De là cet effort constant, mais aujourd'hui redoublé, — parce que l'occasion leur semble bonne, — pour mettre la main sur le pouvoir, ou s'en préparer l'accès.

Pendant que la société laïque s'en va, pour ainsi dire, insouciamment devant elle, comptant, pour le développement progressif de l'humanité, sur la seule force de la vérité scientifique, une société ténébreuse, qui a mis la main sur le catholicisme, nous assiége méthodiquement ; elle trace autour de nous ses lignes de circonvallation, s'empare de toutes les approches, creuse de tous côtés ses galeries souterraines qui conduisent au cœur de la place ; si bien que nous risquons, un beau jour, de nous trouver pris sans avoir songé à nous mettre en défense. Le jésuitisme catholique, après avoir repris des forces à l'ombre du despotisme impérial, entreprend aujourd'hui, avec la connivence des pouvoirs publics, de reconquérir la société moderne.

Une religion qui, forte de la vérité de sa doctrine, chercherait à la répandre en engageant ouvertement la lutte contre les doctrines rivales, pourrait bien inquiéter, irriter même ses adversaires ; mais, en les combattant, elle forcerait leur estime. Ce qui prouve que le catholicisme jésuitique n'est pas une de ces religions et que son apparente foi n'est plus qu'une criminelle hypocrisie, ce sont les procédés qu'il emploie pour arriver à son but. C'est une vieille maxime de ces sectaires, froidement fanatiques, sans-conscience et sans responsabilité, que la fin justifie les moyens. Aussi, n'est-ce pas par la lumière éclatante de la vérité qu'ils espèrent conquérir les âmes ; ils savent qu'ils n'ont rien à attendre de la raison, qu'ils sont impuissants sur elle ; c'est par le renouvellement des plus absurdes et des plus basses superstitions, par les jongleries les plus révoltantes et les plus éhontées, qu'ils s'efforcent d'agir sur les esprits faibles, sur les enfants et les femmes dont ils parviennent à déprimer l'intelligence et qu'ils fanatisent par des pratiques et des séductions dont eux seuls ont le secret. Ils savent bien que par les femmes ils agissent sur les maris, et qu'en façonnant l'esprit de l'enfant, ils seront maîtres de l'homme.

De là leurs efforts pour s'emparer partout de l'éducation. Mais ce serait peu que de tenir entre les mains l'éducation du peuple : ces gens-là sont plus habiles et plus pressés. Il faut qu'ils soient les maîtres, et bientôt, car, cette heure passée, c'en est fait, ils sont perdus. Aussi, abandonnant aux mille congrégations qui pullulent à leur ombre l'éducation des classes ouvrières, tant urbaines que rurales, les jésuites se réservent-ils pour eux-mêmes l'éducation des classes dirigeantes, et mettent-ils toute leur adresse à remplir de leurs créatures les grandes administrations de l'État, les organes vitaux de la société, l'armée, la magistrature, les administrations centrales ; tout ce qui peut, dans un temps prochain, leur assurer la puissance. Ils n'y ont déjà que trop réussi. Flattant tour à tour l'orgueil des anciens privilégiés ou la vanité bourgeoise des parvenus, leur faisant adroitement peur de ce qu'ils ne craignent que pour eux-mêmes, jetant aux ambitions personnelles le grossier appât de leur tout puissant patronage, ils ont réussi à se créer dans les hautes sphères gouvernementales une clientèle nombreuse et dévouée qui n'agit que sous leur influence et leur inspiration. La chose est trop visible pour tous ceux qui n'ont point des yeux pour ne pas voir. Garde à nous ! C'est là qu'est le danger ; et il nous apparaît si redoutable que nous avons le chagrin de ne pouvoir refuser notre approbation à un homme qui nous a cependant fait bien du mal, à l'habile ministre qui défend si énergiquement les lois de la société laïque contre ces hypocrites et incorrigibles conspirateurs.

— Il est facile de répondre maintenant à la question que nous posions plus haut : La France est-elle démocratique? — Oui; par son tempérament, par sa conception de l'ordre social, par ses tendances les plus énergiques et les plus vivaces, par l'élite de ses intelligences, par tout ce qui est jeune de cœur et d'esprit, par tout ce qui cherche avec désintéressement la vérité et la justice, par son institution fondamentale le suffrage universel direct, la France est démocratique; elle est, peut-être, la plus démocratique de toutes les nations. Mais parce que sa destinée et son génie ont fait d'elle le champ de bataille entre l'ancien régime et le nouveau, entre le privilége et le droit, entre la raison et la foi; parce que de l'issue de cette lutte dépend, dans une large mesure, quoi qu'en puissent dire ses détracteurs, l'évolution plus ou moins prompte, mais nécessaire, des nations européennes vers la démocratie, les partis hostiles à la Révolution y font une résistance acharnée, désespérée, et ils n'épargnent rien pour soustraire à l'influence démocratique cette partie considérable du peuple qui ne pense pas encore pour elle-même.

Le premier empire, par la nécessité même des choses, en rétablissant le despotisme, en releva les appuis naturels, la noblesse et le clergé. De ces deux vaincus de la grande Révolution, que le général Bonaparte avait trouvés gisants par terre et qu'il avait relevés d'une main audacieuse, l'un s'est fondu dans ce que notre jargon politique appelle le « parti conservateur »; l'autre est devenu l'ultramontanisme, le romanisme, pour tout dire en un mot, le jésuitisme. Ils n'ont cessé de combattre ensemble contre l'émancipation du peuple, qu'ils ont toujours travaillé à maintenir dans l'ignorance, et dont ils s'efforcent aujourd'hui de monopoliser l'éducation, afin de pouvoir plus aisément empoisonner l'intelligence à sa source. Ce parti, nous l'avons toujours vu au pouvoir, même en 1848, même en 1871. Bien plus, il n'a jamais fait de plus grands efforts pour nous jeter en dehors des voies de la Révolution, pour nous ramener en arrière, pour sceller à jamais notre servitude intellectuelle, pour faire de nous une Inde politique, sous la férule de ces bonzes de l'Occident qu'on appelle les jésuites et le sceptre de ce grand Lama qu'on appelle le pape. Une première fois, par haine de la démocratie, par peur de la liberté, qui est la mort pour eux, ils nous ont livrés au despotisme qui nous a menés à l'abîme. Ils le feraient encore s'ils le pouvaient. C'est par leur influence, toujours plus ou moins dominante dans les conseils de nos gouvernements, que les principes de la Révolution ont été faussés et que, sous les apparences d'une démocratie presque radicale, par le moyen de lois perfides ou perfidement interprétées, une administration réactionnaire peut priver la France de ses droits les plus essentiels, et la gouverner comme un pays conquis.

Certes, loin de moi toute pensée de persécution! Mais il ne faut pas qu'un imbécile esprit de tolérance nous aveugle. Entre eux et nous il n'y a pas de conciliation possible, parce qu'il n'y a pas de conciliation possible entre nos principes. Si nous ne sommes les maîtres, nous serons les esclaves. Sachons-le bien, et que la démocratie française prenne enfin résolûment le gouvernement d'elle-même. Le jour où, cessant de se laisser abuser par des craintes chimériques, renonçant à l'absurde espérance de convertir ses adversaires par de stériles concessions, comprenant qu'il n'est pas de plus décevante utopie que celle d'une république sans républicains, la démocratie française se sera donné un gouvernement vraiment démocratique, des difficultés, qui maintenant nous paraissent insurmontables, s'évanouiront comme par enchantement. Les conspirateurs, dont l'influence purement artificielle ne repose que sur la connivence criminelle et l'appui manifeste d'une administration réactionnaire, retomberont dans leur néant, et les oiseaux de nuit, qui s'ébattent à grand bruit d'ailes, à la faveur des ténèbres protectrices de l'ordre moral, regagneront l'obscurité de leurs cavernes dès que se projettera sur eux la lumière d'une forte éducation nationale fondée sur la libre raison et la libre science.

Alors, si nous sommes sages, — et pourquoi ne le serions-nous pas après tant d'épreuves? — si, rompant avec des traditions surannées et cessant de subir des influences funestes parce qu'elles nous sont irrévocablement hostiles, nous travaillons avec prudence, mais cependant avec ardeur, — nous hâtant lentement, selon l'expression du poëte, — à arrêter enfin jusque dans les dernières lignes de notre législation politique, cette constitution dont la grande Assemblée nationale nous a fourni les bases et esquissé le modèle; si, l'ayant établie, nous savons l'observer fidèlement et la faire aimer, alors une ère nouvelle s'ouvrira pour nous. Certes, la France n'est pas tellement déchue que son épée soit à jamais brisée dans sa main.

En dépit des lâches et des traîtres qui ont livré, d'un cœur léger, sa vieille gloire, elle a conservé le sentiment entier de sa valeur. Un jour viendra sans nul doute, hélas! où la nécessité la poussera de nouveau sur les champs de bataille, et c'est notre foi que le noble patriotisme qui remplissait les âmes républicaines de nos pères, remplira celles de leurs enfants et en fera des héros.

— Mais ce n'est pas dans cette voie que nous devons chercher l'influence, objet légitime de l'ambition d'un grand peuple. Ce que la Révolution aurait voulu et ce qu'elle ne put faire, parce qu'assaillie de tous côtés par la tempête, elle ne put gouverner et perdit sa route, nous le pouvons aujourd'hui, dans des temps plus calmes, quand la moitié de la besogne est déjà faite. La France républicaine peut être comme un phare allumé au milieu de notre vieux monde pour guider les nations à travers les écueils qu'il leur reste encore à franchir et les conduire heureusement au port de la démocratie définitive. Ainsi reprendra-t-elle la direction intellectuelle et morale qu'elle avait au dix-huitième siècle, que le despotisme et le conservatisme lui ont fait perdre depuis, et qui est la meilleure et la plus durable des prépondérances. Celle-ci, du reste, ne pourrait lui échapper, car elle repose sur la plus irrésistible de toutes les forces, la force des choses.

— « Et quand vous aurez réalisé ce rêve, nous dira-t-on peut-être, quand, non-seulement la France, mais l'Europe tout entière auront conformé leurs institutions et leurs mœurs au plus pur esprit démocratique, croyez-vous que tout sera fait pour le bonheur de l'humanité? Peut-être vous apercevrez-vous alors que toutes vos agitations ont été stériles. Vous n'aurez changé ni la nature de l'homme, ni la nature des choses. L'âme humaine n'en sera pas moins inquiète et insatiable ; dans cette lutte nécessaire pour l'existence qu'on appelle la vie, il y aura toujours plus de vaincus que de vainqueurs, et les vainqueurs eux-mêmes n'en sortiront pas sans blessures ».

Certes, il y a dans ces réflexions une grande part de vérité. Nous nous aveuglerions étrangement si nous prétendions supprimer le mal de ce monde. Il n'y aura jamais pour l'humanité de bonheur absolu. Mais, ce qu'on ne peut supprimer, on peut l'atténuer, sans doute. Il ne s'agit point de changer la nature humaine, mais de la connaître et de nous conformer à ses lois; car il n'y a de bonheur pour un être que dans une vie conforme à sa propre nature. Or, c'est précisément ce que se propose la démocratie. Elle prétend organiser les sociétés et les gouverner conformément aux règles de la raison, aux droits essentiels de la nature humaine, qui sont la liberté et l'égalité ; elle espère par le respect de ces droits, qui est la justice stricte, les amener à la pratique de la fraternité qui est la justice effective, la justice bienveillante et bienfaisante, laquelle, dans le bien fait à autrui, jouit par anticipation, même en dehors de tout intérêt réel, de se sentir digne d'un égal retour.

Ne serait-ce donc rien, pour nous en tenir à des résultats purement matériels, ne serait-ce rien que la suppression de la guerre qui met les générations et les fortunes en coupe réglée, et qui, depuis un siècle, en Europe seulement, a fauché par millions l'élite physique de l'humanité ? Ne serait-ce rien que la suppression des dépenses énormes que nous impose cet état de guerre ou de paix armée dans lequel nous vivons, et qui dépassent, au dire des économistes les 6/7 de nos revenus publics[1] ? Ne serait-ce donc rien que de se débarrasser d'un pareil fardeau? Ne serait-ce rien que d'employer au moins une partie de ces sommes à des dépenses reproductives? Ne serait-ce rien que de voir tomber les barrières et les haines qui séparent les peuples ? Ne serait-ce rien que la libre circulation des personnes et des produits? que l'uniformité des lois dans leurs applications diverses; que l'uniformité des idées et des mœurs qui ne sépareraient plus les hommes en camps ennemis ! Ne serait-ce rien que l'adoption d'une langue commune qui, tout en laissant subsister les idiomes nationaux, servirait de moyen de communication entre tous les membres de la République européenne devenue alors la grande patrie?...

Utopie, dira-t-on. — Pourquoi? — En 1770 la population des colonies anglaises qui forment aujourd'hui les États-Unis était de 3 millions d'âmes. Elle est aujourd'hui décuple. Dans un siècle, — et qu'est-ce qu'un siècle dans la vie de l'humanité? — elle égalera si elle ne dépasse celle de l'Europe. Et pourtant à moins de supposer une régression complète de

1. On calculait avant 1860 que la dette des principaux États de l'Europe s'élevait à 151 milliards, dont la plus grande partie a pour origine des dépenses militaires. Que doit-elle être aujourd'hui ? (Garnier, *Économie politique.*)

l'intelligence qui ramènerait les Américains à la barbarie, la grande république américaine jouira de tous les avantages dont la simple énumération est prise, au regard de l'Europe, pour le rêve d'un utopiste. De quel poids ne sera-t-elle pas alors dans la balance où se pèsent les destinées de ce monde sublunaire, si du moins l'Europe persiste dans ses divisions monarchiques qui ne sont pour elle qu'une cause de ruine et d'égorgements ? A qui l'Amérique, alors bien plus polie qu'elle ne peut l'être aujourd'hui, devra-t-elle son bonheur, sa grandeur, sa puissance ? A la liberté, à l'égalité des droits, c'est-à-dire à la connaissance de la nature humaine et au respect de ses lois ; en un mot, à la démocratie.

— Est-ce du moins en vertu de quelque privilége de race que ces hommes se sont élevés à la jouissance de tous ces avantages ? — Non ! — Il n'y a point là de question de race. Ces hommes sont des Anglais, des Français, des Allemands, des Italiens, des Chinois même et des nègres à peine émancipés du plus terrible esclavage qui fût jamais, et qui, tous, malgré la diversité de leur origine, s'adaptent sans peine à ces institutions et s'y attachent profondément, parce qu'elles font leur bonheur en respectant leur dignité. Preuve évidente que la nature humaine est partout la même et que les institutions américaines sont conformes à la nature.

— Et maintenant, si nous passons de la considération de ces avantages plus objectifs, plus extérieurs (qu'on nous permette cette expression), à la considération d'avantages plus subjectifs, plus intérieurs, croit-on qu'il soit d'une médiocre importance, pour le bonheur de l'homme individuel, d'éclairer son intelligence, d'élever son caractère, de former son cœur par une éducation vraiment rationnelle, éducation seule efficace, car elle n'a qu'un but : lui faire connaître sa propre nature et la nature des choses, afin de lui apprendre à régler sa vie conformément à leurs lois?

> Felix qui potuit rerum cognoscere causas,
> Atque metus omnes strepitumque Acherontis avari
> Subjecit pedibus...,

s'écrie le doux Virgile : Heureux celui qui peut connaître la nature des choses et qui foule aux pieds les terreurs superstitieuses de l'avare Achéron!

« Il faut chasser, dit l'énergique Lucrèce, les fantômes de l'enfer, ces chimères qui empoisonnent le bonheur dans sa source, qui donnent à toutes nos idées la teinte lugubre de la mort et qui ne nous laissent jouir d'aucune volupté pure. »

> Et metus ille foras præceps Acherontis agendus
> Funditus, humanam qui vitam turbat ab imo,
> Omnia suffundens mortis nigrore neque ullam
> Esse voluptatem liquidam puramque relinquit.

Oui, faire connaître à l'homme la nature des choses et purger son âme des terreurs superstitieuses, tel est le but que doit se proposer une sage et virile éducation.

Et qui peut la donner cette éducation? La démocratie seule, parce qu'elle seule n'a rien à redouter de la science C'est par la superstition qu'ils dominent les âmes, tous ces exploiteurs de la mort, jésuites de tous les temps, prêtres de toutes les religions, mais particulièrement de la nôtre. C'est avec leur enfer et leur purgatoire qu'ils battent monnaie, qu'ils soutirent son obole à la veuve ou à l'orphelin; comme si ce n'était pas se rire impudemment de la divinité, que de la supposer capable d'ajouter quelque prix à des prières mercenaires. C'est en leur représentant cette vie comme une vie d'épreuves et en leur promettant, en récompense de leurs misères patiemment supportées, une éternité de bonheur, qu'ils les endorment dans leur servitude, leur ôtant jusqu'à l'idée d'améliorer leur misérable condition, admirablement secondés en ce point par les despotes et les conservateurs de tous les siècles et de tous les pays. Le secret de leur union réside en ceci et pas autre chose : qu'ils sont des coassociés dans une commune exploitation de l'humanité.

La démocratie seule pourra, par la voie de la science, apprendre aux hommes qu'il n'y a aucune raison de croire à l'existence d'une autre vie; qu'il n'y a, par conséquent, ni enfer à craindre, ni paradis à espérer, et que les pratiques superstitieuses (qui n'ont pas d'autre cause), ne sont que sottise chez les uns, charlatanisme chez les autres; que, borné à l'existence actuelle, il a non-seulement tout droit, mais tout intérêt à l'organiser de telle manière, qu'elle comporte le plus de bonheur et le moins de souffrance possible; qu'il ne peut le faire qu'en se connaissant lui-même, c'est-à-dire en étudiant sa nature et se conformant à ses lois; qu'issu des profondeurs de l'être universel, dans le sein duquel il doit retomber un jour, parvenu, par une ascension continue à travers les mille phases de son développement animal, jusqu'à cette supériorité d'intelligence que nous appelons raison, il se reconnaît lui-même comme être sociable et perfectible; qu'en tant qu'être sociable, il doit respecter la loi propre de la société qui est l'égalité, laquelle comprend la liberté, et se nomme la justice; qu'en tant qu'être perfectible, il doit travailler à son développement dans le sens même de sa perfectibilité, c'est-à-dire de son amélioration intellectuelle et morale, en un mot, de sa dignité; que la justice et la dignité sont les deux pôles de la morale, la morale tout entière; que de ces deux sources doit découler toute constitution et toute législation; législation et constitution ne pouvant avoir qu'un but légitime, à savoir : d'assurer à l'homme social la jouissance la plus solide, la plus paisible et la plus complète de ses droits; à l'homme individuel, le développement le plus parfait possible, par une éducation bien entendue, de toutes ses facultés, de manière à favoriser, au grand avantage de la société tout entière, l'éclosion de toutes les supériorités naturelles, et d'établir ainsi le seul équilibre qui soit juste et stable.

Le premier effet de cette éducation serait, en même temps, de ramener la paix dans la société et le calme dans l'âme humaine, en en banissant l'envie qu'inspirent nécessairement des supériorités mal fondées et la haine qui résulte du sentiment d'une injuste infériorité.

Heureux les habitants des campagnes! s'écrie le

poëte. Heureux, dirons-nous, tous ceux qui travaillent, qui passent leur vie dans une condition obscure, *s'ils connaissaient leur bonheur!* Une sage éducation démocratique aura pour effet de le leur faire connaître et de le leur faire goûter. Quand l'homme du peuple, dans nos sociétés encore si imparfaites, jette un regard de colère et de convoitise sur ce qu'on appelle les classes supérieures, c'est qu'il s'indigne en lui-même, moins encore de leur oppression et de leur dédain, que de l'infériorité réelle que lui font le hasard de la naissance et l'injustice de la société dont il ne supporte que les charges. Il a moins de goût qu'on ne pense pour les avantages de la fortune dont il connaît toute la vanité. Ce qu'il rêve, c'est une société où un homme soit un homme, indépendamment de la fonction qu'il remplit; où personne ne demande compte à personne de la manière dont il subvient à ses besoins, parce que tout travail est également respectable, et où, sa besogne faite, il puisse, soit dans la vie publique, soit dans la vie privée, jouir des avantages que procure ce degré suffisant de culture intellectuelle et morale, sans lequel il ne peut y avoir ni dignité, ni indépendance, mais, de quelque beau nom qu'on décore les choses, humiliation et servitude.

Pour l'homme ainsi éclairé, combien le bonheur sera plus facile! Dans une société fondée sur la justice et où la justice sera respectée, il n'aura point à souffrir de ses semblables; l'égal de tous par le droit, il le sera encore par l'éducation, la seule barrière vraiment infranchissable qui sépare les hommes. Sa liberté et sa dignité étant également assurées, que lui faut-il pour être heureux ? Il saura que l'homme, être d'un jour, ne peut trouver le bonheur que dans la satisfaction de ses besoins et l'accomplissement de ses devoirs, qui sont les besoins de sa nature intellectuelle et morale. Il remplira les uns sans peine, car il aura une claire notion de la solidarité sociale et n'ignorera pas que faire son devoir c'est agir, sous tous les rapports, conformément à son propre intérêt. Ses besoins, il les satisfera plus facilement encore, et, sans exclure la recherche du bien-être, recherche rendue bien plus facile par la justice sociale et l'éducation ; sans renoncer même à la poursuite de la fortune, dont il comprendra cependant l'insuffisance au point de vue du bonheur, chose subjective, il saura, s'il le faut, vivre heureux dans sa médiocrité, dans sa pauvreté décente ; car il saura se contenter du nécessaire, et celui-là ne manque jamais de rien, à qui le nécessaire suffit « *Non est penuria parvi.* »

« N'entendez-vous pas, s'écrie encore Lucrèce, n'entendez-vous pas le cri de la nature ? Elle ne demande qu'un corps exempt de douleur et la paix dont jouit une âme libre de terreurs et d'inquiétudes. Mais les besoins du corps sont bornés ; peu de choses suffisent pour le garantir de la douleur et lui procurer un grand nombre de sensations agréables. » Si la pauvreté, — je ne dis pas l'indigence ; il n'y aura pas d'indigents dans notre démocratie ; — si la pauvreté n'a point en partage les vaines et creuses satisfactions que donne le luxe, est-il un [illegible]en solide dont elle ne puisse jouir tout comme la richesse ? La sobriété même et l'exercice sont la condition nécessaire pour que, selon l'expression du poëte « *Corpore sejunctus dolor absit,* » le corps soit exempt de douleur. Et quant aux jouissances du cœur et de l'esprit, quelles sont celles qu'il ne puisse goûter dans sa chaumière, aussi bien que le riche dans son palais, au sein d'une famille qu'une même éducation aura faite son égale en bonté et en sagesse ?

Quelle différence entre cet homme de l'avenir et l'homme du passé, — dois-je dire du présent? — ignorant et grossier, rentrant trop souvent le soir, comme la brute, dans sa tanière délabrée, le cœur aigri, le caractère farouche, toujours prêt à lever la main sur sa compagne, souvent, hélas! aussi grossière que lui, entouré de petits sauvages en haillons, attendant avec impatience le pain du jour qu'il vient de boire au cabaret : affligeant tableau d'imprévoyance, de misère et de brutalité.

— Une sage, forte et complète éducation démocratique changera tout cela; c'est là le vrai but, la tâche principale de la démocratie. Les constitutions qui organisent des rouages politiques plus ou moins parfaits sont utiles assurément, nécessaires même, si l'on veut; mais elles ne le sont que comme moyen. Elles ne seraient rien si elles ne servaient à tirer les conséquences des principes démocratiques, à assurer également la liberté de tous, à établir l'égalité véritable, laquelle ne doit pas être écrite seulement dans les codes, mais rendue effective, réelle, par l'élévation du niveau moral et intellectuel de tous au moyen d'une éducation sérieuse et vraie, c'est-à-dire *scientifique*, fondée sur la connaissance de l'homme, de sa nature, de sa destinée, de ses droits, de ses devoirs, de ses facultés et de ses besoins; éducation obligatoire et commune à tous dans ses parties essentielles, ayant en vue l'intérêt général, l'intérêt humain, et non les intérêts égoïstes, et partant immoraux, d'une secte, d'une caste ou d'une oligarchie quelconque.

Certes, la nature des choses, comme nous l'avons dit plus haut, ne sera point changée : l'homme sera toujours soumis aux fatalités naturelles, à la maladie, à la mort; mais son âme sera mieux trempée pour y résister. De ces maux, il préviendra les uns ou les atténuera par sa prudence et par sa sagesse; il supportera les autres avec patience et fermeté, comme inévitables. La mort, il la verra venir sans inquiétude, comme une chose dès longtemps prévue; il l'attendra avec un mâle courage, comme une nécessité commune à tous les êtres contingents, comme un corollaire nécessaire de la vie, comme le terme de toutes les souffrances, le refuge contre les infirmités de la vieillesse, et l'éternel repos. Ainsi, après avoir joui avec sagesse des biens de la vie et en avoir supporté les maux avec patience, l'homme de la Raison saura mourir sans peur, après avoir vécu sans reproche.

— Que MM. les conservateurs se rassurent; un tel homme ne sera nullement tenté de les dépouiller de leurs fortunes, bien ou mal acquises. Il respectera la propriété, la famille, et même la religion, s'il en est encore dont la sénilité s'obstine à professer des superstitions surannées. Que dis-je? Il n'y aura plus de conservateurs, car il n'y aura plus d'oligarques.

Ce sera le règne de l'égalité, de l'égalité véritable; non de celle qui abaisse, en courbant sous son stupide niveau les têtes les plus hautes, mais de celle qui élève, de celle qui, en élevant les âmes, rend facile la pratique de l'humanité, de la fraternité, de la justice, et centuple le bonheur de chacun par la sagesse de tous. MM. les conservateurs, quoi qu'en pense leur orgueil, ne seront peut-être pas ceux qui auront le moins à gagner à un pareil régime. Si c'est là une utopie, on nous permettra bien de croire qu'elle mérite qu'on essaye d'en faire une réalité. Mais ce n'est pas une utopie.

— « Soit, nous dira-t-on encore, admettons que votre rêve puisse se réaliser; n'êtes-vous pas infidèle à votre propre doctrine de l'évolution, de la perfectibilité humaine, en nous présentant comme définitif un état qui, si cette doctrine est vraie, ne peut être que temporaire? » — Eh! faut-il s'abstenir de procurer un bien certain aux hommes, sous prétexte que nous ne sommes pas suffisamment assurés que ce bien doive être éternel? La vie de l'humanité se compose de générations successives, et ce qui dépasse la vie d'une génération est éternel pour elle. Sans doute, nous ne sommes pas sûrs que l'état démocratique, tel que nous le concevons, doive être l'état définitif de l'humanité; parce qu'il est fondé sur l'individualisme et qu'il s'est trouvé, de tout temps, des hommes, et non pas toujours des moins bons et des moins éclairés, qui ont conçu la perfection de l'état social sous la forme du communisme. Quelle est celle de ces deux conceptions qui doit l'emporter définitivement? La loi d'évolution ne nous permet pas de répondre nettement à cette question. Nous ignorons jusqu'à quel point l'idée que nous avons de la justice sociale peut se modifier chez nos descendants. Soyons réservés, et ne jugeons pas de l'avenir par le présent (*multa renascentur quæ jam cecidere, cadentque quæ nunc sunt in honore*). L'humanité a souvent poursuivi et martyrisé des hommes qu'elle a depuis honorés comme des précurseurs. Nous ne savons pas ce que pensera de ces choses la sagesse de nos neveux, ni si elle ne verra pas, dans la communauté, une forme plus parfaite de la justice et le moyen d'assurer à chacun sa part la plus égale et la plus complète possible des biens de ce monde. Nous ne savons pas si une humanité plus sage ne trouvera pas le moyen de concilier la dignité individuelle avec le renoncement communautaire. Pour nous, malgré nos réserves, nous n'hésitons pas à déclarer que tel n'est point notre idéal. Nous ne voyons pas assez la liberté dans le communisme, et nous ne concevons pas l'homme sans la liberté. La liberté, à nos yeux, c'est la dignité, c'est la force. Nous aimons mieux, s'il est possible, l'individu libre à ses risques et périls dans une société moins parfaite, que le communaliste assuré contre tous les dangers, mais réduit à l'état de rouage obéissant dans une machine bien montée.

Quoi qu'il en soit, nous pouvons affirmer, du moins, qu'un long temps doit s'écouler avant que la conception actuelle du droit démocratique varie, et qu'aussi longtemps qu'elle subsistera (toujours sans doute, car elle semble évidemment établie sur les lois fondamentales de la nature humaine) la constitution démocratique restera la même. Cette question, du reste, nous intéresse moins que nos neveux. A chaque génération son labeur. Il s'agit pour nous, en ce moment, de ne pas nous opposer à la force des choses, qui nous briserait infailliblement, et de lui emprunter au contraire, en lui obéissant, une puissance irrésistible.

CHAPITRE IV

Nécessité d'organiser la démocratie. — Des droits que doit garantir une constitution démocratique. — Comment se limitent les droits de l'État.

Rien n'est grand en présence de l'infini, sauf l'esprit qui le conçoit et qui est la pensée même de l'Universel. Mais cet esprit qui est resté si longtemps à l'état d'incubation dans la nature; qui a vagi, pour ainsi dire, dans l'animalité inférieure; qui a eu son enfance et son adolescence; qui touche peut-être aujourd'hui à sa virilité, ce n'est pas l'esprit de tel homme ou de tel autre; c'est l'esprit humain lui-même; ce n'est pas l'esprit de l'individu, c'est celui de l'espèce; c'est celui de l'Être dans l'espèce supérieure que nous sommes ici-bas. Quelque éminent qu'il soit, c'est dans le sein de l'espèce que l'individu puise sa supériorité. Il est le bourgeon dont elle est la séve. Il ne fait que manifester les vérités nouvelles qu'elle porte dans ses flancs et que, à de certains moments, elle se travaille à mettre au monde. Comme Socrate, le génie est un accoucheur de l'Esprit. C'est là son mérite et son utilité; car, faute d'accoucheurs, la vérité aurait souvent de la peine à naitre.

Aussi est-ce avec justice que nous honorons les grands hommes, et que nous nous efforçons de leur décerner une immortalité glorieuse. Mais nous avons beau faire, leur souvenir, qui nous paraît éternel, parce qu'il dure quelques générations, s'atténue insensiblement, s'efface et disparait dans les brumes lointaines du passé, à mesure que l'esprit humain progresse et que des découvertes nouvelles font oublier celles qui leur ont servi de support. — Combien de Prométhées sont tombés pour toujours dans l'oubli! Nous connaissons l'inventeur de l'imprimerie, parce qu'il est d'hier; mais qui connait l'inventeur de l'écriture? Nous savons qui a découvert la vapeur; mais qui a découvert le feu? Nous admirons les produits de la métallurgie et de la céramique; mais quel est le grand homme qui a trouvé l'art de fondre les métaux, ou de façonner un vase d'argile? Nous savourons avec délices les admirables poëmes d'Homère; mais qui sait le nom de l'antique rhapsode qui apprit à l'homme enfant à rhythmer ses paroles et fut le créateur, non d'un poëme, mais de la poésie? Copernic, Kepler, Newton, grands noms dans l'histoire de l'astronomie; mais leur était-il bien inférieur l'inconnu Leverrier qui, le premier, calcula une éclipse de soleil ou l'orbite d'une planète?

Sans doute, nous avons aujourd'hui plus de moyens d'assurer à tous les grands hommes cette immortalité relative qui peut égaler la durée même de la vie intelligente de l'espèce, une immortalité de bibliothèque! Mais leurs noms dussent-ils périr, qu'ils s'en consolent! Il n'en resterait pas moins d'eux ce qu'il y a de meilleur, la part de vérité qui se trouve dans leurs œuvres et qui tomberait, pour s'y incorporer, dans la substance de l'esprit humain lui-même. Car c'est lui le grand inventeur; c'est lui qui, dans l'ordre intellectuel, pousse à l'être tout ce qui existe; c'est lui qui, dans son incessant progrès, amène à la perfection toutes nos connaissances, en les dégageant de la part d'erreur qu'y a mêlée la pensée individuelle.

— Ils se trompent donc manifestement, quand ils sont de bonne foi, ces hommes qui, pour tout argument contre les idées modernes, se tournent vers le passé, afin de l'opposer au présent et qui nous disent: vous croyez-vous plus sage que tel et tel qui pensaient ainsi? Tous les grands esprits qui nous ont précédés n'ont été, en effet, que l'expression de l'esprit humain à une époque et dans un milieu donnés. Il n'est pas plus juste de nous opposer leurs opinions, quelque génie qu'elles supposent, qu'il ne le serait d'opposer à quelqu'un les opinions de son enfance quand elles sont en désaccord avec celles de sa virilité. Nous leur sommes inférieurs en puissance peut-être, mais nous leur sommes supérieurs en fait, parce que nous appartenons à un âge plus mûr de l'humanité, cet homme immortel, qui apprend et se perfectionne sans cesse. Nous sommes plus vieux que nos pères et plus grands qu'eux, non de notre propre taille, qui peut être petite, mais parce que nous sommes, pour ainsi dire, portés sur leurs épaules.

— Sans méconnaître, dans notre ingratitude, les mérites de nos devanciers qui nous ont faits ce que nous sommes, ce n'est donc pas vers le passé que nous devons nous retourner comme vers un âge d'or chimérique, mais vers l'avenir qui, lui aussi, sera meilleur que le présent. Il faut porter, dans le domaine de la morale et de la politique, la même hauteur et le même calme d'esprit que nous apportons dans la philosophie naturelle. Il est peu de problèmes résolus par elle que n'aient contestés dans leur temps ceux qui s'effrayaient de leurs solutions, soit parce qu'elles troublaient leur fausse science, soit parce qu'elles portaient atteinte à leurs intérêts, et que, dans l'étroitesse de leur cœur, ils mettaient leur intérêt avant la vérité. Mais y a-t-il une seule de ces solutions déclarées funestes, pernicieuses, diaboliques et perverses qui n'ait été ou qui ne soit acceptée aujourd'hui par ceux-là même qui la condamnaient autrefois, et qui n'ait produit quelque bien pour l'humanité, en émancipant sa raison qui est la source de toutes ses puissances? Qui songe, de nos jours, à arracher à Galilée une rétractation? Y a-t-il quelqu'un qui n'accepte, dans tout ce qu'elles ont de certain, c'est-à-dire de démontré, les théories astronomiques; qui prétende empêcher la terre de tourner; qui mette en doute son antiquité et l'antiquité de l'homme à sa surface; qui regarde d'un œil de haine les doctrines hardies qui substituent aux genèses de l'imagination la genèse de la science?...

Hélas! oui, il en est encore. Ce sont ceux qui ont pris pour devise : Périsse la vérité plutôt que les erreurs qui assurent notre puissance! Ceux-là il ne faut pas songer à les convertir; ils ont des yeux pour ne pas voir et des oreilles pour ne pas entendre. Aussi, quand nous les voyons faire à l'esprit moderne une guerre si acharnée et si perfide, nous pouvons être assurés qu'il y a là une vérité qui les tue. Malheureusement pour eux, ce qui rend leur ruine inévitable, c'est que les vérités sont solidaires. La raison humaine ne se divise pas. Toute lumière, qui en éclaire une partie, projette jusque dans ses recoins les plus obscurs des reflets qui en atténuent ou en dissipent les ténèbres. Une réforme religieuse conduit à une réforme philosophique, une réforme philosophique à une réforme politique. Il est trop tard aujourd'hui pour essayer de réagir contre la raison. Après s'être affirmée avec une force irrésistible dans les sciences de la nature, elle s'affirme avec une force égale dans les sciences morales et politiques. Après avoir découvert les lois qui régissent la matière, elle s'est repliée sur elle-même et a formulé les lois non moins évidentes qui doivent régir les sociétés.

— De ces lois, on peut dire désormais aveugle qui ne les voit pas. Mais elles sont la condamnation et la ruine même de tout despotisme, despotisme religieux ou despotisme politique; et c'est pour cela que nous les trouvons, partout et toujours, ligués contre elles; c'est pour cela qu'ils combattent avec tant d'acharnement et de persévérance, ce qu'ils appellent l'esprit de la Révolution. Ces gens-là se sont fait des intérêts distincts de ceux de l'humanité. Que l'humanité végète et que leurs intérêts soient sauvés. La domination avant tout ; voilà ce qu'ils veulent et ils ne le cachent point.

Il y a quelque vingt ans, à la conférence de Chiéri, le père Roothan, général des jésuites (qui ce jour-là laissait échapper le secret de la secte), lançait cette déclaration de guerre : « Vraiment, notre siècle est étrangement délicat. S'imagine-t-il que la cendre des bûchers soit totalement éteinte, qu'il n'en soit pas resté le plus petit tison pour allumer une seule torche? Les insensés ! En nous appelant jésuites ils croient nous couvrir d'opprobre. Mais ces jésuites leur réservent la censure, un bâillon et du feu.... Et un jour ils seront les maîtres de leurs maîtres[1] ».

Ce ne sont pas là de vaines menaces. Depuis cette époque ils ont marché résolument à l'assaut de la société moderne. Ils ont subjugué l'Église ; ils ont fait l'Immaculée-Conception, le syllabus, l'infaillibilité du Pape, le Sacré-Cœur, ils ont fabriqué des miracles, étalé partout des pèlerinages ; ils se sont emparés de l'éducation publique à tous les degrés ; ils ont tout rempli de leurs créatures ; ils ont la main suspendue sur le pouvoir[2]. Que nous faut-il de plus?

1. Extrait de *la Vérité* de Tournay par le *XIXe Siècle* du 8 juin 1875.

2. Recommençant ce qu'ils ont fait sous la Restauration, ils font, à grand tapage, prêcher des missions par des officiers de cavalerie. Qu'on veuille bien lire à ce propos la deuxième lettre particulière de Paul-Louis Courrier du 20 novembre 1820. « Nous communions par numéros de compagnie, la droite en tête. — Fort « bien. — Tes officiers ? — Mes officiers ? ma foi, je ne les connais « guère....— En vérité ? cependant, tu dois savoir, mon cher, si ton « capitaine te veut du bien ? —Notre capitaine n'a pas rejoint; nous « ne l'avons jamais vu. Il prêche des missions dans le Midi.... — « Bon ! mais ton colonel ?.... dis-moi, il a servi ? — Oh ! oui. .. Il a « servi la messe.... etc. ». Comme on le voit, rien de nouveau sous

qu'attendons-nous encore ? Que dans ce pays de suffrage universel ils se soient emparés de la masse du peuple et se soient fait, comme en Belgique, une majorité de gouvernement ? Insensés que nous sommes, en effet ! En présence du péril le plus grave que nous puissions courir, nous nous endormons dans une imbécile tolérance que nous prenons pour du libéralisme et qui n'est que lâcheté morale et faiblesse intellectuelle. Ces gens-là ne sont pas des adversaires, ce sont des ennemis. Ils n'invoquent la liberté que pour nous en écraser ; ils ne s'en cachent pas, et, pour cela, ils ne nous demandent qu'un peu de temps.

— Mais faut-il donc les persécuter ? Qui parle de persécuter ? Nous parlons de combattre. Et s'il répugne à notre faiblesse de prendre des mesures énergiques contre des ennemis publics, irréconciliables, quand ces mesures nous sont dictées par le plus simple instinct de conservation, il faut, au moins, nous ré-

le soleil. Ce qui prouve peut-être qu'il ne faut pas désespérer. — « Notre vigne, dit Paul-Louis Courrier dans la même lettre, n'est « point si chétive qu'on le voudrait bien faire croire. Les vieilles « souches, à vrai dire, sont pourries jusqu'au cœur, et le fruit n'en « vaut guère ; mais un jeune plant s'élève qui va reprendre le des- « sus et couvrir tout bientôt. Laissez-le croître avec cette vigueur, « cette sève, seulement cinq ou six ans encore et vous m'en direz « des nouvelles. »

Avons-nous le droit d'être aussi optimistes que P.-L. Courrier ? Depuis 1820, notre vigne a eu à supporter de biens terribles maladies. Nous avons eu l'oïdium et nous avons aujourd'hui le phylloxera.

Que les bonnes gens, qui s'affadissent le cœur et se détrempent le caractère en lisant de prétendus romans de mœurs, veuillent bien ouvrir cet admirable écrivain. Il n'est rien de plus juste, de plus fort, de plus piquant, de plus sain et de plus actuel, si ce n'est, peut-être, *les Provinciales*.

soudre à lutter avec énergie en opposant franchement et fièrement notre drapeau à leur bannière, le drapeau de la révolution à la bannière du jésuitisme, le drapeau de l'égalité et de la liberté humaine à la bannière du despotisme théocratique. Ce faisant, nous combattrons pour la vérité, pour l'humanité, pour la justice. C'est nous qui serons les vrais chrétiens. Le temps des distinctions habiles et des demi-mesures est passé; c'est assez de républicanisme platonique. Il faut accepter résolument, et non plus sous bénéfice d'inventaire, l'héritage de 89; il faut exécuter fidèlement et complétement les clauses du testament de nos pères.

—Pour l'avoir mal compris, nous avons fait jusqu'ici fausse route et perdu notre temps. Nous avons entassé constitutions sur constitutions, toutes parfaites, nécessairement, toutes définitives, ce qui ne les a pas empêchées d'être aussi éphémères les unes que les autres. C'est, peut-être, simplement parce que nous avons pris l'accessoire pour le principal et le moyen pour la fin. Il y a deux choses dans une constitution : les droits qu'elle reconnait et qu'elle garantit, et le mécanisme gouvernemental, administratif, qui doit en assurer le respect et en favoriser l'exercice. Cette seconde partie est assurément fort importante; mais il est facile de voir qu'elle n'est que le moyen et que la véritable fin est la première. C'est ce qu'avaient très-bien vu les constituants, et c'est là que nous devons en revenir si nous ne sommes point à jamais privés de tout sens philosophique.

—Quels sont les droits de l'homme vivant en société ? Quelles sont les conséquences qui découlent de ces droits ? Quels sont les moyens les meilleurs d'en assurer au corps social la jouissance la plus parfaite ? Tel est le problème constitutionnel dans toute sa clarté. C'est ainsi que l'avaient envisagé nos pères, et c'est en suivant leur exemple que nous allons essayer de le résoudre selon les simples règles de la logique. Nous reconnaissons hautement notre ignorance des sources et des commentaires ; et cependant il ne nous paraît point qu'on puisse nous accuser de présomption ; car nous ne pensons pas qu'il soit besoin pour une telle œuvre d'une science livresque ; nous estimons que le bon sens désintéressé y suffit.

— Qu'il y ait un droit naturel, cela ne peut faire doute pour personne ; car tout ce qui existe a sa loi, et l'homme ne peut pas ne pas avoir la sienne. Mais qu'est-ce que ce droit naturel ? Est-ce le droit tel qu'il a été conçu chez nos ancêtres de l'âge de la pierre ou tel qu'il existe encore chez les tribus barbares ou sauvages de l'Ancien et du Nouveau-Monde ? Assurément non ! L'étude des divers états sociaux est, sans doute, fort intéressante par elle-même, au point de vue historique et quand on veut se rendre compte du développement de l'idée de droit dans l'humanité ; mais, sauf les grandes lignes, les assises fondamentales, et cela tout à fait à l'origine, on ne trouverait nulle part dans ces ébauches grossières, rien qui ressemble à ce que nous entendons par le droit naturel, qui serait plus justement nommé *le droit rationnel*.

Il est évident, en effet, que *l'état de nature*[1] pour un être évolutif ne saurait exister à ses rudiments et qu'il ne se trouve que dans sa plénitude : ce qui est vrai de l'espèce comme de l'individu. L'état de nature pour un individu n'est pas son enfance, mais sa virilité ; l'état de nature pour l'espèce n'est point dans ces âges primitifs où l'intelligence balbutie à peine, mais dans cet âge plus récent où la raison, parvenue à sa maturité, se sent capable de se connaître elle-même, d'analyser les choses et d'en comprendre les vrais rapports. C'est par l'observation, l'abstraction et la généralisation que la raison parvient à dégager les lois naturelles. Mais elle n'est pas toujours capable de cet effort. De même que l'enfant ne voit, pendant longtemps, dans les faits, que des phénomènes isolés, l'homme avait été témoin de la chute d'un nombre infini de corps graves avant d'en déduire la loi de la gravitation universelle. Il avait

1. Ce n'est pas sans répugnance que nous employons cette expression dans un sens que l'usage n'a pas consacré. Nous ne nous y résignons que parce que nous n'en voyons pas d'autre qui rende exactement notre pensée. Aussi, éprouvons-nous le besoin de la définir. Nous entendons *ici* par l'*état de nature* d'un être, un état de développement tel que cet être se trouve constitué dans l'intégrité de ses facultés essentielles. Il ne faut pas oublier, d'ailleurs, que nous nous plaçons toujours nécessairement à un point de vue relatif. En remontant vers l'origine de notre espèce, cette série de transformations qui ne s'arrête qu'à l'infini, nous rencontrons une période, flottante, si l'on veut, où se fixe le type physique de l'homme, où, du moins, il devient tel, à peu près, que nous le voyons aujourd'hui. Mais il est évident que l'homme n'est pas encore complet et qu'il ne peut l'être qu'autant qu'il a atteint ce degré de développement *rationnel* qu'il possède dans nos sociétés civilisées, sans préjudice de ce qu'il peut devenir plus tard, à une époque indéfinie. C'est cet état de développement relativement complet que nous appelons ici *son état de nature*.

vu, mais il n'avait point observé; il n'était pas descendu, par l'analyse, jusqu'aux éléments des choses; il n'avait point dégagé des faits ce qu'ils ont de commun sous des apparences diverses, le lien qui les unit, pour ainsi dire, et qui les range sous une loi générale. De là, dans cet ordre de questions, les théories fausses qui ont régné si longtemps dans la science.

Elles n'empêchaient pas, sans doute, les choses d'être ce qu'elles sont, parce que, nous étant extérieures, nos explications ne peuvent avoir aucune influence sur elles; mais elles nous égaraient et troublaient notre esprit qu'elles ne pouvaient satisfaire. Il n'en est pas de même dans les questions sociales; elles nous touchent directement. Les théories erronées ne nous empêchent pas d'être, assurément; mais elles nous empêchent d'être bien. C'est pourquoi, faisant abstraction de toutes les différences que l'observation lui révélait entre les hommes de races et de civilisations diverses, l'esprit humain ne s'est point arrêté avant d'avoir dégagé ce qu'il y a d'essentiel, de fondamental, de commun dans leur nature; avant d'en être arrivé par la généralisation à la conception de l'humanité; c'est-à-dire de l'homme abstrait Car de même qu'en géométrie, lorsqu'on étudie les propriétés du cercle, par exemple, c'est du cercle abstrait qu'on les déduit parce qu'il est le seul exact; de même lorsqu'on étudie la nature de l'homme, ce n'est pas de tel individu qu'il s'agit, de telle race, à telle époque ou dans tel milieu; c'est de cette abstraction qu'on appelle l'humanité, parce que seule elle est l'homme véritable. C'est de lui qu'il s'agit quand on parle des droits de l'homme. — Ces droits, la raison les a longtemps cherchés, la philosophie du dix-neuvième siècle les a formulés, la Révolution les a déclarés.

— Réduit à ses principes générateurs, le droit humain repose sur la double base de la liberté et de l'égalité. Ces principes, nous ne les trouvons pas seulement chez l'homme, comme un privilége de sa nature raisonnable, nous les trouvons, ainsi que nous l'avons établi plus haut, chez tous les êtres animés. La liberté, c'est le droit absolu de vivre et de se développer conformément à son essence propre, corollaire nécessaire de la vie; or, à ce point de vue, tous les êtres sont essentiellement égaux. Mais ce n'est point de cette égalité, en même temps générale et très-étroitement circonscrite, qu'il s'agit ici. Condamnés par la force des choses à la concurrence vitale, cette égalité ne saurait être opposée d'une espèce à l'autre. Il s'agit de l'égalité qui existe naturellement entre les êtres de même espèce : égalité non-seulement évidente, mais dont la reconnaissance même est nécessaire à l'existence de tous les êtres vivants. C'est elle qui, en se combinant avec la liberté qu'elle limite, devient la source de tout droit relatif entre les individus qui appartiennent à la même espèce.

La notion de l'égalité, tant dans la société que dans l'espèce, engendre la fraternité, qui est une forme de la justice. La justice, en effet, se présente sous deux aspects : « Ne faites pas aux autres ce que vous ne voudriez pas qu'on vous fît. » C'est la justice prohibitive, la justice stricte, mais insuffisante. « Faites aux autres ce que vous voudriez qu'on vous fît. »

C'est la justice impulsive, la justice affective : elle s'écrit surtout dans le cœur; ce qui ne veut pas dire qu'elle ne puisse pas s'écrire, jusqu'à un certain point, dans la loi. La fraternité, qui est un sentiment autant qu'une idée, trouve son principal soutien dans la notion de solidarité. Dans le corps social, en effet, pas plus que dans un corps vivant quelconque, il n'est possible qu'un membre souffre d'un mal quelque peu grave, sans que l'organisme tout entier en soit affecté. — Tels sont les principes dont la démocratie française a formé sa belle devise. C'est sur ces bases que doit s'élever un édifice social satisfaisant et durable, parce qu'il sera fondé sur la nature.

— Mais ici se place une question importante, et de la solution de laquelle devra dépendre la valeur de toute constitution. C'est pour l'avoir mal résolue que, dans l'antiquité comme dans les temps modernes, la démocratie a pu se changer si souvent en une épouvantable tyrannie.

— L'homme est un être sociable ; depuis qu'il est marqué du caractère de l'humanité, c'est-à-dire depuis qu'il forme une espèce humaine, la vie sociale lui est devenue nécessaire. C'est au sein de la société, c'est par elle qu'il a développé toutes ses puissances. En dehors d'elle, nous ne le concevons plus guère que comme un être faible, misérable et voué à la destruction. Pendant les longs siècles de son existence spécifique, qui n'a été qu'un combat incessant non-seulement contre le reste de la nature, mais encore et surtout contre ses semblables, le dévouement de l'individu à la société dont il faisait partie, étant indispensable à sa propre existence, dut être absolu.

Par suite, l'idée de solidarité sociale dut s'imposer à son esprit avec une telle force, que la société, considérée au point de vue politique, c'est-à-dire l'État, fut, de bonne heure, regardé comme tout, et l'individu comme rien.

C'était là l'idée antique; c'est elle qui engendra l'utopie de Platon, aussi bien que les utopies modernes qui lui ressemblent. C'est elle qui pèse encore sur nous de mille manières, et qui permet à l'État d'opprimer l'individu en violant sans cesse ses droits les plus naturels. On comprend, en effet, aisément que, si l'individu n'est rien que par l'État et pour l'État, il n'y a plus de limite à la tyrannie de la puissance publique. La liberté de l'individu, sa vie, ses biens, sa pensée, sa conscience, sont à la discrétion de ce minotaure, qui finit par tout dévorer.

— Et cependant, au point de vue logique comme au point de vue historique, l'individu doit primer la société; il lui est antérieur. La société, dès lors, est faite pour l'individu, et non l'individu pour la société. On ne procède plus du droit social au droit individuel, mais du droit individuel au droit social. La souveraineté individuelle est la première et la plus respectable des souverainetés; elle est absolue et n'a pour limite que le respect que doivent s'inspirer des souverainetés égales. La nécessité de fixer ces limites, de les faire respecter, en en punissant, au besoin, la transgression, a donné naturellement naissance à une souveraineté collective, mais souveraine seulement dans la mesure déterminée de ses fonctions. C'est ce qu'on appelle l'État, lequel ne peut jamais sortir légitimement de ses attributions pour usurper sur les libertés individuelles, dont il a pour but principal d'assurer et de faciliter l'exercice.

— Ce n'est pas que la société, prise comme être collectif, n'ait aussi ses droits. En effet, bien qu'il soit logiquement et historiquement antérieur à la société; qu'il lui soit supérieur, en ce sens que la société est faite pour lui et qu'il n'est pas fait pour elle, l'homme n'en est point indépendant. Nécessairement sociable, il fait partie d'une collectivité qui a son intérêt distinct, mais non contraire à l'intérêt individuel bien entendu, à savoir l'intérêt général. C'est cet intérêt général qui crée à l'État ses fonctions diverses. Devant cet intérêt général l'intérêt particulier se limite équitablement, comme la liberté individuelle s'est limitée en présence de libertés égales. Mais il se limite lui-même, avec délibération, et l'État, sous prétexte d'intérêt général, ne peut jamais aller jusqu'à porter atteinte aux droits essentiels qu'il a pour mission de protéger. Il ne peut pas, en un mot, comme l'a dit, je crois, Rousseau, dépouiller l'individu de ses droits afin de l'en faire mieux jouir.

Telle fut la conception supérieure de la Révolution Française en 89 : L'homme antérieur à la société; la société ayant pour but la conservation des droits naturels et imprescriptibles de l'homme. Ceci ressort, avec une claire évidence, de la déclaration des droits :

Art. 1er — « Les hommes naissent et demeurent libres et égaux en droits. Les distinctions sociales ne peuvent être fondées que sur l'utilité commune. » Voilà les bases de tout droit social.

Art. 2 — « Le but de toute association politique est la conservation des droits naturels et imprescriptibles de l'homme. » Voilà la détermination des fonctions de la souveraineté collective, c'est-à-dire de l'État. — Ces fonctions sont exactement délimitées dans le titre premier de la constition de 91. Après avoir énuméré les droits qui dérivent naturellement de la Liberté et de l'Égalité, elle ajoute ceci : « *Le pouvoir législatif* (c'est-à-dire, comme nous l'expliquerons plus tard, les représentants de la souveraineté collective) *ne pourra faire aucunes lois qui portent atteinte et mettent obstacle à l'exercice des droits naturels et civils, consignés dans le présent titre et garantis par la constitution.* » — C'est pour avoir été infidèle à cette sage conception de la Constituante; c'est pour avoir transgressé ces sages limites que l'État n'a cessé d'être en France, sous les noms les plus divers, un despotisme, mitigé seulement par la douceur des mœurs publiques.

— Puisqu'il est entendu que l'association politique ou l'État a pour but principal de conserver les droits naturels et inprescriptibles de l'homme, il n'est pas sans intérêt d'examiner quels sont ces droits. Nous nous demanderons ensuite quelle est la forme d'organisation politique la plus propre à atteindre ce but.

— La liberté, avons-nous dit, est le corollaire nécessaire de la vie; c'est le droit primordial pour l'individu de vivre et de se développer selon son essence. Si l'homme était seul dans la nature ou n'avait à lutter que contre des êtres inégaux (inférieurs ou supérieurs), sa liberté n'aurait de limite que sa force. C'est, en effet, ce qui existe entre lui et le reste des animaux. Cette liberté ne trouve de limite que dans sa propre espèce. C'est l'égalité spécifique qui engendre le droit social..

Nous ne nous attarderons pas à analyser la liberté absolue qui n'existe qu'à l'état de conception, c'est-à-dire dans l'homme abstrait. Qu'il nous suffise de l'avoir établie comme la source de laquelle découlent toutes les libertés, individuelles, sociales et politiques, et de lui avoir assigné sa limite qui est la liberté d'autrui. Tracer exactement la mesure de ces libertés et leurs limites légitimes, c'est l'œuvre propre de toute sage constitution. Dans ces limites la liberté humaine est une souveraineté, et, comme telle, elle est sacrée, elle est inviolable.

— La première de toutes les libertés de l'homme, le premier de ses droits naturels que l'association politique a pour but de garantir, c'est assurément la liberté de sa personne, celle qu'on pourrait appeler, peut-être, la liberté locomotrice ; qu'il puisse aller où il veut, séjourner où il lui plait, sans être soumis à aucune mesure de police préventive; qu'il soit chez lui comme dans son fort, où personne n'ait le droit de pénétrer malgré lui, excepté la justice; que la justice elle-même ne puisse agir qu'avec maturité ; que dans ce but elle soit responsable du dommage matériel ou moral causé par son action inconsidérée ; que, même sous la main de la justice, il soit présumé innocent tant qu'il n'a pas été déclaré coupable : qu'il jouisse par conséquent de sa liberté jusqu'au jour du jugement, en donnant des garanties suffisantes de sa comparution personnelle ; que, dans le cas où il ne peut fournir ces garanties et où il devient nécessaire de s'assurer de son corps, il soit traité avec tous les égards dus, non pas à lui-même, mais à la liberté humaine en sa personne; qu'il ne lui soit tendu aucun piége; qu'il ne soit point forcé de s'accuser lui-même; qu'on évite tout ce qui ressemble à l'ancienne question, d'horrible mémoire : le secret, les interrogatoires insidieux; qu'il n'ait à répondre que publiquement et contradictoirement avec l'accusation et les témoins; qu'on n'oublie pas que ce n'est pas à lui de fournir la preuve de son crime, mais qu'elle doit être faite contre lui par ceux qui l'accusent; que rien n'entrave sa défense; que, jusque sur la sellette de l'accusé, il trouve le respect du juge; tant qu'il n'a pas été condamné c'est une souveraineté, j'allais dire une majesté, qui n'est pas encore déchue et qu'il faut respecter jusque dans sa déchéance. — Je sais bien que ce mot de « majesté » va faire sourire des esprits superficiels qui se représenteront les majestés singulières qu'on voit défiler chaque jour en police correctionnelle et en cour d'assises; mais, je le répète, il ne s'agit pas ici de tel ou tel malheureux plus ou moins dégradé; il s'agit de l'homme et de la liberté humaine qui est respectable toujours et partout.

Telle est la liberté de la personne à laquelle aucune loi ne doit porter atteinte parce qu'elle est supérieure à toute loi et dont on ne peut être déchu que lorsque, par quelque violation des droits privés ou publics, on s'est mis soi-même temporairement ou perpétuellement hors la société.

— Après la liberté corporelle ou locomotrice, dérivée d'une faculté qui plus que toute autre distingue l'animal du végétal, nous trouvons une liberté aussi essentielle et peut-être encore plus nécessaire, c'est la liberté du travail.

L'homme, en effet, à la différence du végétal, ne puise pas directement sa nourriture dans le sol où il ne plonge pas de racines. Il ne peut vivre sans un effort extérieur pour se procurer ce qui est nécessaire à sa subsistance. Cet effort est ce qu'on appelle le travail. Simple à l'origine, — quand l'homme, encore sans industrie et sans capital, ne connaissant ni la vie pastorale, ni l'agriculture, se nourrit comme les autres animaux, de pêche et de chasse ou des fruits que lui offre spontanément la nature, — le travail se complique à mesure que les sociétés se civilisent. La division du travail est même un effet en même temps qu'un des principaux facteurs de la civilisation. Mais, quel qu'il soit, quelle que soit sa forme, la liberté du travail est également sacrée. L'État ne peut ni imposer à l'homme une profession, ni l'en exclure. Il ne peut ni créer, ni tolérer, à cet égard, aucun monopole, tout monopole étant, en même temps, injuste, vexatoire et ruineux pour le public. Faut-il lui concéder un droit d'investiture sur certaines professions qui intéressent plus directement la santé publique et dont le contrôle échappe à la foule? — C'est au moins douteux. Mais que penser du monopole des notaires, des avoués, des avocats, des agents de change?[1] Ne sont-ce pas là des professions qui

1. Nous ne demandons pas, assurément, qu'on supprime les professions d'avoué, de notaire, d'agent de change, de courtier, etc., *si l'on juge qu'elles aient quelque utilité sociale.* Ce que nous demandons, c'est qu'on en supprime le monopole; car c'est là ce que la Constituante a justement aboli sous le nom « d'hérédité et de vénalité des offices publics. » Que l'État se réserve, *s'il y a*

devraient être libres, parce qu'elles sont de nature à être remplies par tout homme intelligent qui voudra s'y appliquer et que le contrôle en est assez facile pour que la responsabilité soit effective. N'est-il pas choquant de penser que, faute d'avoir perdu quelques années de sa jeunesse dans une école de droit, l'esprit le plus supérieur, l'homme d'affaires le plus consommé, l'orateur le plus éminent, jugé digne de présider aux destinées d'une grande nation, n'aura pas la faculté de plaider une question de mur mitoyen devant un tribunal où le cerveau le plus étroit peut chaque jour, à prix d'argent, produire ses misérables arguties? Tout le monde n'est pas capable de faire un soulier, j'en conviens; mais que quiconque en est capable puisse le faire si cela lui plait, sans en être empêché par qui que ce soit, à ses risques et périls; ainsi le veut la liberté. Le rôle de l'État doit se réduire à la protéger contre toute oppression de quelque part qu'elle vienne. Libre à chacun de s'associer pour rendre son travail le plus fructueux possible; car l'association, au moins dans les choses de l'industrie, multiplie les forces; mais qu'aucune association, si puissante qu'elle soit,

lieu, de donner licence d'exercer *librement* lesdites professions à tous ceux qui auront fait preuve de la capacité requise, c'est tout ce que les principes nous permettent d'accorder. — Quant à la profession d'avocat, nous sommes pour la liberté absolue. Puisque toute personne a le droit de se présenter à la barre pour y plaider en sa propre cause, pourquoi lui refuser la faculté de se faire représenter par tel mandataire qu'il lui plaira de choisir? Nous ne pouvons y voir aucun inconvénient; et peut-être y aurait-il quelques avantages. — Nous avons trop peur de la liberté en toutes choses. Laissons-la faire et, après quelques oscillations inévitables, tout s'équilibrera pour le mieux.

ne puisse empiéter sur une liberté isolée, si faible qu'elle soit; « qu'il n'y ait plus selon les termes mêmes de la constitution de 91, ni jurandes, ni corporations de professions, arts et métiers. » — Il y a loin de cette conception vraiment humaine à la hiérarchie de castes tant admirée de Bossuet dans l'ancienne Égypte, où le fils, esclave né, restait éternellement rivé à la profession de son père. Voilà cependant à peu près, qu'on ne s'y trompe point, le régime où rêvent de nous ramener des Bossuets dégénérés qui travaillent dans l'ombre, avec une ardeur qu'égale seule leur perfidie, à fonder leur domination sur notre servitude, la plus horrible de toutes, la servitude de l'esprit.

— Ce n'est pas tout que la liberté de choisir une profession, il faut encore que chacun soit libre de discuter pacifiquement le prix de son travail et de se coaliser, au besoin, avec ceux qui ont des intérêts analogues. L'État, encore ici, n'a qu'un rôle, c'est d'empêcher qu'on ne porte atteinte à la liberté d'autrui. Mais le travail engendre des produits et les produits doivent être aussi sacrés que le travail, parce que travail et produits ne sont que le développement de la liberté humaine qui est inviolable. L'usage de ces produits, leur circulation et leur échange doivent donc être aussi libres que leur production : car il n'y a pas liberté du travail où il n'y a pas liberté des produits. C'est la grande règle économique du « laisser-faire, laisser-passer, » c'est-à-dire la liberté industrielle et la liberté commerciale, règle dont la théorie et la pratique démontrent également la justice et la sagesse.

— Les produits du travail constituent ce qu'on appelle la propriété parce qu'elle est la propre chose de celui qui l'a produite. Il semble donc qu'on ne puisse pas la mettre en question. L'homme en effet ne se comprend pas un seul instant sans la propriété. Ne pouvant vivre que de la nature extérieure, il faut absolument qu'il s'en approprie ce qui est nécessaire à son existence quotidienne. La liberté elle-même se confond à l'origine avec la propriété ; car être libre c'est être propriétaire de soi-même. Il semble, disons-nous, que la liberté de la propriété ne puisse guère être mise en doute ; et, en effet, elle ne l'a guère été dans ces limites. Mais l'homme ne se contente pas d'approprier chaque jour ce qui est nécessaire à sa subsistance ; il y a souvent excès de production ; il accumule et capitalise, et l'on s'est demandé s'il devait garder la libre disposition de son capital, soit pendant sa vie, soit après sa mort.

Pour nous, la réponse ne saurait être douteuse. Le superflu est aussi respectable que le nécessaire parce qu'il est également le produit du travail ; et, si l'on admet chez l'homme un droit incontestable au nécessaire, on ne peut contester qu'il ait un droit égal au superflu qu'il a créé de la même manière et par les mêmes efforts, qui est, comme le nécessaire, un développement de son activité, de sa personnalité. C'est en vain que, pour élever une contestation à ce sujet, on se placerait au point de vue de l'intérêt social. L'intérêt social, en effet, autant que l'intérêt individuel, exige le respect absolu de la propriété. Le droit naturel et la science économique sont en parfait accord sur ce point. Toute création de richesse est un bénéfice pour la société tout entière : or porter atteinte à la sécurité ou à la liberté de la propriété, c'est la tarir dans sa source qui est le travail, l'activité humaine sollicitée par le désir non-seulement de vivre, mais de se développer le plus largement possible, c'est appauvrir la société en même temps que l'individu; c'est barrer la route au progrès qui a pour condition le capital, « car, le capital, selon la belle expression de M. Pelletan, est la rançon de l'intelligence. »

Que l'individu soit donc libre de disposer de sa fortune comme il lui plaît, qu'il ait le droit d'en user et d'en abuser, *uti* et *abuti*, soit de son vivant, soit après sa mort [1]. On invoquerait à tort le droit des enfants, le droit de la famille. La famille, à cet égard, est sans droit, et l'État ne saurait le créer. De même que nul ne peut empêcher un homme de disposer de sa fortune pendant sa vie, de la consommer tout entière, s'il lui plaît; de même, personne ne peut l'empêcher légitimement de disposer de celle qu'il laisserait à son décès, parce qu'elle est sa chose et non la chose d'autrui. Sans doute les parents ont des devoirs envers leurs enfants; ils leur doivent la subsistance et l'éducation, parce qu'ils les ont mis volontairement au monde et qu'ils ne peuvent les laisser à la charge de la société. C'est tout ce qu'on peut exiger d'eux; il faut laisser le reste à la na-

1. En réalité, toute disposition équivaut à une donation. Un legs n'est qu'une donation *in extremis*, puisqu'il est toujours révocable jusqu'au décès du testateur. Or, le droit de *donner* n'est pas plus contestable à cet instant qu'à tout autre de la vie.

ture [1]. Ce n'est qu'en cas de non disposition, de décès *ab intestat*, que, se rendant justement l'interprète des lois naturelles, l'État désigne les héritiers selon leur rang généalogique. Telles sont les limites du droit de l'État dans cet ordre de libertés; le législateur ne peut en aucun cas les dépasser; car la loi ne doit avoir qu'un but, c'est de les fixer et de les défendre. L'inviolabilité de la propriété ne souffre, en droit, aucune exception. En fait, seulement, *la nécessité publique légalement constatée* peut exiger le sacrifice de telle ou telle propriété particulière, mais sous la condition *d'une juste et préalable indemnité*. Il est facile de voir par là que le droit social d'expropriation, loin d'être la négation du droit naturel de propriété, n'en est, au contraire, qu'une confirmation éclatante.

— On a défini l'homme : « une intelligence servie par des organes. » Il eût été plus juste, à notre sens, de le définir : « un organisme servi par une intelligence. » Quoi qu'il en soit, on peut considérer l'homme sous deux aspects, à savoir : sous le rapport de la vie organique et sous le rapport de la vie intellectuelle ; bien que cette distinction soit tout à fait analytique, et que ces deux vies, intimement et inséparablement liées, se confondent dans l'unité de la personne. C'est sous le premier aspect que nous avons considéré l'homme quand nous avons établi, comme droits naturels, la liberté corporelle, la liberté du travail et les libertés qui en découlent : la

1. On ne pourrait pas davantage imposer au père de famille l'obligation de laisser ses biens à l'un quelconque de ses enfants.

liberté de profession et d'association ou liberté de l'industrie; la liberté de coalition ou liberté des salaires; la liberté des produits ou liberté commerciale; la liberté du travail économisé ou liberté de la propriété. Toutes ces libertés, en effet, ont un rapport plus direct avec la vie organique, parce qu'elles tendent surtout à sa conservation; elles sont plus générales d'ailleurs et viennent les premières dans l'ordre de l'animalité.

Considéré sous le second aspect, c'est-à-dire sous le rapport intellectuel, l'homme nous apparaît avec des libertés non moins respectables. Si, dans l'ordre que nous avons adopté, nous ne les plaçons qu'après les autres, ce n'est pas que nous méconnaissions leur importance, ou, pour mieux dire, leur prééminence; c'est que, dans l'ordre du développement vital, elles nous paraissent venir après elles. En effet, comme nous l'avons déjà dit, l'homme n'est point isolé dans la nature; il fait partie d'une série animale qui commence aux organismes les plus rudimentaires, dans lesquels ce que nous entendons par intelligence fait complétement défaut, et qui s'élève, de transformations en transformations, jusqu'à l'espèce humaine, chez laquelle la supériorité de l'esprit est la plus haute résultante du perfectionnement organique sur notre planète. En sorte que, si le règne animal est supérieur au règne végétal parce qu'il est plus organisé; de même que celui-ci l'est au règne minéral dont l'organisation est plus simple, l'intelligence humaine doit être considérée comme le plus haut degré de développement de la vie universelle et, à ce titre, nous être sacrée comme l'expression la plus claire de ce qu'on peut entendre par la divinité dans la nature.

C'est elle, c'est la pensée, c'est la raison, c'est l'âme (car tous ces noms lui conviennent également) qui brille, pour ainsi dire, au sommet de l'Être, pour l'éclairer et pour le diriger. Elle en est la suprême puissance et le résume si bien qu'elle justifie en apparence la définition donnée plus haut : « l'homme est une intelligence servie par des organes ; » définition que nous croyons avoir justement critiquée. C'est elle qui élève l'homme au-dessus de tous les autres animaux et qui le fait perfectible ; si bien que supprimer la liberté de penser, c'est supprimer la perfectibilité elle-même. La logique et l'histoire le démontrent également.

Il en est de cette liberté comme de toutes les autres, elle n'a de limite que la liberté d'autrui ; c'est-à-dire, que tout homme a le droit d'exprimer librement sa pensée, sans pouvoir, en aucun cas, l'imposer à personne, sous quelque prétexte que ce soit, autrement que par la démonstration. Ici, comme ailleurs, le rôle de l'État est de protéger la liberté et non de la restreindre, sinon en ce qu'elle aurait de contraire à la morale universelle ou d'absolument incompatible avec l'ordre public librement établi par la majorité du corps social, et sans jamais exclure le droit de critique, attribut essentiel de la souveraineté individuelle.

—Nous disons que la liberté de penser consiste dans le droit *d'exprimer* librement sa pensée. Il n'est personne, en effet, qui ne voie que c'est en cela précisément qu'elle consiste. Dire que la pensée peut être libre, mais que son expression ne l'est pas, c'est dire une sottise, ou se tirer d'affaire par une équivoque. Il est évident, en effet, qu'aussi longtemps qu'elle reste enfermée sous un crâne, la pensée échappe à toute oppression. Il n'y a que des inquisiteurs qui puissent avoir l'idée de la poursuivre jusque-là.

C'est bien ainsi que l'entendait la Constituante quand elle garantissait à tout homme « la liberté de parler, d'écrire, d'imprimer et publier ses pensées, sans que les écrits puissent être soumis à aucune censure ou inspection avant la publication, et d'exercer le culte religieux auquel il est attaché. » Telles sont, en effet, les diverses formes d'expression de la pensée : la parole qui, outre son usage ordinaire et général, peut être appliquée à l'enseignement et à la prédication religieuse, ou à toute autre espèce de controverse, et entraîne, comme conséquence, le droit de réunion ; la presse, ou parole écrite, qui peut être employée indirectement aux mêmes usages que la parole, et qui entraîne, comme conséquence, la liberté de l'imprimerie et de la librairie.

—Nous avons vu plus haut que tout être vivant ne tend pas seulement à persévérer dans son être, mais encore et surtout à se développer selon son essence. Ce sont ses besoins essentiels qui sont la source de ses droits. Or, s'il est des besoins dont la satisfaction soit plus impérieuse, peut-être, il n'en est pas de plus noble et de plus respectable que celui qui pousse l'homme soit à la recherche de la vérité, soit à la manifestation des idées, des sentiments ou des images qui se forment en lui dans ses rapports avec le monde extérieur. Être sociable, ne se développant réellement qu'au sein de la société, l'homme, en effet, ne pense ni ne sent pour lui seul. Il lui faut être sans cesse en communication avec ses semblables. C'est la parole, écrite ou parlée, qui est son principal moyen de communication avec eux, quoiqu'il ne soit pas le seul ; c'est par elle que tout progrès se fait, que la pensée elle-même se précise ; de sorte que porter atteinte à la liberté sur ce point, c'est frapper l'homme dans un de ses droits essentiels ; c'est l'atteindre dans ce qui le caractérise particulièrement et en fait un être si supérieur au reste de la nature.

— Pourquoi donc cette liberté est-elle une de celles que les puissances humaines ont le plus constamment violées, qu'elles n'ont cessé de traquer, pour ainsi dire, comme une malfaitrice? Nous ne parlons pas de la parole isolée ou plutôt confidentielle ; elle échappe à toute répression. Il en est de même de la parole écrite quand elle ne sort pas du domaine de l'imagination ou du sentiment, de la poésie ou de la littérature pure ; en un mot, de tout ce qui n'a pour but que le plaisir, ou le délassement de l'esprit, comme le roman, le drame, la comédie, la musique même et les arts plastiques qui sont aussi des formes d'expression du sentiment et de la pensée ; à condition toutefois qu'ils ne sortent point de ce domaine et qu'ils ne se risquent pas sur le terrain de la critique ou de la satire. Pour peu qu'il en soit ainsi, les pouvoirs publics sont toujours prêts à déployer, contre les œuvres les plus nobles et les plus belles, une rigueur que rend encore plus choquante la coupable indulgence avec laquelle ils tolèrent des productions idiotes et malsaines qui révoltent en même temps la morale, le bon sens et le bon goût. La musique elle-même, que son vague semblerait devoir mettre à l'abri de toute poursuite, n'échappe point à la proscription, pour peu qu'elle prête à de mâles paroles ses pathétiques accents.

— Quant à la science, elle a conquis, *à peu près*, aujourd'hui, son droit de cité; mais pendant combien de siècles n'a-t-elle pas senti sur sa bouche la main du pouvoir, toutes les fois que dans ses hardies spéculations elle venait à heurter une croyance dominante que menaçait la lumière de la vérité. C'est au nom de la religion, surtout, au nom de la vérité révélée, du mystère, que la vérité démontrée a subi si longtemps la persécution; c'est elle, ne l'oublions pas, qui, à l'heure présente, la menace encore du bâillon et qui ne parvient que trop souvent, hélas! à lui imposer silence. Mais ni les cachots, ni les gibets, ni les bûchers n'ont jamais prévalu, rien ne prévaudra jamais contre elle, rien ne l'empêchera de se développer et de s'accroître. La science est une alluvion qui se grossit sans cesse des mille particules infinitésimales que roule dans son cours irrésistible le grand fleuve de l'esprit humain.

Cependant, s'il n'est pas possible de l'empêcher absolument de se développer, on peut l'enrayer, on peut la ruiner même dans certains milieux, en la faussant, en l'immobilisant, en gênant de toutes manières sa propagation. C'est le fait des religions partout où elles dominent. Mais, en ruinant la science, on ruine les peuples qui subissent cette oppression de la pensée. Le signe le plus certain d'une mauvaise organisation sociale, c'est cette oppression même; car elle est la preuve qu'une telle société n'est point fondée sur la raison et sur la justice, puisqu'il y a des classes intéressées à étouffer, au nom d'une vérité traditionnelle, la vérité scientifique, la seule vraie, parce qu'elle ne se fonde que sur l'évidence et ne s'impose que par la démonstration.

—Mais c'est surtout pour ce qui a rapport à la politique que les gouvernements, chez nous du moins, réservent toutes leurs rigueurs. Et cependant y a-t-il un droit plus incontestable pour des citoyens que celui de s'occuper de leurs propres affaires? Et n'est-ce pas à cette marque surtout que se reconnaissent les peuples libres? Il y a donc un intérêt vital à défendre contre les usurpations de l'État la liberté de la pensée dans tous ses modes d'expression.

—Le premier de ces modes, la parole, tant qu'elle ne sort pas du cercle de la conversation particulière, échappe, avons-nous dit, à peu près, à toute contrainte. Nous disons: à peu près, parce qu'il n'est pas bien sûr que les gouvernements tyranniques, quels que soient leur nom et leur forme, trouvant la principale garantie de leur durée dans l'isolement des citoyens, n'aient jamais songé, comme on l'a dit plaisamment, à interdire les rassemblements de plus d'une personne[1]. Mais cette liberté « de bouche à

1. On peut lire dans Elien une anecdote, dont nous ne garantissons pas, sans doute, l'authenticité, mais qui prouve au moins que ce n'est pas d'aujourd'hui qu'on a prêté aux tyrans de telles visées.

« Un tyran de Trézène, dit-il, voulant détruire dans leur principe les conspirations et les complots contre sa vie, défendit à ses sujets de converser ensemble, *soit en public, soit en particulier*. Cet ordre était bien dur et bien rigoureux. Aussi, pour l'éluder, ils se fai-

oreille », si je puis ainsi parler, est tout à fait insuffisante. Ce qu'il faut à la pensée, ce qu'elle exige impérieusement, c'est *la liberté de propagande*. Il faut que la vérité soit prêchée sur les toits; et ce que nous entendons ici par « vérité », ce n'est pas la vérité estampillée par le pouvoir, qui ne peut en être juge; c'est ce que chacun de nous croit tel, cette vérité fût-elle une erreur; car elle a pour limite la liberté de contradiction, et il n'y a point d'erreur dangereuse là où existe la liberté de la combattre.

— A la liberté de propagande se rattache, comme un corollaire nécesssaire, le droit de réunion, ou, comme le définit la constitution de 91 « la liberté aux citoyens de s'assembler paisiblement et sans

saient les uns aux autres certains signes des yeux et des mains.... Quand les circonstances étaient trop pénibles, les maux insupportables, on voyait chacun d'eux froncer le sourcil et témoigner à son voisin les sentiments de son âme par l'expression de son visage. Tout ce manége inquiétait encore le tyran, qui, sur le jeu des physionomies, jugea que ce silence même pourrait bien amener pour lui quelque fâcheuse issue. Il défendit donc encore les signes. Mais un de ses sujets, outré de cette contrainte et ne pouvant la supporter, enflammé d'ailleurs du désir de renverser la tyrannie, se rendit sur la place publique et s'y tint, versant un torrent de larmes. La foule, s'amassant, forma un cercle autour de lui et les larmes gagnèrent de proche en proche. On vint rapporter au tyran que ses sujets avaient renoncé aux signes, mais que les larmes devenaient chez eux un mal endémique. Pressé de réprimer cette nouvelle manifestation, cet homme qui, non-seulement proscrivait le langage de la voix et celui des gestes, mais qui voulait enlever aux yeux la liberté qu'ils tiennent de la nature, courut en toute hâte à la place, avec ses gardes, pour faire cesser ces larmes. Mais ses sujets ne l'eurent pas plus tôt aperçu que, arrachant aux gardes leurs armes, ils le massacrèrent. » — Que l'on tienne compte de la différence des temps et des milieux et qu'on se demande si nous n'avons pas, de nos jours, vu des choses qui ont bien de l'analogie avec celle-ci.

armes en satisfaisant aux lois de police. » (Il est évident que l'État a le devoir de prendre toutes les mesures propres à garantir le bon ordre et qui ne portent point atteinte à la liberté.) Ce droit de propager ses idées ou ses sentiments, de les communiquer et de les extérioriser, pour ainsi dire, par la parole, peut s'exercer de différentes manières qui toutes, depuis les plus sérieuses jusqu'aux plus légères, pourraient, à la rigueur, se ranger sous le nom général d'enseignement. — On enseigne, en effet, dans les écoles publiques et particulières, on enseigne dans les cours libres, dans les conférences, on enseigne dans les temples, on enseigne même au théâtre et dans les expositions des produits des arts et de l'industrie, quoique ce ne soit plus, dans ce dernier cas, par les oreilles mais par les yeux.

Il ne s'agit pas encore de savoir si l'État a le droit d'enseigner lui-même; c'est un point que nous traiterons tout à l'heure. Ce que nous voulons établir c'est qu'il n'a point le droit de s'opposer préventivement à la manifestation quelle qu'elle soit de la pensée par la parole. Toute autorisation préalable serait la négation même de la liberté.

Toute personne a donc le droit, sans aucune autorisation administrative, de réunir ceux de ses concitoyens qui veulent bien répondre à son appel, pour traiter devant eux telle question qu'il lui convient, de science, d'art, de littérature, de philosophie, de religion, d'agriculture, de commerce, d'industrie, de morale, de politique, de pédagogie, en un mot de tout ce que peut embrasser l'intelligence humaine, de tout ce qui peut servir à instruire les hommes ou à les amuser. Tout cela, bien entendu, à ses risques et périls, car, ne pouvant reconnaître à la parole l'impeccabilité, nous ne prétendons pas lui attribuer l'irresponsabilité. Comme elle peut servir à commettre des délits ou des crimes, soit contre les individus, soit contre l'État, il faut qu'on puisse lui en demander compte.

—Pour les particuliers, les tribunaux sont là, parfaitement capables d'apprécier le dommage qu'ils ont subi et d'en procurer la réparation. Quant à l'Etat, il faut bien lui accorder le droit de poursuite car on ne saurait lui refuser le droit de surveillance, puisqu'un de ses principaux devoirs est de tenir la main à ce que l'ordre ne soit point troublé, à ce qu'il ne se fasse rien de contraire aux lois ou à la morale publique. Mais il ne peut ni interdire ni suspendre qu'à condition de traduire immédiatement le délinquant présumé devant un tribunal indépendant où il soit jugé par ses pairs, c'est-à-dire par le jury. Le jury, en effet, toutes les fois qu'il s'agit d'un crime d'ordre public est encore moins le seul tribunal qui soit indépendant, que le seul qui soit vraiment juste, par la raison qu'il est la société elle-même; que la criminalité n'a rien d'absolu et qu'elle est dans un rapport nécessaire avec l'opinion de cette même société [1]. Mais cela ne suffit point

1. La raison que nous donnons ici pour justifier le jugement par jury nous paraît la seule philosophique. Si, à une époque où la société était divisée en plusieurs classes ayant des intérêts divers et animées souvent les unes contre les autres de sentiments hostiles, on comprend qu'il n'y eut pour un accusé de garanties d'impartialité que dans le jugement de ses pairs, cette raison était plus que suffisante pour justifier la création du jugement par jury. Mais,

encore, il faut que l'État qui n'est que la souveraineté collective en présence de la souveraineté individuelle, soit responsable des erreurs même de ses agents. Outre que cette responsabilité est de toute justice, parce que toute personne civile ou morale doit être également tenue de réparer le dommage qu'elle a causé, elle est, en même temps, le seul frein capable de prévenir les excès de zèle et les abus de pouvoir.

— Mais à côté de cet enseignement indirect, si je puis ainsi parler, s'adressant indifféremment à tous, il y a l'enseignement proprement dit, celui qui s'adresse à l'enfance et à la jeunesse, qui a pour but principal de faire l'éducation de l'homme et de le préparer à la vie. Cet enseignement doit-il être libre? Est-ce à l'individu qu'il appartient de le donner? Est-ce à l'État? C'est un des points sur lesquels on dispute avec le plus de passion. Et cependant, à notre avis, la solution de ce problème n'est plus à trouver; elle a été donnée depuis longtemps, et elle serait, sans doute, acceptée par tout le monde, si des intérêts hostiles à la société moderne

si elle était la seule, le maintien du jury ne s'expliquerait plus dans une société égalitaire comme la société française. Il y en a une autre plus élevée et plus générale : c'est celle que nous avons donnée. La criminalité d'un acte est nécessairement en rapport avec l'état du milieu dans lequel il s'est produit. Il est évident, en effet, qu'un cas de bigamie ne serait pas jugé de la même manière selon qu'il serait soumis à un jury français ou à un jury mormon. Le juste juge, le juge compétent, adéquat, si je puis parler ainsi, c'est celui qui étant tiré directement du milieu en sera la représentation exacte. Il y a une autre raison encore quand il s'agit d'un fait politique; c'est que, par la pression qu'il peut exercer sur la magistrature, l'État serait en même temps juge et partie; ce qui est contraire à toute justice.

ne se cachaient hypocritement sous le nom de liberté.

Pour bien comprendre cette question, il faut, selon nous, distinguer dans l'enseignement trois degrés : le premier, comprenant le minimum de connaissances « indispensables pour tous les hommes. » On ne niera pas que cet enseignement du premier degré, « indispensable pour tous les hommes, » selon l'expression de la Constituante, ne soit un des premiers besoins d'une société bien organisée, c'est-à-dire d'une démocratie ; on ne contestera pas davantage que l'initiative, sur ce point, ne saurait être laissée aux individus ; car nul ne connaît moins le prix de l'instruction que celui qui en est dépourvu lui-même. C'est donc pour l'État non-seulement un droit, mais un devoir de donner cet enseignement du premier degré ; il n'a pas de plus importante fonction.

Mais cet enseignement peut-il l'imposer ? Sans nul doute, puisqu'il est nécessaire ; et, s'il est obligatoire, il s'ensuit évidemment qu'il doit être gratuit. Faut-il aller plus loin, et, empruntant à une formule bien connue son troisième terme, demander qu'il soit laïque ? Nous hésitons d'autant moins à nous prononcer pour l'affirmative, que nous allons apporter à notre exigence un correctif suffisant. Oui, disons-nous, l'État enseignant doit être laïque, non par défiance de telle ou telle doctrine, mais parce qu'il n'a point de doctrine, que la cité est laïque, et que c'est seulement dans la laïcité que peut se trouver la liberté de conscience.

— Mais, si l'État doit imposer cet enseignement du premier degré, parce qu'il est « indispensable ; » s'il doit le donner lui-même, parce qu'il y aurait folie à s'en remettre, sur un point si important, à l'initiative privée; si son enseignement doit être laïque, parce que l'État ne peut être que laïque, et qu'il n'y a pas d'autre moyen pour lui de respecter le principe de la liberté de conscience; précisément parce qu'il respecte ce principe, il reconnaît à tous le droit de fonder des écoles; il laisse à chaque père de famille la liberté d'envoyer son enfant où il voudra; il ne se réserve que la surveillance et le contrôle. Ce n'est pas l'école qu'il impose, c'est l'enseignement. *Que l'enfant parvenu à un âge déterminé fournisse la preuve qu'il possède les connaissances jugées nécessaires*, il ne lui sera demandé ni où ni comment il les a acquises.

— Jusqu'ici nous sommes dans le domaine de l'indispensable; sans rien empêcher, sans violer la liberté de personne, l'État commande, impose; il est partout et fait lui-même le nécessaire. Mais, au-dessus de cet enseignement, il en est un autre qui, pour être moins indispensable à chacun, n'en est pas moins utile à la société tout entière : c'est celui qui a pour but, en donnant à l'homme même une culture supérieure, d'élever toutes ses facultés à leur plus haute puissance, et qui, en transmettant à chaque génération le trésor entier des connaissances acquises par les générations antérieures, lui fournit les moyens de réaliser sa part de progrès, pour son avantage propre, pour le bien de l'humanité, pour l'honneur et la prospérité de la patrie.

Nul n'oserait prétendre qu'il n'y ait là un intérêt social de premier ordre, que l'État n'est pas libre de négliger. Mais il y a plus : c'est cette éducation qui prépare des sujets pour toutes les carrières dites libérales, et qui ouvre la porte de la plupart des fonctions publiques. Le droit de l'État se justifie donc de lui-même; mais quelle doit en être la limite? — Les limites mêmes de l'intérêt public. — Il est évident qu'il ne saurait avoir le droit d'imposer l'enseignement secondaire; mais (n'en déplaise à certains esprits qui n'admettent pas que l'État puisse enseigner, comme si l'enseignement n'était pas un des grands intérêts sociaux qu'il a pour mission de gérer), nous pensons, nous, qu'il doit l'offrir, parce que seul il possède les moyens suffisants de mettre cet enseignement à la hauteur des besoins publics; parce que seul il est désintéressé ; que seul, par conséquent, il offre à la science la garantie d'un enseignement sincère; parce que seul il peut maintenir haut le niveau des études, qui ne manquerait pas de s'abaisser devant la concurrence des intérêts particuliers. Ce devoir lui impose l'obligation de ne rien négliger pour avoir le meilleur personnel et le meilleur outillage possible.

Il est évident que, comme l'enseignement primaire et pour les mêmes raisons, l'enseignement secondaire doit être laïque. Nous avons dit qu'il ne pouvait être obligatoire; c'est une affirmation qui n'a pas besoin de preuves. Mais doit-il être gratuit? — Rien, selon nous, ne serait plus conforme au principe égalitaire, en même temps qu'à l'intérêt de l'État. Nous voudrions que le plus pauvre des enfants du peuple trouvât dans le système entier de l'enseignement public le moyen de s'élever, par son travail et par son mérite, au sommet de la science contemporaine. Rien ne contribuerait plus que cette sélection naturelle et ce classement hiérarchique des intelligences à assurer la prospérité et la stabilité sociales. La gratuité aurait d'ailleurs un autre avantage, et qui ne serait guère moindre : ce serait, en attirant dans les écoles publiques la jeunesse de toutes les classes, de former un véritable esprit national, tout en ruinant ces entreprises audacieuses contre la société moderne de gens qui travaillent avec tant d'ardeur à nous diviser pour nous dominer, et à créer deux nations dans une nation, au risque des sanglants conflits qui peuvent résulter un jour de ce dualisme.

Tels sont, selon nous, les droits ou plutôt les devoirs de l'État en matière d'enseignement du deuxième degré. Ils laissent subsister tout entière la liberté individuelle. Toute personne, toute association de personnes peut enseigner, comme il lui plaît et ce qu'il plaît, sans autre titre que sa volonté et sous la seule réserve de respecter les lois et la morale publique. L'État, à cet égard, ne saurait se départir de son droit de surveillance.

— Ici se place une question importante, celle de la collation des grades. — Il n'est question pour le moment que du baccalauréat ; nous traiterons des autres en leur lieu. — A qui appartient-il de le conférer ? — S'il ne s'agissait que d'un simple certificat d'études, sans aucun effet public, la question serait facilement résolue ; ce droit appartiendrait à tout le monde. Mais, comme nous l'avons dit, l'enseignement secondaire est celui qui forme véritablement l'homme par une culture supérieure de toutes ses facultés ; qui transmet d'une génération à l'autre le dépôt complet des connaissances humaines ; qui est la mesure et l'instrument du progrès d'une nation, et qui forme comme une immense pépinière d'où sort à peu près tout ce qui doit remplir les carrières libérales privées ou publiques. A tous ces titres on comprend qu'il y ait pour l'État un intérêt majeur à le surveiller et à maintenir le plus haut possible son niveau. C'est pour cela que, sans exclure les certificats d'étude qui ne peuvent être que des constatations dépourvues de valeur, il doit se montrer jaloux de la collation d'un grade qui couronne l'enseignement secondaire, et exiger qu'il ouvre ou ferme l'accès à tout grade supérieur.

On alléguerait en vain qu'il serait plus sage de remplacer ce grade si général, par un examen spécial placé au seuil de chaque carrière pour en défendre l'entrée. Cet examen spécial peut avoir son utilité ; mais il ne saurait remplacer l'autre. L'enseignement secondaire, en effet, ne se propose point de préparer seulement aux carrières supérieures par des études étroites et techniques; il a pour but de former par le développement total, harmonique de leurs facultés, des hommes capables de comprendre et d'aimer le beau, le vrai, le juste, et de s'élever, quelque carrière qu'ils suivent, à tout ce qu'il y a d'honnête, de délicat, de noble et de grand. Mais une autre considération fort importante doit déterminer l'État à se réserver la collation du grade qui couronne l'enseignement secondaire : c'est que cette collation est pour lui le seul moyen d'exercer une surveillance efficace sur l'enseignement libre. L'État, avons-nous dit, n'a point de doctrine, et nous pensons que, dans toutes les sciences où la controverse tient encore une large place, la philosophie, par exemple, il doit, sans gêner en rien ni chez les maîtres ni chez les élèves la liberté de la pensée, se borner à exposer, de la manière la plus impartiale et la plus complète possible, les opinions en présence. Ce n'est pas la philosophie qu'il faut enseigner, c'est l'histoire de la philosophie. Il en est de même de l'histoire proprement dite. Fournir à l'étudiant tous les moyens de juger et s'en remettre avec confiance à la rectitude de son jugement, telle doit être sa méthode. Cette méthode, l'État respecte assez la liberté d'autrui pour ne point l'imposer. Libre à chacun de tirer de la science les conclusions qu'il lui plaît, mais à condition de ne pas la mutiler et de ne pas la fausser; de ne pas enseigner une science du père Loriquet; de ne pas tromper l'intelligence humaine par de misérables fraudes et de pitoyables sophistications. L'État dans ses examens ne demandera point au candidat quelle est son opinion sur tel fait ou sur tel autre; il n'est pas juge des doctrines; il lui demandera s'il les connaît; car il est juge et il doit l'être de l'exactitude et de la loyauté de l'enseignement.

— Quant à la composition du jury chargé de la collation des grades, ce n'est plus une question de principe, c'est une question de bon sens. A qui l'État confierait-il le soin d'exercer sur l'enseignement et la capacité des candidats son droit de contrôle, sinon aux honorables personnes qu'il a jugées dignes de présider à l'instruction publique dans notre pays, et qui seules sont vraiment compétentes, indépendantes et désintéressées? — Nous ne comprenons pas, pour notre part, cette défiance si hautement manifestée par certain parti contre l'État enseignant; car il ne demande à personne d'où il vient, mais ce qu'il sait. Ou plutôt nous la comprenons à merveille. Dans un pays et dans un temps où l'État n'est plus seulement un roi ou une caste, où il ne relève plus de la religion mais de la science; de la foi, mais de la raison; où il est laïque, c'est-à-dire libre penseur, cette défiance décèle une espèce particulière de factieux, à qui la liberté pour eux-mêmes ne suffit pas, si elle ne leur fournit les moyens d'opprimer celle des autres; ennemis irréconciliables de la science, de la raison, de la libre pensée, et qui «si tout n'est renversé, ne sauraient subsister.»

Il est vrai de dire que cette défiance ne s'est encore manifestée, d'une manière officielle, que relativement aux grades conférés dans l'enseignement supérieur; mais il est facile de voir, par les attaques venimeuses sans cesse dirigées contre l'Université, que ce n'est là qu'une première étape et qu'on n'est guère disposé à s'arrêter en si beau chemin. — Du reste, il faut reconnaître que l'enseignement supérieur offrait aux jésuites un terrain plus avantageux pour livrer leur première bataille. En effet, l'enseignement supérieur, sauf les réserves que nous ferons tout à l'heure, peut être, surtout, considéré comme un enseignement professionnel, et nous pensons que, sur ce point, la concurrence entre l'État et l'enseignement libre ne saurait avoir les conséquences fâcheuses que l'on redoute. Nous pensons, en outre, que la liberté professionnelle, c'est-à-dire la liberté du travail est une liberté sacrée que l'État ne saurait restreindre à moins de nécessité absolue. Or, si les professions doivent être libres; si le mandant seul a le droit de demander au mandataire des titres et des garanties; si, en un mot, le grade ne devient pas une condition *sine quâ non* de l'exercice de la profession, on ne voit plus quel intérêt il peut y avoir à en réserver la collation à l'État, et pourquoi elle ne serait pas accordée à l'enseignement libre qui ne lui communiquerait que l'autorité qu'il pourrait avoir lui-même. Qu'importe en effet le grade pour le professeur et pour l'avocat? C'est le talent qui le rend recommandable et tout le monde est capable d'en juger.

— Est-ce à dire que l'État doive se désintéresser en fait d'enseignement supérieur? Non, certes! Ce n'est pas nous qui soutiendrons jamais cette hérésie; nous croyons très-fermement au droit de l'État, ou, pour mieux dire, à son devoir d'enseigner à tous les degrés. S'il est une éclatante vérité à nos yeux, c'est que la grandeur d'une nation résulte, avant tout, de son développement intellectuel et moral; de ce qu'elle ajoute à la science; de ce qu'elle ajoute au droit; non-seulement de ce qu'elle fait pour le bonheur et la prospérité de la cité, qui ne peuvent se trouver en dehors de ces choses, mais de ce qu'elle fait pour le progrès et l'émancipation de l'humanité tout entière. Le flambeau de la civilisation a passé dans plus d'une main; mais, quelle que fût sa puissance matérielle, le peuple qui l'a tenu le plus haut et le plus ferme a toujours occupé le premier rang dans l'estime des hommes. Plus que jamais il existe aujourd'hui entre les nations une ardente et noble rivalité. Nous avons beaucoup fait pour la science, nous avons fait plus encore pour le droit. Nous avons un intérêt suprême à ne pas nous laisser dépasser par nos rivaux; que dis-je? hélas! par nos ennemis. L'État doit tout faire, tout, pour nous maintenir au premier rang de la science dans toutes les directions. S'il manquait de sens au point de négliger en quelque chose un intérêt si capital, ce serait fait de nous, nous mériterions notre décadence. Il doit donc offrir l'enseignement supérieur tout comme l'enseignement secondaire, et il doit le tenir à une telle hauteur qu'il soit pour l'enseignement libre un type et un modèle qui l'empêche de déchoir.

— Mais les grades, dira-t-on, continuera-t-il à les conférer? — Sans doute; mais il ne les imposera point, si ce n'est à ceux qu'il investira de certaines fonctions; nous voulons parler de celles qui ont rapport à l'enseignement ou à d'autres fonctions *publiques*. On ne saurait assurément contester ni le droit de l'État, ni la convenance de la chose. Et nous sommes convaincus que, pour n'être pas imposés, ces grades n'en seront pas moins recherchés, parce qu'ils emprunteront à l'État une autorité que lui seul est capable de donner[1].

1. Qu'on veuille bien remarquer ici, afin de comprendre ce que nous aurons à dire dans la suite, que, tout en admettant la liberté de la plupart des professions libérales, nous reconnaissons à l'État non-seulement le droit de conférer des grades, mais encore celui de les imposer à tous ceux qui sollicitent l'investiture d'*une fonction publique*. Dans ce cas, la logique exige que le grade qu'il impose, il l'ait conféré lui-même. Conféré par un autre, il ne peut évidemment avoir aux yeux de l'État aucune valeur; il n'existe pas. — Nous pensons, toutefois, que l'État doit surtout placer à l'entrée de la plupart des carrières publiques, non pas des conditions de grades très-généraux, très-vagues et qui ne prouvent rien quant à l'aptitude spéciale requise en des carrières très-différentes, mais

—Nous avons encore un mot à ajouter pour justifier les réserves que nous avons indiquées plus haut. On a dû retenir, sans doute, que dans tout ce que nous avons dit de l'enseignement, nous avons considéré qu'il y avait pour l'État encore moins un droit qu'un devoir, parce que c'est un de ces intérêts généraux évidents qu'il est seul capable de gérer. Mais nous avons restreint son droit à la plus étroite limite. Nous avons défendu le droit de l'individu jusqu'à lui accorder la liberté absolue de professions aujourd'hui privilégiées, au nom de la liberté du travail qui nous est sacrée. Mais n'y en a-t-il pas quelqu'une dont l'exercice ne puisse, sans danger public, être accordé au premier venu? Et s'il en est, quel est le devoir de l'État? C'est évidemment de prendre toutes les mesures et seulement celles qu'exige l'intérêt public. Or, il est au moins deux professions dont l'exercice, suivant l'opinion commune, ne saurait être abandonné au premier venu sans grand dommage pour la société tout entière. Ce sont celles qui se rapportent à l'art de guérir: la médecine et la pharmacie. Quand on se trompe sur la valeur d'un professeur, l'erreur ne dure pas longtemps, et d'ailleurs elle est rarement mortelle. Quand on se trompe sur la valeur d'un avocat, on ne risque que sa bourse, et d'ailleurs le tribunal est là, gardien du droit et qui a dans les mains tous les moyens de s'éclairer sur le fait. Il n'y a donc rien en tout cela qui nécessite des mesures préventives. Mais quand il s'agit de mé-

des examens sérieux ou plutôt des concours que nous nous permettons d'appeler professionnels.

decine ou de pharmacie, les risques à courir sont bien autrement graves; il n'y va plus de la bourse, mais de la vie, et l'on ne saurait concéder au premier venu le droit d'assassiner et d'empoisonner ses semblables. Ce sont là des sciences vis-à-vis desquelles le public est tout à fait incompétent. On ne peut, en effet, demander à un malade qu'il analyse ses potions ou qu'il discute avec son médecin sur le diagnostic et la thérapeutique; il ne peut que s'abandonner à lui, et s'il meurt de ses soins on ne voit guère quel peut être son recours; à moins qu'il n'en appelle au tribunal de Dieu. Pauvre ressource.... L'État a donc le devoir d'exiger de toute personne qui se destine à l'exercice de ces deux professions des garanties de capacité.

Dans ce cas, dira-t-on, il doit imposer des grades? — Ce n'est pas notre avis. — Quand il s'agit d'une profession libre en elle-même, mais dont on lui demande, pour ainsi dire, l'investiture, ce qu'on fait en sollicitant une place de professeur dans une de ses écoles, l'État a parfaitement le droit de faire ses conditions, d'exiger des grades; et nous pensons qu'il fait bien, au moins, dans la plupart des cas.

Au contraire, quand il s'agit de professions indépendantes, mais ne pouvant être exercées sans danger pour le public avant qu'il ait été fait preuve d'une certaine capacité dont ce même public est inhabile à juger, il est du devoir de l'État d'exiger cette preuve et d'imprimer sa marque à ceux qui l'ont donnée afin qu'ils puissent être acceptés de confiance et circuler, pour ainsi dire, comme la bonne monnaie, à l'exclusion de la fausse. Mais cette garantie de capacité, ou cette licence, n'a rien de commun avec le grade. Le grade est conféré par l'école à quiconque le sollicite, sans être imposé à personne.

La licence est accordée par l'État à tout candidat, gradué ou non, qui fait preuve d'une capacité suffisante. Conféré par des facultés différentes et dans des conditions diverses, le grade ne saurait être le signe exact de la capacité, la seule chose que l'État ait vraiment à constater.

Ainsi tombent toutes les controverses au sujet des jurys d'examen. Toute faculté, toute école, conférera tel grade qu'il lui plaira [1] pour en faire tel usage qu'on voudra, sans que l'État s'en mêle, car les professions sont libres. Mais comme il n'est point de règle sans exception, qu'il n'y a point de liberté absolue, et que la Société elle-même repose sur une limitation réciproque des libertés entre elles, l'intérêt public exigeant que l'exercice de la médecine et de la pharmacie soit autorisé, l'État se réserve d'en accorder la licence à toute personne, quels que soient ses titres et son origine, à quelque source qu'elle ait puisé ses connaissances, après un examen préalable.

Dans ces conditions, qui sont celles du droit le plus strict, il est évident que l'État seul est juge de la rédaction du programme et de la composition du jury.

— Bien des gens, sans doute, répugneront à ce

1. Il ne s'agit ici que de l'enseignement supérieur ou spécial. Il en serait de même, et pour les mêmes raisons, de tout *enseignement professionnel*. Le lecteur se rappelle, sans doute, les réserves que nous avons faites pour le baccalauréat.

système, quelque naturel qu'il soit, par crainte de voir les grades s'avilir ou tomber en désuétude. Leur crainte, à notre avis, n'est nullement fondée; mais, le fût-elle, qu'importe? Il y a malheureusement plus de docteurs que de doctes; or, c'est de doctes que nous avons besoin et non pas de docteurs : et nous pensons que, plus que tout autre, le jury d'État serait apte à nous en fournir.

— En résumé, telles sont, selon nous, dans cette question si importante de l'enseignement (qui relève ainsi que nous l'avons dit de la liberté de penser), les limites respectives du droit de l'individu et du droit de l'État. Quand nous disons droit de l'État, l'expression nous semblerait impropre, si tout devoir ne supposait un droit. En effet le droit de l'État ne se fonde que sur l'obligation que lui impose son essence, d'empêcher tout ce qui est contraire au bien public, et de faire tout ce qui lui est nécessaire, quand il s'agit d'intérêts que lui seul est capable de gérer ou qu'il est en mesure de gérer mieux que personne. En offrant l'enseignement à tous les degrés, il laisse subsister, à côté de lui, dans son intégrité, la liberté individuelle avec tous ses accessoires, réunion, association, sous l'unique réserve du respect des lois et de la morale. On ne saurait, n'en déplaise aux apôtres un peu suspects de la liberté d'enseignement, considérer comme une atteinte à la liberté individuelle, l'obligation imposée au père de famille de donner à ses enfants l'enseignement du premier degré. L'éducation n'est pas seulement un devoir naturel, mais une obligation sociale de la paternité. C'est à l'exécution de cette obligation que l'État doit tenir la main; car il est le tuteur général de tous les incapables, et il ne saurait souffrir, sans injustice et sans dommage, que l'incurie du père prépare à la société des brutes, des misérables et des malfaiteurs. C'est pour ôter tout prétexte à l'insouciance, au mauvais vouloir ou à l'indigence que l'enseignement primaire, qui est obligatoire, doit être gratuit.

Il ne serait pas plus juste de reprocher à l'État de se réserver la collation du grade qui couronne l'enseignement secondaire. Ici encore il n'impose rien; il offre. Libre à chacun de le solliciter ou de le dédaigner. Cependant, comme il s'agit toujours d'éducation, non au degré où elle est indispensable à chacun, mais à ce degré supérieur où elle devient surtout d'intérêt humain pour ainsi dire, l'État ne saurait s'en désintéresser. Il ne peut pas laisser abaisser l'intelligence et le caractère national par des spéculateurs sans vergogne; il ne peut laisser mutiler ou fausser la science par les pires ennemis de la raison et de la liberté. Or, son contrôle ne saurait s'exercer d'une manière efficace que par la collation du grade et le droit d'arrêter le programme qui en fixe les conditions.

Quand on passe de l'enseignement secondaire à l'enseignement supérieur, on entre dans un domaine, tout à fait différent. Il ne s'agit pas alors d'instruction générale ou d'éducation proprement dite; il s'agit d'instruction spéciale, professionnelle, et nous n'admettons pas que, sur ce terrain, l'État puisse gêner la liberté individuelle, à moins d'une nécessité absolue. Il n'a selon nous ni le droit d'imposer les grades, ni celui de s'en réserver la collation, parce qu'il n'a le droit d'imposer à personne une profession ni de l'en exclure. Est-ce à dire qu'il doive se désintéresser de l'enseignement supérieur et l'abandonner à l'initiative privée? Non, certes. C'est par l'enseignement supérieur que s'achève la haute culture nationale, que se préparent les hommes qui font progresser la science, ou qui la transmettent aux générations nouvelles. Il est facile par là de comprendre que l'État non seulement ne doit pas s'en désintéresser, mais qu'il ne doit rien négliger pour en élever le niveau le plus possible. — Est-ce donc à dire qu'il faille supprimer les grades? — Pas davantage. — *Nous sommes convaincus qu'ils n'en seront pas moins recherchés pour n'être plus imposés.* Mais il ne faut pas, parce que c'est une chose contraire à la liberté naturelle et à la justice, que la médiocrité titrée puisse opposer cette barrière à des hommes de mérite qui, ayant eu à lutter contre les difficultés de la vie n'ont jamais trouvé le loisir de s'asseoir sur les bancs d'une école, ont étudié d'une manière indépendante ou se sont vus forcés, sur le tard, de changer de voie. En un mot l'État n'a le droit d'opposer à l'activité humaine aucun obstacle, et nous croyons qu'il est temps d'effacer de nos lois les derniers vestiges des jurandes, des maîtrises et des corporations. Il n'est qu'une catégorie de personnes à laquelle l'État ait le droit d'imposer des grades; c'est à celles qui lui demandent l'investiture de certaines fonctions, à ses professeurs, par exemple. Là il est absolument maître de ses conditions [1]. Il ne nous reste

1. Le grade de docteur ne s'obtient qu'après celui de licencié, et

plus, pour en avoir fini sur ce sujet, qu'à rappeler la réserve que nous avons faite plus haut. S'il est quelques professions pour lesquelles l'intérêt public exige des garanties préalables, comme la pharmacie et la médecine, il est du devoir de l'État de les imposer aux candidats qui sollicitent le droit d'exercer. Il n'a point à s'enquérir de leurs grades, mais de leur capacité. Ce n'est qu'après l'avoir constatée qu'il leur délivre la licence qu'ils demandent et il est clair qu'il doit être le maître absolu des programmes et des jurys.

celui de licencié qu'après celui de bachelier. N'est-il pas évident qu'arrivé à un certain âge un homme peut cultiver avec le plus grand succès une science particulière sans être capable de soutenir les épreuves imposées aux candidats à ces divers grades? Nous pourrions citer comme exemple un de nos amis, médecin distingué. Il avait trente ans quand il eut la pensée d'étudier la médecine. Il était certainement plus intelligent, plus lettré, plus instruit que la grande majorité des étudiants ordinaires. Mais il fallait passer l'examen du baccalauréat ès-sciences et il était complétement inapte aux mathématiques. Il échoua quatre fois, et ce ne fut que grâce, non pas à sa persévérance opiniâtre, mais à de puissantes protections, qu'il put franchir ce pas décisif.... Il est vrai qu'il n'a jamais eu, depuis, besoin de plus de mathématiques qu'il n'en faut pour faire ses notes, à savoir : l'addition.

Est-il nécessaire pour être un savant chimiste ou physicien, historien ou philosophe, astronome ou économiste, de savoir faire des vers latins ou des thèmes grecs. Il est plus que probable que Montesquieu, Voltaire et tant d'autres beaux génies auraient échoué à la licence; faut-il en conclure qu'ils n'auraient été capables de rien, et que, passé l'âge où l'on ne peut plus s'asseoir sur les bancs des écoles, l'esprit doive être condamné à l'inertie par l'impossibilité légale de tirer profit de ses connaissances? Qu'on lise l'histoire des États-Unis, et on y verra jusqu'à quel point cette liberté des professions est favorable à l'essor du mérite original. Croit-on, par exemple, que si, pour devenir avocat, le bûcheron Lincoln eût dû passer par une école de droit et y obtenir ses grades, il fût jamais devenu président de la grande République américaine? Et cependant il n'a pas déshonoré, que nous sachions, cette haute magistrature

— Tels sont les principaux modes d'expression de la liberté de penser s'exerçant au moyen de la parole parlée. Nous avons cru (ce qui, du reste, importe peu) pouvoir les ranger sous une commune rubrique : l'enseignement, parce que, en effet, par l'exposition et la discussion des idées, nous tendons, au fond, toujours au même but, à savoir : le triomphe de ce que nous estimons être la vérité et la ruine de ce que nous regardons comme l'erreur.

La liberté de réunion et la liberté d'association, sont, ainsi que nous l'avons dit plus haut, des corollaires nécessaires de la liberté de la parole, qui, sans elles, ne peut être qu'une vaine illusion. Que serait-ce, en effet, que la liberté de parler sans la faculté de réunir des auditeurs? Que serait la liberté d'enseigner sans la faculté de s'associer pour fonder des écoles, des conférences, des cours, des églises et poursuivre en commun un but impossible à atteindre pour des individualités isolées? Nous n'avons pas besoin d'ajouter que la liberté de réunion et la liberté d'association sont, à nos yeux, des libertés absolues, en ce sens qu'elles ne se restreignent à aucun cas particulier. Elles ne peuvent avoir d'autres limites que des libertés égales et l'ordre public établi par la loi. En aucun cas l'Etat ne peut y porter atteinte par des mesures préventives; mais il garde toujours le droit, ainsi que tout membre intéressé du corps social, de déférer à la justice souveraine toute violation de la liberté ou de la légalité.

Cependant, réduite à s'exercer par la parole, même renforcée de la liberté de réunion et de la liberté d'association, la liberté de penser serait encore incomplète, ou, pour vrai dire, elle n'existerait vraiment pas. La parole pouvait, à la rigueur, suffire dans les sociétés antiques divisées en une multitude de petites cités autonomes ou à peu près, ayant leur existence propre, leurs intérêts distincts, leurs passions individuelles, composées d'ailleurs d'un petit nombre de citoyens, hommes libres, passant leur vie sur le Forum ou l'Agora et formant, pour ainsi dire, une assemblée permanente où se traitaient sans cesse toutes les questions d'intérêt public ou privé, de science même, d'art et de philosophie. Dans de telles sociétés la parole suffisait à tout.

Il n'en saurait être de même dans nos sociétés modernes et surtout dans nos démocraties souveraines. Le Forum et l'Agora se sont tellement agrandis qu'il n'est plus de voix assez puissante pour se faire entendre même d'une très-minime fraction de la cité. Le droit de réunion, quelle que soit son utilité, n'est donc qu'un droit insuffisant, et le gouvernement démocratique, l'exercice de la souveraineté nationale serait absolument impossible, si l'imprimerie ne nous fournissait un moyen de réunir chaque jours des millions de citoyens dans un Forum intellectuel où se traitent sous tous leurs aspects, avec un calme et une compétence qu'on ne trouvait pas toujours dans le Forum antique, toutes les questions d'ordre public ou privé, d'ordre matériel, intellectuel ou moral qui peuvent nous intéresser comme citoyens et comme hommes. Ce Forum, c'est la presse; non pas seulement le livre, qui, malheureusement, ne s'adresse jamais qu'à un nombre restreint de lecteurs, mais le journal qui s'adresse à tous et qui pénètre partout. C'est elle qui met sans cesse en contact non-seulement les membres d'une même nation, mais de toutes les nations civilisées ; elle est le trait d'union universel, elle est la lumière et le progrès, parce qu'elle multiplie, pour ainsi dire, l'intelligence de chacun par l'intelligence de tous. Nous ne détaillons point, tout a été dit sur cette matière, et bien dit. Qu'on nous permette de résumer d'un mot : Pas de presse libre, point de liberté politique ; nulle garantie efficace ni pour les intérêts, ni pour les personnes. Ce n'est pas là seulement une question de raisonnement, c'est une question de fait. Il suffit d'ouvrir les yeux et de les promener sur le monde. Partout où règne la liberté de la presse, règnent la paix, la prospérité, la dignité, la sécurité des intérêts et des personnes. Partout où elle est enchaînée, on ne trouve que désordre, insécurité, misère et servitude. « La liberté de la presse, disait, en 1776, la déclaration des droits de la Virginie, est un des plus solides boulevards de la liberté; elle ne peut être *restreinte* que par des *gouvernements despotiques.* » « The freedom of the press is one of the greatest bulwarks of liberty and can never be restrained but by despotic governments. »

Pourtant, ce n'est pas parce qu'elle est un des plus solides boulevards de la liberté politique que nous revendiquons la liberté de la presse ; ce n'est pas à cause de sa multiple et évidente utilité; c'est parce qu'elle n'est qu'un mode d'exercice d'un droit primordial et sacré d'un droit naturel imprescriptible et inaliénable, d'un droit essentiellement humain : la liberté de penser.

Mais, dit-on, la presse peut servir à commettre des délits. Sans doute. On peut aussi en commettre avec ses bras ou avec ses jambes ; faut-il demander qu'on les enchaîne ? Quel est donc ici le droit de l'État ? Le droit de l'État.... son devoir, d'abord, c'est de reconnaître cette liberté, d'en assurer le respect et d'en faciliter l'exercice. Son droit, c'est d'en poursuivre les abus devant la justice compétente. La Constituante avait parfaitement défini le droit de l'État en garantissant « à tout homme la liberté d'écrire, d'imprimer et publier ses pensées *sans que les écrits puissent être soumis à aucune censure ou inspection avant leur publication.* » Il en est de ce droit comme de tous les autres droits naturels sur lesquels l'État ne doit rien entreprendre, parce que sa mission est précisément d'en assurer et d'en faciliter l'exercice. Mais, comme l'exercice de toute liberté en comporte nécessairement l'abus, les individus et l'État ont également le droit de poursuivre tout abus de la liberté d'écrire devant les tribunaux compétents. Nous dirons plus loin, au chapitre de l'organisation judiciaire, ce que doivent être ces tribunaux.

— En résumé, la presse doit être absolument libre, c'est-à-dire, dégagée de toute espèce d'entraves *soit directes, soit indirectes* [1], non-seulement à cause de son évidente utilité, mais surtout parce qu'elle n'est qu'un mode d'exercice d'un des droits les plus sacrés et les plus éminents de l'homme : la liberté de penser. L'intérêt public, que les gouvernements ne manquent

1. C'est dire, ainsi que nous l'avons déjà fait plus haut, que la liberté de la presse entraîne nécessairement la liberté de l'imprimerie et de la librairie.

jamais d'invoquer pour venger leurs injures particulières, ne saurait, dans aucun cas, être allégué en vue d'obtenir des mesures restrictives de la liberté de la presse; car il ne peut être, en aucun cas, légitime, de priver quelqu'un d'un droit sous prétexte qu'il pourrait en abuser. Nous ne demandons pas l'irresponsabilité, parce que la presse peut servir, comme tout autre instrument ou tout autre organe, à commettre des délits soit contre les particuliers, soit contre l'État; nous reconnaissons aux particuliers le droit, à l'État le devoir de poursuivre ceux qui seraient présumés s'en être rendus coupables; nous admettrons même, si l'on veut, pour cette catégorie de délits, les pénalités les plus sévères; mais ce que nous refusons absolument à l'État, c'est d'imposer à la liberté de la presse aucune restriction, de la soumettre à aucune mesure préventive; car, ce faisant, il fait acte de despotisme; sous prétexte de protéger l'intérêt public ou privé, il se fait juge dans sa propre cause. Or, en cette matière, il ne peut y avoir qu'un juste juge, la nation elle-même représentée par un jury spécial jugeant souverainement et n'ayant à tenir compte que de la bonne foi des accusés et de l'honnêteté de leurs intentions.

Restreindre la liberté de la presse dans une démocratie, c'est un non sens; c'est le mandataire refusant au mandant le droit de critiquer ses actes. Prétendre par ces restrictions protéger la vérité contre l'erreur, c'est un non sens encore, parce que nul n'est juge de la vérité que l'opinion publique; parce que la vérité suffit fort bien d'ailleurs à se défendre et qu'il n'est pas d'erreur dangereuse partout où existe la liberté de la combattre. « Even the ennemies of state, dit Bancroft, if there are any among us, have liberty to express their opinions indisturbed, and are safely tolerated, where reason is left free to combat their errors. » « Même les ennemis de l'État, s'il en est parmi nous, ont la liberté d'exprimer leurs opinions sans être exposés à aucun trouble ; et c'est sans danger qu'on les tolère, là où la raison est laissée libre de combattre leurs erreurs. » Un peu plus de modestie, d'abord ; car nous ne sommes pas les seuls sages : nul de nous n'est assuré de son infaillibilité ; un peu plus de confiance dans la rectitude de la raison humaine ; un peu plus de sincérité, surtout, et de désintéressement dans la recherche de la vérité, qui ne peut jaillir que du choc des opinions contraires, et la liberté de discussion trouvera, dans la liberté de la presse, l'absolu respect qu'elle mérite et que, pour notre malheur, nous lui avons trop longtemps refusé.

CHAPITRE V

Suite. — De la liberté de conscience ou liberté religieuse.

Une des libertés les plus importantes, les plus naturelles et les plus chères à l'homme, parce qu'elle tient à ce qu'il y a de plus profond et de plus intime dans ses sentiments et dans ses idées ; parce qu'elle est la garantie de l'inviolabilité de sa conscience ; parce qu'elle a été plus longtemps contestée ; parce que sa conquête a coûté à l'humanité les plus sanglants sacrifices ; parce qu'on sent qu'elle n'est que subie plutôt qu'acceptée par un parti fanatique qui ne tend au pouvoir que pour la supprimer, la liberté religieuse est une de celles que doit garantir toute sage constitution. — « Que tout homme soit libre d'exercer le culte religieux auquel il est attaché », dit la constitution de 91. — Nous trouvons encore ici le droit, ou pour mieux dire, le devoir de l'État en présence de la liberté individuelle sous une de ses formes les plus sacrées. Or, il est d'autant plus important de bien fixer leurs limites respectives, que la plus considérable des communions chrétiennes, l'Église catholique affiche plus haut que jamais sa vieille prétention de dominer la société civile, et que le premier effet de cette domination si, pour notre malheur, elle parvenait à s'établir, serait précisément de porter atteinte à la liberté religieuse au nom de la vérité religieuse, frappant ainsi, sous un autre nom, la liberté de la pensée.

Qu'est-ce, en effet, que la liberté religieuse, sinon la liberté de penser appliquée au problème de la raison des choses et de la destinée humaine? Et qu'est-ce que la vérité religieuse sinon la prétention de posséder la vraie solution de ce problème? Nous examinerons tout à l'heure jusqu'à quel point cette prétention est fondée; mais le fût-elle, il est certain[1] qu'on n'aurait pas le droit de l'imposer sans violer la pensée libre, sans réduire la conscience à la servitude et commettre à son égard un crime plus révoltant encore qu'en réduisant le corps en esclavage.

— Qu'est-ce donc que la religion en général et quelle différence y a-t-il entre la religion et la philosophie? — Il devient évident pour tout esprit qui les compare, qu'au fond elles ont la même origine et qu'elles tendent au même but. On pourrait même dire qu'elles sont une seule et même chose qui, grâce au progrès de l'esprit humain, subit une métamorphose nécessaire, et passe insensiblement de la première forme à la seconde.

Y a-t-il une époque de la vie de l'humanité qui soit, pour ainsi dire, antérieure à toute religion? — Pour nous cela ne fait pas un doute. Sans remonter

1. Qui ne voit, en effet, que la foi se persuade et ne s'impose pas? On ne peut en imposer que l'apparence. Or, toute profession d'une foi qui n'est qu'apparente est une hypocrisie, méprisable si elle est intéressée, déplorable si elle est forcée.

dans la série animale au delà du moment où le type physique de l'espèce est définitivement constitué, il a dû s'écouler une période (qui se mesure peut-être par des milliers de siècles), où l'homme uniquement occupé de la satisfaction de ses besoins animaux, encore sans langage articulé, réduit aux rudiments de son intelligence, ne pouvait pas même concevoir l'idée d'une explication quelconque des plus simples phénomènes physiques, et, à plus forte raison, de l'univers et de lui-même. Mais, à mesure que son intelligence se développe, qu'il se crée un langage, qu'il peut commencer à observer et à réfléchir, à comparer et à saisir des analogies, à échanger ses observations, à communiquer ses réflexions, commence à naître une explication enfantine de la nature et cette explication est la religion des premiers âges. Incapable de comprendre des causes différentes de celles qu'il trouve en lui-même (des causes volontaires), il prête à la nature entière des volontés et des puissances bien ou malfaisantes qu'il incarne dans les plus grossières idoles, et dont il s'efforce d'obtenir la faveur ou de fléchir la colère par des prières et des offrandes.

Telle est l'origine de toute religion; c'est de là que l'homme part pour s'élever du plus grossier fétichisme, en passant par le naturalisme anthropomorphique, jusqu'à la métaphysique religieuse la plus subtile, jusqu'au dualisme, jusqu'au monothéisme trinitaire, jusqu'au monothéisme pur, jusqu'au panthéisme, jusqu'à l'athéisme.

— Nous n'avons pas à faire ici l'histoire détaillée des religions; mais il est facile de prendre sur le fait le travail de la pensée humaine s'exerçant sur le problème de la nature des choses, de la nature de l'homme et de ses rapports avec la nature des choses, c'est-à-dire, sur sa destinée. Que trouvons-nous en effet au fond de toute religion jusqu'au panthéisme qui cesse d'en être une pour devenir une philosophie? — La recherche de la raison des choses. — Cette raison des choses, l'homme la voit d'abord dans des causes ou puissances multiples que son esprit borné localise dans tous les objets et tous les phénomènes de la nature; mais, à mesure que sa force mentale s'accroît, que se développe sa faculté d'abstraire et de généraliser, il réduit de plus en plus le nombre des causes, jusqu'à ce qu'il arrive enfin à une cause unique, universelle, éternelle. Au commencement tout est Dieu ou tout peut l'être; puis vient une hiérarchie de Dieux inégaux, s'étageant pour ainsi dire au pied du trône d'un Dieu souverain dont ils sont les ministres; plus tard encore, à un moment où la pensée se replie des phénomènes physiques sur les phénomènes moraux, alors que l'idée de justice devient plus claire et qu'il s'agit d'expliquer l'existence du mal dans le monde, on résout le problème par la conception de deux divinités égales et ennemies, le bon Dieu et le malin, dont la lutte éternelle explique tout; mais l'esprit faisant un dernier effort et comprenant qu'il ne saurait coexister deux causes éternelles et infinies, s'élève jusqu'à la notion d'une cause unique, absolue, d'un Dieu créateur et providence, qui, se dégageant peu à peu des nuages d'une métaphysique subtile, plane enfin comme un soleil au plus haut des cieux dans sa majesté solitaire.

— Voilà certes un prodigieux effort de l'esprit humain. Il y a loin du fétichisme enfantin de l'homme primitif au pur déisme de la religion naturelle. Et cependant nous ne sommes pas encore entrés dans le domaine de la science pure. Jusqu'ici, sans doute, l'homme n'a cessé de corriger, de perfectionner sa conception de la cause première, mais il n'a pas encore cessé de la concevoir sous son propre modèle ; il a fait son Dieu à sa propre image ; sa religion est restée anthropomorphique ; son Dieu n'est pour ainsi dire que la synthèse des qualités humaines infinitisées. C'est un être individuel, distinct du monde, qu'il crée par un acte volontaire, pour une fin déterminée, et qu'il gouverne dans sa sagesse et dans sa puissance. C'est par lui que tout s'explique ; il est le principe et la fin de tout. Mais ce qui le marque indubitablement du sceau manifeste d'une origine toute humaine, c'est que l'homme lui a prêté toutes ses passions et que les attributs qu'il lui accorde ont principalement pour raison d'être notre utilité telle que nous la comprenons.

C'est un caractère commun aux religions les plus diverses, que leurs dieux ne sont point des dieux oisifs, gouvernant, comme l'exigerait la logique, par des lois immuables, l'univers qu'ils ont créé dans leur toute-puissance, dans leur bonté, leur sagesse et leur intelligence infinie. Ce sont des dieux sans cesse agissants, intervenant capricieusement dans toutes nos affaires ; dont il faut fléchir la colère ou capter la faveur par des prières et des sacrifices. Ce sont des dieux rémunérateurs et vengeurs, qui semblent n'exister que pour prendre souci de notre destinée; tant il est naturel que nous rapportions tout à nous! Or, comme nous sommes altérés d'un bonheur qui nous fait, hélas! trop souvent défaut pendant la courte durée de notre vie, et qui, du moins en apparence, ne répond pas toujours au mérite; considérant d'ailleurs nécessairement comme le plus grand des maux la fin même de notre existence éphémère, nous sommes instinctivement portés à la prolonger au-delà de la tombe dans une existence éternelle. Oubliant toutes les autres créatures, soumises comme nous aux mêmes lois, victimes des mêmes fatalités naturelles, nous créons pour nous seuls un paradis de délices ou un enfer de tortures; et nous fondons cette conception chimérique sur une prétendue notion de la justice divine, qui ne saurait être satisfaite à moins; comme si une telle notion de la justice de Dieu n'insultait pas à sa sagesse, à sa bonté, à sa prescience.

— Jusqu'ici, si nous nous en tenions à ces considérations, on ne voit pas bien en quoi la religion différerait, sinon par le culte extérieur, de la philosophie, ou du moins de certains grands systèmes de philosophie, qui ont régné longtemps et qui règnent encore sur la majorité des esprits; nous parlons des systèmes spiritualistes. C'est qu'en effet ces systèmes ne sont, à leur insu peut-être, que des éditions plus récentes et, par conséquent, amendées et expurgées des doctrines théologiques, à l'ombre desquelles ils ont grandi.

Pendant longtemps, ainsi que nous l'avons dit plus haut, la religion se confondit avec la philosophie; elle seule expliquait tout, réglait tout et dominait tout. Le caractère essentiel de toute religion constituée, c'est d'être autoritaire, c'est d'imposer ses dogmes et son culte, surtout quand il existe une puissante organisation sacerdotale. Interprètes de la divinité dont ils sont les ministres, et qui se révèle à ses voyants, à ses prophètes, à ses prêtres, ils ne peuvent ni ne doivent rien admettre de contraire à cette révélation : croyez et sacrifiez; il n'y a point de place pour la pensée indépendante. Si la raison individuelle cherche, elle aussi, à résoudre les problèmes qu'a déjà résolus à sa manière la religion, ce ne peut être pour mettre en question les solutions données, mais pour trouver de nouvelles explications qui les confirment et les corroborent. La philosophie n'est encore que la servante de la théologie, *ancilla theologiæ*. Malheur à qui l'oublie! Mais c'est une servante redoutable et dont la destinée, qu'elle le sache ou non, est de détrôner sa maîtresse.

Quand l'esprit humain se met à penser, il est difficile de le borner dans ses spéculations, et la force de la vérité est telle que lorsque, par le progrès naturel des idées, il en arrive à se trouver en contradiction avec l'orthodoxie religieuse, immuable de sa nature, il n'hésite guère, quel que soit le péril, à entrer en lutte avec elle. C'est le moment où, si l'occasion est favorable, une hérésie conduit à une religion nouvelle qui détruit l'ancienne ou entre avec elle en partage de la croyance humaine. — C'est par ce moyen que se transforment les religions et qu'elles progressent; mais ce n'est pas sans combat. Armée de la puissance publique, l'orthodoxie frappe ses adversaires avec cette ardeur sacrée du fanatisme intolérant qui se sent menacé dans son existence ou dans ses priviléges. Ne demandez pas de modération à qui frappe au nom de Dieu. Le novateur, lui, donne son sang pour la liberté de la conscience, pour la liberté de croire et d'affirmer ce qu'il croit. Il n'est pas au monde de plus beau spectacle, ni qui puisse inspirer à l'homme une plus haute idée de sa propre noblesse. C'est dans le sang des martyrs que lève la semence de toute religion nouvelle. Ce qu'elle invoque contre ses bourreaux, c'est la liberté de penser, c'est la liberté de conformer ses actes à sa pensée ; jusqu'au jour où, devenue elle-même une orthodoxie, elle emploie contre ses adversaires le bâillon et le feu.

C'est ainsi que se sont établies et qu'ont procédé les unes à l'égard des autres les grandes religions dont nous connaissons l'histoire; c'est ainsi que le bouddhisme est né du brahmanisme, le christianisme du judaïsme; c'est ainsi que se sont formées les hérésies diverses issues du christianisme et du mahométisme. Les unes ont été noyées dans le sang, comme les Albigeois et les Vaudois, les autres plus heureuses et plus fortes, sont sorties triomphantes de la lutte, mais après avoir semé le champ de bataille de leurs martyrs et versé leur sang comme de l'eau. Elles sont devenues des Églises nouvelles et rivales ; elles ont, sans doute, épuré les vieux dogmes; mais, après avoir combattu au nom de la liberté de conscience, une fois constituées et en possession de la force publique, elles sont devenues à leur tour persécutrices et n'ont plus souffert autour d'elles de dissidents[1].

Or, l'intolérance est si bien inhérente à toute religion, qu'on la trouve non-seulement dans les religions fortement centralisées dans une caste ou une hiérarchie sacerdotale, mais jusque chez ces Grecs à l'esprit si libre dont la religion, incohérente et sans dogmes précis, se confondait pour ainsi dire avec l'art et la poésie. N'est-ce pas comme impies et comme novateurs que furent condamnés Anaxagore à l'exil et Socrate à boire la ciguë? Mais ce sont là des exemples rares chez ce peuple initiateur; et c'est grâce au défaut de centralisation religieuse que, plus que partout ailleurs, la liberté de la pensée put se développer chez eux et que put y naître la philosophie, c'est-à-dire la recherche de la vérité, en dehors de tout dogme et de tout culte, par les seules lumières de la raison. C'est chez eux, et chez eux seulement, que l'esprit humain put s'élever à ces spéculations hardies, à ces admirables hypothèses de Démocrite et d'Épicure, que la science moderne a, sans doute, grandement perfectionnées dans leurs détails, mais qu'elle n'a peut-être pas, autant qu'elle se l'imagine elle-même, dépassées dans leur ensemble. C'est là que la libre pensée put donner en même temps ses fleurs et ses fruits les plus variés. Et pourquoi? Il n'y avait point de théologie; ou, s'il y en avait une, elle était confinée dans les temples, morcelée et subordonnée.

— En effet, c'est une remarque qu'on peut faire

1. Calvin à Genève, *Histoire d'Angleterre*, etc.

partout et toujours : là où règne la théologie, il n'y a plus de place pour la philosophie, c'est-à-dire pour la libre pensée.

Ce ne sont pas seulement les novateurs religieux, ceux qui s'attaquent directement aux dogmes établis; ce ne sont pas seulement les hérésiarques que poursuit l'orthodoxie, elle frappe avec la même intolérance les penseurs et les savants qui, en dehors de toute préoccupation théologique, aboutissent à des solutions différentes des siennes. Les cendres de Vanini et de Giordano Bruno se mêlent, sur ses bûchers, à celles de Michel Servet et de Jean Huss. Partout où une orthodoxie domine, il faut que la raison libre se taise. Et le signe certain de sa décadence, la preuve, au moins, qu'elle a cessé de disposer en souveraine de la puissance publique, c'est que la philosophie ose élever la voix. Or, l'heure arrive où, inévitablement, il doit en être ainsi; c'est l'évolution naturelle de la pensée humaine qui l'exige.

— L'immobilité, avons-nous dit, l'immobilité est de l'essence de toute religion, de toute orthodoxie, parce que c'est une prétention de toute religion de s'appuyer sur la révélation divine, soit directe, soit indirecte, et que la parole divine est de sa nature immuable. Mais, si l'immutabilité est essentielle à toute religion constituée, le mouvement et le progrès ne sont pas moins essentiels à l'esprit humain. Il doit donc nécessairement arriver, avec le temps, qu'un écart se produise entre les solutions religieuses et la manière dont la raison est portée à résoudre les mêmes problèmes. Tant que la science est peu avancée, c'est directement sur le dogme et sur le culte que porte le travail de la critique; on procède alors par voie de réforme plutôt que par voie de négation. C'est la période des hérésies. Plus tard, quand la science a fait assez de progrès pour que la contradiction éclate entre la vérité révélée et la vérité démontrée, l'heure est venue de la libre philosophie.

— Cependant, la philosophie n'est encore que négative. Elle repousse également, au nom de la science, et le dogme et le culte, comme choses surannées. Mais, dans l'impossibilité où il se trouve de s'affranchir de ses préjugés traditionnels sur la nature de la cause première, — que, par un jugement trop subjectif, il s'obstine à ne concevoir qu'à sa propre image, c'est-à-dire comme individuelle et volontaire, — sur les ruines du dogme et du culte, l'homme laisse subsister Dieu. C'est le moment du déisme pur, de la religion naturelle; c'est la philosophie de la montre et de l'horloger. Philosophie assurément fort inoffensive, qui retient de la religion tout ce qu'elle peut avoir d'utilitaire : le même Dieu, la même morale, la même sanction. Elle ne répudie que des dogmes vieillis, des idoles vermoulues, que des pratiques usées, des formes vaines. Elle n'en est poursuivie qu'avec plus d'acharnement par l'orthodoxie, aussi incrédule au fond que la philosophie elle-même[1], mais qui s'est fait de l'erreur un riche patrimoine qu'elle ne veut à aucun prix laisser entamer. — Chose triste à dire! Elle trouve un puissant appui, d'un

1. Car l'esprit a beau faire, il ne peut pas plus se refuser à la lumière quand elle se manifeste, que sortir des ténèbres avant sa manifestation.

côté, dans le fanatisme soigneusement entretenu des masses; de l'autre, dans des intérêts non moins égoïstes et non moins injustes que les siens : dans la sottise bourgeoise et l'orgueil aristocratique. *O miseras hominum mentes! O pectora cæca!*

Dans la conscience de sa faiblesse théologique, elle n'ose plus opposer doctrine à doctrine, argument à argument, combattre contre la science, au grand jour, en face; c'est par des voies détournées et ténébreuses qu'elle l'attaque; c'est par la perfidie, par le mensonge, par la calomnie, que, ne pouvant la tuer, elle s'efforce de la déshonorer. C'est surtout en s'emparant du pouvoir qu'elle espère enfin trouver un moyen sûr de fermer la bouche à ses adversaires. Mais rien n'y fait. Rien n'y fera, mes pères, sachez-le bien! La science n'est plus une étoile vacillante perdue au fond des cieux; ce n'est pas un flambeau qu'on puisse éteindre d'un souffle; c'est un soleil qui éclaire tout, et qui vous noiera bientôt vous-mêmes dans la splendeur de son rayonnement.

— C'est là que nous en sommes. Par mille voies convergentes, la science universelle conduit aujourd'hui l'esprit humain à une conception nouvelle de la raison des choses. Comprenant mieux sa place dans la nature, à mesure que son regard porte plus loin et l'embrasse mieux dans son ensemble, l'homme a humilié son orgueil, ou, plutôt, il l'a dégagé de ce qu'il avait de naïf et d'enfantin. Il ne crée plus de dieux anthropomorphes. Il fait encore des hypothèses, car c'est la condition de la recherche scientifique; mais il n'en est plus dupe; il ne réalise plus ses abstractions. Revenant, par un long circuit, à une conception de la nature qui a couronné la philosophie grecque, comme elle avait déjà, si nous ne nous trompons, couronné la philosophie hindoue, il explique tout par l'existence éternelle de la matière mue fatalement par des forces qui lui sont immanentes, et dont l'action produit tout ce qui existe. Mais les uns, ceux qui ne peuvent se passer du mot alors qu'ils ont supprimé la chose, ramenant, avec raison peut-être, toutes ces forces à une force unique, qu'ils considèrent comme l'âme dont le monde est le corps, font de ce tout un Dieu et reçoivent le nom de panthéistes. D'autres, plus logiques et moins mystiques, suppriment en même temps et le nom et la chose; ils ne voient dans la nature que de la matière et des forces, des faits et des lois, et nient résolument toute entité métaphysique. Ce sont les matérialistes proprement dits. Enfin, la dernière venue, et se plaçant au sommet de la pensée humaine, la philosophie positiviste, bannissant, elle aussi, toute métaphysique de son champ d'étude, refuse de se prononcer sur le problème des origines, alléguant l'incompétence de l'homme à juger de l'absolu.

Quelle que soit la valeur de cette affirmation, que certains philosophes déclarent excessive, il est certain, tout au moins, que le problème de l'origine des choses, ou de la cause première, n'a pas encore trouvé de solution. La diversité des opinions religieuses et philosophiques en est la preuve incontestable. Car s'il est vrai, comme nous l'avons écrit ailleurs, que l'intelligence humaine soit ainsi faite qu'elle ne peut résister à la vérité démontrée, une solution scientifique se serait imposée depuis longtemps à tous les esprits, et aurait mis fin à toute dissidence.

— Tel est en ligne droite, pour ainsi dire, le développement successif de l'esprit humain dans l'ordre des idées qu'on appelle religieuses, et qui peuvent, comme on le voit, s'appeler aussi bien philosophiques. La religion et la philosophie travaillent, en effet, sur le même fond. Pendant longtemps, elles réalisent également leurs abstractions. Mais ce qui distingue la religion, c'est qu'elle ne peut se passer ni de Dieu, ni de culte, et qu'elle s'impose comme étant la vérité absolue. En philosophie, il n'y a point d'orthodoxie : partant de la raison libre, si grande que puisse être l'ardeur de ses convictions, elle ne s'impose pas, elle se démontre; elle n'admet pas le mystère, et se borne, devant tout problème dont la solution lui échappe, à confesser son ignorance. La philosophie est individualiste comme la liberté. A chacun de se faire ses idées; elle propose, elle n'impose jamais. Ce n'est que par un progrès insensible qu'elle se sépare de la théologie, dont elle n'est d'abord que la servante; mais cette séparation est inévitable, car l'une est l'esprit humain en marche, l'autre l'esprit humain en arrêt. De formule en formule, par une évolution naturelle, elle s'élève du fétichisme, où tout est Dieu, à l'athéisme, où l'homme, se plaçant en face de la nature, ne reconnait plus d'autre Dieu qu'elle, et affirme qu'elle est à elle-même sa propre cause, soit qu'il essaie de la déterminer, soit qu'il déclare cette détermination impossible et passe outre.

— Ce nom d'athée, que nous considérons comme

infiniment glorieux, parce qu'il est l'expression du plus complet affranchissement de la pensée, chez tout homme qui le mérite, c'est en vain que le panthéisme, que le positivisme même le repoussent, par je ne sais quelle inconséquente timidité qui sent le respect humain. Quand les spiritualistes religieux le leur jettent à la face comme une injure, sans distinction d'école, ils ont raison à leur point de vue. Quiconque, en effet, refuse d'admettre un Dieu personnel, distinct du monde qu'il crée par sa volonté, qu'il gouverne par sa providence, celui-là, dis-je, est un athée dans le vrai sens du mot, quelles que soient ses restrictions et ses réserves. Dieu est en dehors de la nature, ou il est dans la nature et se confond avec elle comme force inconsciente. Entre ces deux manières d'envisager la raison des choses il y a un abîme infranchissable en théorie ; il y en a un non moins profond dans la pratique.

Dans la première, tout vient de Dieu, tout est impératif et tout devrait être immuable. Pour la morale, pour l'organisation sociale, pour sa destinée tout entière, l'homme dépend du ciel qui règle tout par la voix et la main du prêtre ; c'est du moins une prétention à laquelle le prêtre n'a jamais renoncé que là où la société civile est assez forte pour se défendre. Dans la seconde, au contraire, l'homme tire tout de lui-même, sa morale et sa politique, parce que, comme tous les autres êtres, il porte en lui-même ses lois, qui ne sont, selon la belle expression de Montesquieu, que les rapports nécessaires qui dérivent de sa nature, animale, raisonnable et perfectible. Connaître ces lois et y conformer ses actes, voilà la sagesse et la moralité. C'est par là que l'homme peut se faire à lui-même, dans la mesure du possible, une destinée heureuse ou malheureuse; car toute loi naturelle doit porter en elle-même sa sanction. Rien n'autorise à croire, ce que dément l'évidence même des faits, à une prolongation chimérique d'existence après une mort qui nous est commune avec tous les autres êtres organisés.

— Telle est l'esquisse rapide, en ligne droite, ainsi que nous l'avons dit plus haut, de l'évolution de l'esprit humain sur la question de la raison des choses, domaine commun de la religion et de la philosophie. Or, — et ce n'est pas une faible présomption de la vérité de la doctrine, — ce qui se passe dans l'espèce, se passe aussi dans tout individu qui arrive à son développement complet. De même que les physiologistes trouvent, dans le développement embryonnaire de l'individu, les différentes phases du développement physique de l'espèce; de même dans le développement mental de l'individu, le psychologue peut reconnaître les phases diverses du développement mental de l'humanité tout entière. L'enfant, en effet, n'est-il pas essentiellement fétichiste? Ne prête-t-il pas à tout des sentiments et des volontés analogues à celles qu'il trouve en lui-même? Il embrasse, il caresse l'objet inanimé qui lui cause du plaisir; il bat le meuble contre lequel il s'est heurté. Plus tard, esclave de son imagination, débordé par une sensibilité excessive, le jeune homme donne un corps à toutes ses illusions et réalise, pour ainsi dire, ses abstractions et ses rêves les plus chimériques : c'est l'âge de la crédulité. La durée en est plus ou moins longue selon la différence des natures et de l'éducation ; mais enfin, peu à peu, l'expérience le détrompe ; ses erreurs mêmes le rendent plus circonspect ; sa raison s'affermit ; il ne croit plus qu'à ce qu'il voit et à ce qu'il touche ; on dit de lui que c'est un sceptique ou un homme positif. Nous disons, nous, que c'est un positiviste inconscient. — On pourrait pousser plus loin encore le développement de cette comparaison. Quand la force mentale chez l'homme vient à s'affaiblir avec les années, il rétrograde, pour ainsi dire, dans l'ordre de la pensée ; il retombe dans l'âge de la crédulité ; un degré de plus et il glisse dans l'enfance. N'y a-t-il pas des sociétés qui rétrogradent ainsi ? Et cette rétrogradation n'est-elle pas un signe non équivoque de décadence ?

— Ces considérations étaient nécessaires pour qu'il fût possible d'arriver à une exacte délimitation du droit individuel et du droit social en matière de liberté religieuse. Si nous sommes parvenus à démontrer que la philosophie et la religion ne sont pas deux choses différentes, mais deux âges différents de l'esprit humain, deux manières différentes d'envisager le problème de la raison des choses et spécialement de la destinée humaine ; que toute religion, comme toute philosophie, s'établit au nom de la liberté de conscience, et qu'elle relève également de la liberté de penser ; que c'est en vain qu'une fois constituée, la religion, devenue orthodoxie, a la prétention de s'imposer, au nom de la vérité révélée, — car la vérité ne s'impose point par la force matérielle, mais par cette violence irrésistible que produit l'évidence sur l'esprit qu'elle frappe ; — si nous avons démontré tout cela, nous avons, par cela même, déterminé la fonction de l'État qui est de tenir la balance égale entre toutes les opinions, et de faire respecter également toutes les libertés.

Le monde est livré à nos recherches et à nos disputes. Le premier de nos intérêts c'est d'en connaître les lois afin de nous y soumettre ou de nous les soumettre; notre droit évident et notre devoir le plus élevé c'est de publier tout haut ce que nous pensons en avoir découvert et ce que nous concluons de nos découvertes. Toute loi restrictive de ce droit, au nom de la vérité ou de la morale religieuse, est injuste au premier chef, car elle viole une de nos libertés les plus essentielles et les plus sacrées : la liberté de la conscience et de la pensée. Loin que ce soit la religion qui ait le droit de refréner la philosophie, ce serait plutôt la philosophie qui aurait le droit de refréner la religion, comme arriérée dans ses doctrines et faisant obstacle au progrès. Mais elle n'y songe point ; elle ne distingue pas entre la liberté du bien et la liberté du mal. A ses yeux le respect de la liberté de penser consiste précisément à respecter chez ses adversaires le droit de prêcher ce qu'elle considère comme des erreurs. Cherchant la vérité pour elle-même, avec un entier désintéressement, et bien convaincue qu'elle ne peut jamais nuire, fût-elle contraire aux dogmes établis, aux idées dominantes ; convaincue, d'autre part, qu'elle jaillit du choc des opinions contraires, et que l'erreur ne saurait jamais prévaloir définitivement contre elle, la philosophie tolère tout, sauf l'intolérance, parce qu'elle est la négation de la liberté.

Qu'on puisse aller *même à la messe,* telle est la doctrine de la Constituante, si bien formulée par le chansonnier. Telle est aussi la nôtre. Que chacun puisse exercer librement le culte auquel il est attaché, fût-ce le plus grossier fétichisme : nous le regarderons d'un œil de pitié bienveillante, comme on regarde de grands enfants que le progrès de l'âge et une bonne éducation finiront par tirer de leurs erreurs. Mais qu'une société puissamment hiérarchisée de bonzes hypocrites, habitués à spéculer et à vivre sur la crédulité humaine, prétende imposer silence à la science désintéressée, au nom de ses intérêts menacés, qu'elle s'efforce, à cet effet, de mettre la main sur la puissance publique afin de la tourner contre ses adversaires, voilà qui est vraiment intolérable et contraire à toute justice.

— En vertu de la liberté de conscience, également invoquée par toutes les opinions quand elles sont faibles, trop souvent méconnue quand elles sont fortes, l'État qui n'est que la collectivité politique, collectivité composée des éléments les plus divers, et qui ne saurait avoir, par conséquent, ni religion, ni morale officielle, n'a qu'un devoir très-clairement déterminé ; c'est de faire respecter la liberté de chacun et de lui en assurer la complète jouissance. Qu'on puisse donc adhérer librement à une doctrine quelconque, religieuse ou philosophique ; qu'on puisse s'associer, former des églises, bâtir des temples, prêcher, enseigner, propager ses idées par tous les moyens possibles, sans violer les droits d'autrui, c'est-à-dire, en lui reconnaissant les mêmes droits qu'à soi-même : Telles sont les conséquences de la liberté et de l'égalité naturelles. Non-seulement il ne saurait y avoir de religion d'État, mais l'État ne doit en connaître aucune, car elles ne sont, quelles qu'elles soient, qu'une forme de la liberté de penser que l'État doit protéger également toujours et partout.

— S'il est une formule qui ait eu de nos jours un grand retentissement, c'est celle de M. de Cavour : « l'Église libre dans l'État libre. » Nous irons plus loin, et, généralisant ce qu'il a particularisé, nous dirons : la conscience libre, la pensée libre, l'action libre dans l'État libre. Il ne faut pas confondre ce qui est du domaine individuel et ce qui est du domaine général. Ce qui est également utile à tous, qui se rapporte aux intérêts communs à tous, comme la justice, la police, les travaux publics, l'instruction publique, l'administration intérieure et extérieure, la défense nationale, etc., voilà le domaine général, objectif. C'est le domaine de l'État. Tout ce qui ne se rapporte qu'à l'intérêt privé, qui ne relève que de la conscience ou de la pensée, voilà le domaine individuel. C'est dans ce domaine que se placent également la religion et la philosophie, et là l'État est absolument sans droit. — Il y a donc abus toutes les fois qu'il impose à la masse les frais d'un culte quelconque ; car c'est faire contribuer au soutien d'intérêts particuliers des intérêts différents et souvent hostiles. Que tous contribuent à ce qui est d'intérêt commun, rien de plus juste ; car, ce faisant, chacun ne sacrifie en somme qu'à son propre intérêt compris dans l'intérêt général. Que nul ne soit forcé de contribuer à ce qui est d'intérêt particulier, car une telle contribution est injuste de la part de celui qui l'impose, vexatoire pour celui qui la subit, contraire à la dignité de celui qui l'accepte. De même que l'État ne peut contraindre personne à entrer dans une église quelconque, religieuse ou philosophique, il ne peut imposer personne en faveur de cette église. Les dépenses doivent en être uniquement couvertes par les contributions volontaires de ses adeptes.

L'État ne peut pas davantage, sans blesser la justice et manquer à sa mission, qui est de tenir la balance égale entre toutes les libertés, tolérer lés empiétements d'une église quelconque, à quelque point de vue que ce soit, sur la liberté d'autrui. C'est ainsi, par exemple, que toute loi imposant le repos dominical est une loi radicalement injuste, odieuse, vexatoire, qui suffit à déshonorer une législation, et porte la marque évidente d'une civilisation arriérée, ou, qui pis est, rétrograde. Indépendamment des autres considérations d'ordre matériel qui suffisent amplement à l'invalider, c'est une violation manifeste de la conscience contre laquelle nous ne saurions protester avec trop d'énergie. Nous admettons qu'on puisse aller « même à la messe» parce qu'ainsi le veut la liberté; mais nous ne voulons pas qu'on nous y mène entre deux gendarmes. Que diraient ces chrétiens zélés si (ce qui n'est malheureusement qu'une hypothèse) un gouvernement d'Israélites leur imposait le repos du sabbat?

Il en est de même, et pour les mêmes motifs, de

toute ingérence religieuse dans les questions d'instruction publique, dans la surveillance des écoles.

Sans prétendre confiner la religion dans ses temples, et tout en lui reconnaissant le droit de propagande, en quoi consiste la liberté même de penser, n'est-il pas évident que l'État seul a le droit de surveiller les écoles publiques, parce que c'est là un des intérêts généraux qu'il a pour fonction de gérer, et qu'admettre un partage, si minime qu'il soit, de cette gestion avec une église quelconque, religieuse ou philosophique, c'est tolérer une usurpation sur les droits de toutes les autres, qui doivent trouver dans les écoles publiques, la neutralité, c'est-à-dire l'égalité? Cette ingérence de l'Église dans les affaires de l'État est le renversement même de la logique. Loin que l'Église ait le droit de surveillance sur les écoles publiques, qui sont et doivent être exclusivement rationnelles, c'est l'État qui a le droit de surveillance sur les écoles particulières; car ayant pour fonction de faire respecter les lois, il doit veiller à ce qu'il n'y soit rien enseigné qui puisse y porter atteinte.

— Nous ne pouvons énumérer ici les empiétements divers des Églises, ou plutôt, dans notre pays, d'une Église, sur l'État; nous ne pouvons que les combattre dans leur principe, et nous ne saurions le faire avec trop d'énergie, car c'est d'elle qu'il a été écrit: « Laissez-lui prendre un pied chez vous, elle en aura bientôt pris quatre. » Nest-ce pas, par exemple, un scandale perpétuel et révoltant que cette prétention, trop souvent confirmée par l'autorité publique, de disposer souverainement des cimetières et d'assigner à toute personne qui n'est pas morte dans la communion catholique une sépulture infamante dans un coin réservé aux criminels[1]. Certes nous ne contestons pas à l'Église le droit de refuser ses prières et ses cérémonies à qui n'a pas voulu de ses sacrements; c'est son droit absolu ; mais son droit se réduit à cela. Y a-t-il donc une question plus facile à résoudre? A qui appartiennent les cimetières? A la paroisse ou à la commune? A la commune. Tout membre de la commune, quelle que soit sa foi religieuse a donc droit à l'égalité dans la mort comme dans la vie. Le reléguer dans le champ du potier, c'est plus qu'un outrage intolérable, c'est une injustice manifeste. — Mais l'Église a béni le cimetière ? — Mais elle n'en a pas le droit. — Qu'elle bénisse la tombe de chacun de ses fidèles, à la bonne heure! Mais que, sous prétexte d'eau bénite, elle puisse, contrairement à tout esprit véritablement religieux, séparer la dépouille du père de celle de l'enfant, la dépouille de la femme de celle du mari, cela ne peut être admis que d'une administration étrangement ignorante ou singulièrement insoucieuse de ses droits et de ses devoirs.

Il suffirait, à ce compte, d'asperger la France entière d'eau bénite pour avoir le droit d'en expulser les hérétiques et les mécréants. Cet heureux temps est passé, ou du moins, il n'est pas encore tout à fait revenu. Laissons faire et nous verrons. En attendant il n'est pas permis à un citoyen de mourir dans sa foi philosophique, sans que sa dépouille mortelle soit

1. Ceci ne se passe pas seulement en France. Tout le monde a entendu parler des troubles qui ont eu lieu dans ces derniers temps au Canada, à propos de l'enterrement de M. Guibord.

frappée de déchéance. On peut étaler dans les rues des processions séditieuses, se livrer, sous couleur de pèlerinages, à des manifestations provocantes autant qu'illégales; mais, si vous ne passez pas par l'Église, vous êtes exclu du droit commun. Il se trouvera des préfets pour fixer à vos funérailles des heures crépusculaires; pour mesurer étroitement le nombre de vos amis et frapper tout fonctionnaire qui, considérant comme un devoir le respect de sa propre dignité et la fidélité à ses affections, a le courage de se mêler à votre cortége funèbre. Oui, il se trouve des préfets pour commettre de pareils attentats contre la conscience humaine et des gouvernements pour tolérer, que dis-je? encourager de pareilles infamies.

— Il en sera ainsi tant que le domaine de l'État et celui de l'Église ne seront pas tout à fait distincts l'un de l'autre; et c'est pourquoi il y a tant d'intérêt à les bien déterminer. Nos lois, nos traditions administratives, notre jurisprudence sont toutes pénétrées de l'influence de l'Église, et l'État, loin de s'opposer à son immixtion dans ses propres affaires, ne s'y prête que trop souvent et la favorise. Il est temps d'en revenir aux véritables principes. Les religions, comme les philosophies, sont du domaine de la conscience; ce sont choses privées et, par conséquent, en dehors de la compétence de l'État. Non-seulement il ne doit pas s'appuyer sur l'une au détriment des autres, non-seulement il ne doit pas la favoriser exclusivement; mais il ne doit pas même la connaître en tant que doctrine; il n'a vis-à-vis d'elles que son droit de surveillance et son devoir d'assurer à toutes une égale liberté.

C'est ce que la Constituante, qui ne distinguait pas la liberté religieuse de la liberté de penser, avait sagement établi en ces termes! « La Constitution garantit.... la liberté à tout homme de parler, d'écrire, d'imprimer et publier ses pensées, sans que les écrits puissent être soumis à aucune censure, ni inspection avant leur publication, *et d'exercer le culte religieux auquel il est attaché.* » Nous ajouterons : (ce qui, du reste, est implicitement compris dans cet article) « et de n'en exercer aucun. »

CHAPITRE VI

De l'organisation des pouvoirs publics. — Législatif. — Exécutif.

Nous avons essayé, dans les chapitres précédents, de mettre dans tout son jour la loi qui régit, ou plutôt, qui doit régir les rapports de l'individu et de l'État. Nous avons établi qu'au contraire de la conception antique de l'État antérieur et supérieur à l'individu, la conception fondamentale de la Révolution Française, son idée génératrice, avait été de poser l'individu comme antérieur et supérieur à l'État, en ce sens que l'association politique n'a pour but que d'assurer à l'homme la conservation de ses droits naturels et de lui en faciliter l'exercice. Cette conservation et cette jouissance de ses droits, l'État l'assure à l'individu au moyen de ce qu'on appelle le gouvernement, des grands services publics dans lesquels se résume l'administration des intérêts généraux de la société; administration qui est la fonction propre de l'État. C'est cette fonction qui lui donne le droit d'apporter à la liberté individuelle les limitations indispensables à l'intérêt social, mais celles-là seules.

Après avoir déterminé les droits que toute sage

constitution doit reconnaître et garantir, le moment semblerait venu d'étudier le mécanisme gouvernemental qui doit en assurer le respect et en favoriser l'exercice. Mais ici nous passons de la théorie à l'application ; il ne s'agit plus d'une société idéale, c'est-à-dire simple et abstraite, dans laquelle l'individu se trouverait directement en rapport avec l'État proprement dit, qui serait alors le représentant de tout intérêt extra-individuel ; il s'agit d'une société réelle, vivante et complexe, dans laquelle se hiérarchisent des groupes divers d'intérêts de plus en plus généraux, depuis l'intérêt individuel jusqu'à l'intérêt national. Ces groupes divers, qui varient suivant les pays, sont, dans le nôtre : la commune, le canton, l'arrondissement, le département et enfin la nation, considérée au point de vue de la gestion de ses intérêts généraux, ce que nous appelons l'Etat. Tous ces groupes, comme l'Etat et l'individu, ont leurs lois naturelles, à savoir les rapports nécessaires qui dérivent de leur nature. Toute constitution, qui méconnaîtrait ou déterminerait mal ces rapports, serait une constitution radicalement vicieuse.

— Quelle est donc leur nature? — Il est évident, avant tout, que ces groupes, quant à leur existence et à leur hiérarchie, n'ont rien de nécessaire, dans la forme du moins, puisqu'ils varient d'un pays à l'autre, et, dans le même pays, suivant les conditions historiques. C'est la Révolution Française, par exemple, qui a, sauf pour les communes, établi les divisions territoriales dont nous avons à nous occuper. Mais, au fond, il est facile de comprendre que, dans des Etats d'une certaine étendue, comme le sont les États modernes, il y a pour les individus des intérêts communs plus ou moins prochains qui déterminent naturellement leur fractionnement et leur groupement en collectivités hiérarchisées dans la grande unité nationale.

On a beaucoup discuté sur les droits de ces différents groupes; on a soulevé bien des conflits, entassé législation sur législation, et causé mille maux à la patrie, faute d'avoir voulu remonter jusqu'aux principes lumineux qui dominent la matière, ou plutôt, faute d'avoir voulu en tirer les conséquences. — Quels sont ces principes? C'est d'abord qu'aucun de ces groupes n'existe que pour l'utilité des individus qui le composent; c'est ensuite que, quelle que soit la différence de ces divers groupes relativement aux intérêts qu'ils représentent, ils sont tous de même nature. C'est une hiérarchie de sociétés également souveraines dans les limites de leurs attributions. Il n'y a, sur ce point, entre l'État et la commune que la différence d'une catégorie d'intérêts à une autre. L'un et l'autre existent également pour l'avantage des individus qui les composent, pour la gestion de leurs intérêts, qu'ils soient locaux ou généraux. Ce sont, avec des attributions différentes, des sociétés analogues dont les droits, mis en rapport avec ceux de l'individu, sont les mêmes et subissent les mêmes limitations.

Il résulte naturellement de ceci que le mode d'administration de la commune et des autres groupes sociaux doit être le même, au fond, que celui de l'État. En effet, quels que soient les intérêts à régir, intérêts que nous n'avons pas à déterminer en ce moment, il n'y a pour une société un peu nombreuse qu'un mode possible de gestion : c'est le mode représentatif. Dans l'impossibilité de gérer directement leurs affaires, les membres de la collectivité délèguent un certain nombre de mandataires qui, après étude et délibération, décrètent les mesures nécessaires à une bonne administration.

Mais il ne suffit pas de décréter des mesures, il faut les exécuter, et la logique la plus simple et la plus naturelle conduit à ce résultat que l'assemblée des délégués choisisse, dans son propre sein, un pouvoir exécutif, chargé d'assurer l'exécution des mesures décrétées. Tels sont les éléments essentiels de tout gouvernement, qu'il s'agisse de la commune ou de l'État, à savoir : une assemblée de délégués qui légifère, un pouvoir qui exécute.

— On a beaucoup disserté sur l'organisation des gouvernements en général et des gouvernements représentatifs en particulier; on a inventé les plus ingénieux mécanismes, les machines les plus savamment équilibrées; on n'a souvent fait en cela que subir des nécessités historiques; souvent aussi on s'est laissé dominer par des idées traditionnelles, par un esprit d'imitation qui copie autour de soi des modèles douteux, au lieu de remonter aux principes et de chercher dans la nature des choses ces rapports nécessaires qui sont leurs lois. Mais il faut enfin revenir à la simplicité logique dont l'homme ne s'est écarté qu'en opprimant ses semblables et en méconnaissant l'égalité naturelle. Heureusement pour nous, nos conditions historiques sont telles en ce moment que nous n'avons que peu d'efforts à faire pour y atteindre.

— Nous avons dit que le gouvernement de toute société, qu'il s'agisse de la commune ou de l'État, se compose de deux éléments logiques : 1° une assemblée de délégués, ou pouvoir législatif, élu par le corps social tout entier; 2° un pouvoir exécutif élu par le pouvoir législatif lui-même.

Que les esprits qui se croient pratiques, parce qu'ils ne voient jamais au delà de la politique d'expédient, ne se hâtent pas de nous accuser de tomber dans l'absolu. Nous n'ignorons pas plus qu'eux que nous vivons dans le relatif et qu'il faut toujours tenir compte, quand il s'agit d'organisation sociale ou politique, des conditions historiques qui dominent tout. Mais nous croyons avoir démontré que, par une évolution nécessaire, les sociétés humaines devaient être ramenées un jour, en pleine conscience, à la notion de la liberté et de l'égalité primordiales, et que cette notion, universellement acceptée, servirait de base à toutes les institutions politiques. Nous touchons aujourd'hui au terme de cette évolution, le suffrage universel n'étant pas autre chose que la formule et l'application de cette notion. C'est donc bien à tort qu'on nous reprocherait de méconnaître la réalité des choses, et de vouloir construire une société purement idéale. Ce n'est pas nous qui méconnaissons les conditions historiques dans lesquelles nous sommes placés; nous qui nous efforçons de tirer du grand principe de la liberté et de l'égalité démocratiques toutes ses conséquences légitimes; ce sont nos adversaires qui, sous l'influence d'une tradition surannée ou par un étroit esprit de réaction, s'opposent follement à une nécessité inéluctable.

— Cette influence est évidente sur l'esprit de ces constitutionnels, encore trop nombreux, qui, élevant à la hauteur d'un dogme indiscutable la nécessité d'une seconde chambre, nous ont doté du plus ridicule sénat dont les annales humaines fassent mention[1].

Tous les arguments logiques qu'on puisse donner en faveur de l'utilité d'une seconde chambre peuvent se réduire à deux catégories : ceux qui ont rapport à la maturité des délibérations ; ceux qui se rapportent à la stabilité qu'elle assure au gouvernement, par ce qu'on appelle la pondération des pouvoirs. Or, ni les uns ni les autres ne supportent un examen sérieux.

Il n'est pas besoin d'insister sur les arguments qu'on oppose d'ordinaire à ceux-ci et qui sont tirés de la lenteur apportée à la confection des lois par la nécessité d'une double délibération. Ces arguments se valent à peu près. C'est assez qu'une seconde chambre ne soit, à ce point de vue, qu'un rouage inutile ; car nul ne contestera sérieusement qu'il soit possible de trouver des moyens beaucoup plus simples d'assurer aux délibérations et aux discussions législatives une suffisante maturité[2].

1. Je ne parle pas, bien entendu, des républicains qui l'ont subi, entre deux maux choisissant le moindre.

2. Plus on y réfléchira, plus on se convaincra qu'un Sénat ne peut être, chez nous, que nuisible : nuisible, s'il n'est qu'une machine à conflits ; nuisible encore s'il ne fait que doubler la Chambre des députés ; car, d'un côté, il absorbe inutilement un certain nombre de capacites supérieures qui seraient mieux placées ailleurs ; de l'autre, il accable le ministère, obligé de dépenser à des chinoiseries le temps qu'il devrait consacrer à diriger et à surveiller l'administration.

Et d'ailleurs si cette division législative était d'une utilité essentielle, ce n'est pas seulement dans l'État qu'il faudrait l'établir, mais dans le département, dans la commune, en un mot, partout où il y a des intérêts collectifs à gérer.

Quant à l'argument qui consiste à prétendre que de la division législative dépend la stabilité du gouvernement, il faut en vérité, pour le soutenir, qu'un homme de notre pays soit étrangement aveuglé par ses préjugés ou ses idées préconçues. « Il semble que la science, disions-nous, à ce propos, dans un opuscule publié en 1873, tue quelquefois le jugement. Qu'avons-nous besoin d'aller chercher des exemples ailleurs? Notre histoire ne nous en fournit-elle pas de suffisamment concluants? Est-ce que jamais, dans notre pays, la division législative a garanti le pouvoir contre les révolutions, ou le peuple contre les usurpations du pouvoir? Je demanderais à M. Laboulaye, avec la juste déférence que mérite un esprit aussi distingué :

1° Comment une seconde chambre aurait *empêché* le prince Louis-Napoléon et ses complices d'exécuter le coup de main ou coup d'État de 1851, qui était évidemment dans leurs intentions, même avant l'élection du président? La vie tout entière de ces hommes en est la preuve irrécusable.

2° En quoi le sénat du second empire, composé de toutes les notabilités « nommées à vie » l'a *empêché* d'opprimer le pays pendant vingt ans et de le jeter dans les sinistres aventures où a sombré sa fortune?

3° Si la division législative a du moins *empêché* la chute de l'empire?

4° Si cette même division législative, sous le directoire, a *empêché* le 18 brumaire;

5° Si le sénat, le tribunat, le corps législatif, le conseil d'État ont *empêché* Napoléon Ier d'absorber tous les pouvoirs, et si du moins ils l'ont garanti d'une double chute?

6° Si la chambre des pairs a *empêché* Charles X de signer les fameuses ordonnances et de commettre les fautes qui ont amené la révolution de 1830?

7° Si la même chambre des pairs a sauvé le trône du roi-citoyen?.....

Que vient-on donc nous parler d'une seconde chambre comme d'un dogme politique indiscutable? Si les assemblées de la Révolution, à une époque de crise exceptionnelle, et malgré les grandes et mémorables choses qu'elles ont faites, ont commis des fautes et même des crimes, ce n'est pas parce que le pouvoir législatif n'y était pas divisé; c'est parce qu'il n'y avait pas de véritable séparation des pouvoirs: parce qu'elles réunissaient au législatif, l'exécutif et le judiciaire. Si, depuis, la république de 1848 a fini par l'empire, ce n'est pas parce que l'assemblée était unique; c'est parce que le peuple, guidé par une bourgeoisie égoïste, a été assez ignorant pour élire un prince et trop lâche pour le punir de son attentat contre la souveraineté nationale. La même chose arriverait, y eût-il dix chambres, dans les mêmes circonstances. »

Toutes ces raisons [1] qui peuvent paraître spécieuses, sont à nos yeux d'une valeur bien faible; tran-

1. Les raisons alléguées par les partisans d'une deuxième Chambre.

chons le mot, tout à fait nulle; et sauf peut-être quelques théoriciens sincèrement épris de leurs théories, la plupart des partisans d'une seconde chambre ne la réclament, ainsi que nous le disions plus haut, que par un esprit de réaction ou d'imitation, de réaction surtout. Il n'y a qu'à les entendre. Qu'est-ce pour eux qu'une seconde chambre? — Une chambre de résistance? — Que doit-elle représenter ? — Les intérêts conservateurs, l'intelligence contre le nombre. — En un mot, c'est une chambre qui, dans l'esprit de ses partisans, est destinée à conserver les priviléges oligarchiques des classes dirigeantes, à faire échec à la démocratie, à protester contre le principe d'égalité qui est le fondement de notre droit public. Et voilà précisément pourquoi il n'en faudrait point; voilà ce qui la condamne aux yeux de la logique démocratique.

Quant à ceux qu'égare un malheureux esprit d'imitation, plutôt qu'une tradition nationale qui nous fait à peu près défaut, c'est à eux et non pas à nous qu'il faut reprocher de ne pas tenir compte des conditions historiques, lesquelles expliquent l'existence de cette institution chez les autres, comme elles en justifient la non existence chez nous.

— Nous avons dit plus haut comment l'égoïsme humain, cédant à cette impulsion primitive qui pousse tout homme à se développer le plus largement possible, avait, dans la lutte pour l'existence au sein de l'espèce, sacrifié à cette impulsion, de nature individuelle, l'égalité spécifique qui est le principe et la source de tout droit social; nous avons dit comment il s'était éloigné de la constitution simple de l'état de nature, — qui est aussi, quand il est conscient, l'état rationnel, — pour lui substituer les divers organismes sociaux et politiques qui ont, pour principale origine, la conquête. Une des preuves les plus claires et les plus sensibles de la vérité de cette assertion nous est fournie précisément par l'existence de la division législative en deux ou plusieurs Chambres, là où elles existent.

Nous n'entendons pas faire ici d'érudition historique; nous n'avons ni le temps ni les moyens de compulser toutes les constitutions connues, pour y trouver des arguments dont nous pouvons nous passer. Nous n'affirmons pas, d'ailleurs, d'une manière absolue, que la division législative, partout où elle a existé, n'ait pas eu d'autre cause que la conquête engendrant la division des classes et des intérêts; bien que telle soit notre conviction raisonnée. Il nous suffit de jeter un coup d'œil sur l'histoire des nations européennes qui sont nos sœurs, dont l'origine nous est le mieux connue, et dont le développement historique est analogue, sinon complétement identique. La plupart ont commencé par la conquête qui consomma le démembrement de l'empire romain, et qui fut opérée surtout par des hordes appartenant à la grande race germanique.

L'effet naturel de cette conquête fut l'asservissement de populations nombreuses à un petit nombre de maîtres qui se les partagèrent comme un troupeau; ce qui créa naturellement une classe dominante, politique, et, après plusieurs siècles d'élaboration, produisit l'état social connu sous le nom de féodalité qui s'établit dans l'Europe entière [1]. Cet état, la conquête normande ne l'importa pas, sans doute, en Angleterre, mais elle l'y développa et l'y consolida. — A cette classe des maîtres par la conquête s'était adjoint, depuis longtemps, le clergé qui sait toujours se faire sa part dans toute domination.

Ainsi se constituèrent les deux premiers ordres de l'État, qui formèrent d'abord avec la royauté ce que l'on aurait pu appeler, dès lors, le pays légal. Le reste n'était qu'une tourbe vile, taillable et corvéable à merci. Cependant, malgré l'oppression qui pesait sur elle, malgré les exactions dont elle était victime, cette tourbe travaillait; elle seule travaillait, et travaillant elle s'enrichissait; et s'enrichissant elle s'éclairait; et s'éclairant elle prenait un plus haut sentiment de sa dignité; les idées de liberté et d'égalité naturelle, longtemps endormies, se réveillaient vaguement dans son esprit. De là ce grand mouvement des communes qui aboutit à la reconnaissance d'un troisième ordre dans l'État, d'un Tiers-État. Mais ces ordres avaient des droits, ou, comme on disait alors, des priviléges différents. De là, dans les pays où un système logique de représentation parvint à s'établir complétement, une double Chambre : la haute Chambre des seigneurs, laïques ou ecclésiastiques, dont les droits étaient égaux, et la Chambre basse des communes. C'est ce qui eut lieu en Angleterre. En France, la liberté des communes fut écrasée de bonne heure sous l'ab-

1. Car la Germanie, conquise par Charlemagne et christianisée par la conquête et les missionnaires, fut rendue féodale du même coup. (Littré, préface *Dictionnaire*, p. XXI.)

solutisme royal. C'est pourquoi elles prirent une si terrible revanche, en passant brusquement du néant politique à la souveraineté nationale fondée sur l'égalité.

Avec le temps, les différentes nations de l'Europe en vinrent à adopter, dans sa forme générale, la constitution anglaise. Mais partout les Chambres hautes, en présence des Chambres basses, ne sont qu'un dernier vestige du droit féodal fondé sur l'inégalité ; à moins qu'elles ne soient qu'une création artificielle procédant d'une inintelligente imitation. — C'est cette imitation, inintelligente, selon nous, des institutions anglaises qui a essayé de les transplanter chez nous, sous forme de Sénat ou de Chambre des pairs ; ce qui n'a pas empêché nos gouvernements de tomber les uns sur les autres comme des châteaux de cartes. C'est que les profonds historiens qui nous gouvernaient ont méconnu précisément la différence des conditions historiques actuelles des deux peuples. Ils n'ont point vu que la France était arrivée, en principe, au terme d'une évolution vers lequel marchent plus ou moins lentement ses sœurs européennes ; qu'en proclamant l'égalité politique et sociale, c'est-à-dire l'égalité des droits et des intérets, la France s'imposait, par cela même, une représentation générale unique ; car il ne saurait y avoir de représentation spéciale où il n'y a pas d'intérêts spéciaux. Un jour viendra, qui n'est peut-être pas si éloigné qu'on pense, où les autres nations, qui marchent elles aussi d'un pas plus ou moins rapide vers l'égalité démocratique, éprouveront le besoin de se passer de leurs Chambres des seigneurs. La logique seule y pousse; ne fussent-elles ni nuisibles, ni incommodes, elles seront mises de côté comme inutiles; car ce qui est inutile en politique est presque aussi difficile à supporter que ce qui est jugé dangereux. Voilà ce qu'il faut voir quand on se pique d'être homme d'État; mettre les institutions d'accord avec les idées, avec les faits; en chercher la raison dans la nature même des choses, et non dans une érudition aussi aveugle que pédantesque, dans une imitation servile ou un étroit esprit de réaction.

— Il nous semble que tout ce que nous venons de dire démontre amplement que l'unité législative est une conséquence naturelle de l'égalité démocratique. La même égalité démocratique n'exige pas moins que l'Assemblée soit élue par tous les citoyens, c'est-à-dire par le suffrage universel. — Mais, à côté de la question de droit, il y a la question de capacité. Or, sans parler des conservateurs oligarchistes qui, ne pouvant détruire le principe, cherchent tous les moyens de l'éluder, nombre d'esprits sérieux et bien intentionnés d'ailleurs, se demandent encore s'il est possible de reconnaître à la masse la capacité électorale dans toute son étendue; si, par exemple, un paysan qui sait à peine lire, et qui passe sa vie en dehors de toute préoccupation des affaires publiques, est bien apte à choisir un mandataire capable de les gérer.

Plusieurs ont répondu négativement à la question qu'ils s'étaient posée. Ne pouvant méconnaître le droit, ils se sont ingéniés à trouver un moyen qui en assurait indirectement l'exercice, tout en supprimant les risques résultant d'une prétendue incapacité. C'est ainsi qu'on a inventé la théorie de l'élection à deux degrés; théorie spécieuse qui séduit de prime-abord, par sa simplicité, par la trompeuse évidence de ses avantages apparents, mais qui ne résiste pas à un examen approfondi.

Une personne, a-t-on dit, qui, à raison de son peu de culture intellectuelle, est incapable d'élire avec compétence un membre d'une assemblée législative, sera toujours assez intelligente pour choisir dans son entourage une personne plus instruite qui lui inspire confiance, et à qui elle déléguera son droit. — Sans doute! Mais de deux choses l'une : ou bien cet électeur du premier degré, admettant son incompétence, se désintéressera complétement des affaires publiques qu'il n'aura plus besoin de comprendre; ou bien il ne s'en désintéressera pas; et, comme cela se pratique aux États-Unis dans les élections présidentielles, il donnera à l'électeur du deuxième degré mandat impératif de choisir telle ou telle personne représentant telle ou telle opinion. Dans le premier cas, le système du double vote sera nuisible, puisqu'il détournera des affaires publiques la plus grande partie de la nation, l'abaissant ainsi vers la terre et la confinant dans la mesquine préoccupation de l'intérêt personnel; dans le second, il sera inutile, — ce qui est une autre manière d'être nuisible, — parce qu'il ne servira qu'à compliquer, sans profit pour l'État, l'exercice d'un droit politique fondamental. Ajoutons, ce qui est grave, que ce système électoral nous ramènerait nécessairement à une oligarchie, à une espèce de « pays légal » vis-à-vis duquel la corruption se trouverait à l'aise et ne manquerait sans doute pas de se donner carrière.

Ces considérations, si brèves qu'elles soient, nous semblent suffire à démontrer non-seulement l'inutilité, mais la nocibilité de l'élection à deux degrés. — L'élection directe, au contraire, comporte réellement tous les avantages faussement attribués au double suffrage. En effet, non-seulement elle n'empêche pas l'électeur ignorant de profiter de la science supérieure qu'il peut trouver chez les autres, mais elle le sollicite à la consulter, à s'en inspirer ; il en subit, sans doute, l'influence, mais non plus aveuglément et insouciamment ; car la responsabilité, bien autrement grande, que lui impose une décision personnelle, lui fait sentir, en même temps, l'obligation de s'éclairer, de surveiller son mandataire, de le contrôler et de le juger. C'est ainsi que son esprit se développe, que croît sa dignité, que s'ennoblit son caractère, à mesure qu'il s'élève de l'étroite et servile préoccupation de l'intérêt particulier à l'intelligence et au souci de l'intérêt général ; c'est ainsi que, par l'idée de la solidarité nationale, il monte jusqu'à la notion, jusqu'au sentiment de l'humanité ; c'est ainsi qu'il devient un homme libre ; c'est ainsi qu'il devient vraiment homme.

Pas plus ici qu'ailleurs on ne réalise le bien avec des mécanismes plus ou moins ingénieux, mais qui ont le tort d'être artificiels. Vous voulez avoir des électeurs éclairés ? Qu'indique la nature des choses ? — La lumière, laquelle s'obtient par deux moyens ; l'instruction répandue à flots et la libre discussion. En attendant, ce qu'il y a de mieux à faire pour l'électeur, c'est d'exercer ses droits avec zèle ; car il ne saurait mieux apprendre à les exercer qu'en les exerçant. Le suffrage universel direct est la meilleure école de politique pour une nation ; c'est à cette école seule qu'elle peut apprendre à se gouverner elle-même.

— Au moins les partisans du double vote reconnaissent à tout citoyen le droit électoral comme une conséquence logique de l'égalité sociale. Mais telle n'est pas l'opinion des oligarchistes qui, disputant pied à pied leurs priviléges au progrès de la justice démocratique, prétendent faire du vote même, non pas un droit, mais une fonction, laquelle, bien entendu, serait réservée à la fortune. C'est là ce qu'ils appellent, dans leur patois, les intérêts conservateurs ; car aux yeux de ces gens-là qui sont, comme chacun sait, les plus moraux et les plus spiritualistes de tous les hommes, il n'y a d'intérêts que les intérêts matériels sous leur forme la plus grossière, à savoir : ceux qui s'étalent en terres ou s'empilent en écus. — Et même en nous plaçant à ce point de vue[1] : En quoi, pourrions-nous dire à MM. les oligarchistes, en quoi la fortune qui n'est, légitime ou non, que le travail capitalisé, doit-elle être plus respectable que le travail non capitalisé, ou en voie de capitali-

1. On répète sans cesse, à ce propos, le mot de Royer-Collard : « Il n'y a rien de plus dangereux qu'un prolétaire éloquent. » Dangereux pour qui ? Et pourquoi ? Dangereux, sans doute, pour les priviléges, c'est-à-dire les injustices sociales et ceux qui en vivent. Dangereux parce que sa voix trouve dans la vérité une force redoutable et un écho dans les cœurs de tous les opprimés. — Quel homme plus dangereux, par exemple, que ce prolétaire éloquent qu'on appelle Gambetta ?

sation? — Quant aux charges prétendues qui pèsent exclusivement sur la propriété, c'est une pure dérision. Ce n'est pas vous, producteurs, qui payez les impôts ; vous ne faites que les avancer ; c'est nous, consommateurs, qui les payons quand vous les avez fait passer dans le prix de vos produits. Il est un impôt que nous avons été longtemps les seuls à payer, incontestablement le plus lourd de tous et qui suffirait à nous assurer les droits politiques que vous avez l'impudence de nous contester : l'impôt du sang. Qui oserait dire que, si nous eussions réellement joui de ces droits, le sang des nations aurait coulé comme de l'eau dans les boucheries fratricides où vous nous conduisez, depuis si longtemps, au gré des caprices de vos gracieux maîtres que vous appelez vos rois, et que le vieil Homère appelait déjà des mangeurs de peuples? — Nous n'avons pas d'intérêts? — Nous n'avons pas d'intérêt à ce que la justice soit bien rendue; à ce que l'instruction pénétrant partout chasse de partout les ténèbres de l'ignorance et de l'erreur, et, avec elle, la misère, le vice et le crime? Nous n'avons pas d'intérêt à n'être point ruinés par l'impôt pour entretenir le luxe corrupteur des cours et des courtisans, des maîtresses et des valets? Nous n'avons point d'intérêt à ce que la paix règne entre les nations; à ce que l'industrie et le commerce prospèrent et nous assurent le travail qui nous donne le pain quotidien? Nous n'avons pas d'intérêt à voir notre patrie heureuse, libre, respectée, aimée? Ah! plus dégagés que vous des intérêts matériels, nous l'aimons plus que vous! Et qui donc a plus d'intérêt et, par conséquent, de droits que nous à choisir, où qu'ils soient, des hommes dont l'honnête et sage gouvernement nous assure tous ces biens?

— Mais il est inutile d'insister davantage sur ce point; la cause est entendue; le suffrage universel est désormais la base de nos institutions. Ce ne sont ni les déclamations, ni les regrets, ni les rancunes des soi-disant conservateurs qui parviendront à l'ébranler [1]. — C'est encore à l'esprit de conservation, protée aux mille formes, que nous devons la théorie, qui lui est si chère, de la gratuité du mandat législatif et du scrutin uninominal ou d'arrondissement. A les entendre, les bons apôtres, ils n'ont en vue que la dignité du législateur et le ménagement du budget; comme s'il était humiliant pour un législateur de recevoir, en échange du temps qu'il consacre à la chose publique, une indemnité modeste qui lui épargne le souci du lendemain; comme si l'égalité démocratique, l'accessibilité de tous à tous les emplois n'entraînait pas nécessairement cette obligation vis-à-vis de tout mandataire pauvre; comme si une telle économie n'était pas insignifiante pour un budget de trois milliards! Les voit-on, du reste, se montrer plus désintéressés et rechercher avec moins d'ardeur les gros traitements attachés à des fonctions qui sont de véritables sinécures? — Non, il n'y a là qu'une idée d'exclusion et de monopole; exclure le mérite pauvre, « les prolétaires éloquents », comme

1. Le seul danger auquel il soit exposé c'est de tomber sous l'influence des pires ennemis de la liberté, les jésuites de toute couleur et de toute robe qui ont entrepris contre le droit moderne la croisade que chacun sait.

ils les appellent, afin de monopoliser entre leurs mains toutes les fonctions publiques sous un prétexte ou sous un autre, telle est la cause unique de leur zèle pour notre dignité et de leur souci de l'économie. Il n'est personne qui ne le comprenne; personne à qui de si pauvres arguments puissent faire illusion un seul instant. La probité, le savoir, l'esprit, le génie même ne vont pas toujours d'accord avec la fortune. Chacun sait ça. Et la démocratie, — sans exclure la fortune, grands dieux! — veut prendre partout où elle les trouve, pour leur confier la direction de ses affaires, la probité, le savoir, l'esprit, le génie, sans se laisser arrêter par un obstacle aussi méprisable que la pauvreté, laquelle est souvent elle-même un mérite supérieur qui rehausse singulièrement l'éclat des autres.

Quant au scrutin d'arrondissement ou scrutin uninominal, la raison est plus spécieuse et peut faire illusion à beaucoup d'esprits. Il faut, dit-on, que le mandant connaisse le mandataire, que l'électeur connaisse l'élu. Mais cette raison, si forte en apparence, n'est pas plus solide que celles qu'on allègue en faveur de la gratuité du mandat législatif et ne résiste pas davantage à un examen sérieux. Qui ne voit, en effet, que, s'il s'agit de la connaissance directe de la personne du candidat, elle ne saurait guère exister en dehors de la commune? S'il s'agit seulement de son honorabilité, de sa capacité, de ses principes politiques, il faudra toujours s'en rapporter à quelques personnes mieux éclairées, à ce qu'on appelle ordinairement les meneurs, et que, pour ne choquer aucune susceptibilité, nous voulons bien appeler les apôtres de la candidature. Il y a plus, la valeur du candidat aura d'autant plus de chance d'être connue de l'électeur que sa renommée sera plus éclatante et dépassera la sphère d'une notoriété locale. Qui doute, par exemple, que l'électeur le plus arriéré, ne soit mieux fixé sur les idées et les mérites de MM. Gambetta, Thiers, J. Simon, J. Favre, etc., qu'il ne peut l'être, dans leurs propres arrondissements, sur ceux de MM. F..., S..., D..., R...? Nous prenons au hasard parmi la députation de notre département des hommes très-distingués, très-honorables, et qui jouissent de la plus juste popularité.

Ce n'est donc pas ici la vraie raison, le motif sincère qui guide les partisans du scrutin d'arrondissement. Leur vraie raison, la voici : les uns, nouveaux convertis à la République, mais nourris dans la peur de la démocratie, voient, dans le scrutin de liste, l'invasion du radicalisme, spectre formidable qui est encore en possession d'effrayer de très-honnêtes esprits ; ils sont en petit nombre. Les autres, plus nombreux, sont toujours ces mêmes oligarchistes qui trouvent, dans le scrutin uninominal, le triomphe des notabilités de clocher, et la possibilité de se faire, pour eux-mêmes, de leur arrondissement, une espèce de fief électoral. Nous l'avons bien vu sous l'empire. Grâce à une fortune considérable, à une clientèle plus ou moins étendue ; grâce à la corruption rendue facile dans une petite circonscription, impossible au même degré dans une grande ; grâce surtout à l'appui déclaré du gouvernement, porté par sa nature à favoriser des médiocrités obéissantes, nous avons vu partout échouer les candidats les plus distingués, les plus illustres même, contre des inconnus, importants, peut-être, dans leurs cantons, qui nous ont conduits où nous sommes. — Nous pensons d'ailleurs qu'il reste à donner, en faveur du scrutin de liste, des raisons de principe encore plus considérables. Il ne s'agit, bien entendu, que de l'Assemblée nationale, de qui seule il peut être ici question. Il faut distinguer entre les intérêts locaux et les intérêts généraux. Tous les intérêts locaux sont représentés et trouvent, au besoin, des organes dans les Assemblées particulières qui administrent les différents groupes sociaux. L'Assemblée nationale seule ne s'occupe que des intérêts généraux. Elle ne représente point tel ou tel groupe d'intérêts, mais les intérêts qui dominent ou dépassent les intérêts locaux. Il résulte de ceci que tout membre de l'Assemblée nationale représente, non point telle ou telle circonscription plus ou moins étendue, mais la France toute entière; il est élu par telle ou telle circonscription, mais il est le représentant de la France. La logique exigerait donc que chaque député fût élu par la France tout entière, et, à certains égards, ce mode d'élection aurait de grands avantages ; entre autres celui de composer la représentation nationale de toutes les notabilités nationales, et de permettre à chaque opinion de s'assurer, dans l'Assemblée, une place égale à celle qu'elle occupe dans le pays.

Mais il n'y a personne qui ne soit frappé de la difficulté extrême, ou plutôt de l'absolue impossibilité d'appliquer un pareil système. Il est déjà difficile de composer une liste de vingt noms ; combien ne le serait-il pas davantage d'en composer une de plusieurs centaines ? Il a donc fallu diviser la difficulté pour la résoudre, et, au lieu de ne faire qu'un seul collége électoral de la totalité du territoire, partager ce même territoire en un certain nombre de circonscriptions. Cependant, si l'on veut rester fidèle au principe, il est évident qu'on ne saurait descendre à un morcellement indéfini, et qu'il faut s'arrêter à la circonscription la plus étendue où l'élection sera possible. Il n'était pas nécessaire pour cela de créer des circonscriptions nouvelles ; on devait naturellement adopter, comme collége électoral, le département qui est la plus grande de nos subdivisions territoriales, et qui satisfait pleinement aux conditions cherchées. Le département tout entier devant élire un certain nombre de représentants, le scrutin de liste devenait forcé.

— Quand un système, en même temps qu'il est conforme à la logique, présente des avantages propres, et répond victorieusement aux objections de ses adversaires, il ne saurait plus être repoussé que par des considérations intéressées et tout à fait indépendantes du bien public, alors même qu'il n'échapperait point, pour sa part, à quelques critiques. Il est bien difficile, en effet, en quelque matière que ce soit, d'atteindre à la perfection. En la poursuivant avec trop d'ardeur on s'exposerait même quelquefois à tomber dans l'utopie. C'est, à notre avis, ce qui est arrivé à des esprits plus généreux que sages qui, sous le nom de vote cumulatif, etc., ont inventé des modes de votation ayant pour but d'assurer, dans les assemblées, à chaque parti, une part de reprétation égale à son importance. Ils ont perdu de vue qu'on ne peut gouverner qu'au moyen d'une majorité, mais d'une majorité vraie, qui soit assez forte, assez homogène pour imprimer une direction à une politique. Cette majorité, rien n'est plus propre à l'assurer que l'élection simple et directe. Le vote cumulatif aurait, tout au plus, pour effet d'amener dans les assemblées des majorités de coalition, la pire espèce de majorité, car elles ne peuvent rien faire et elles empêchent tout [1]. En supposant même, ce qui serait le cas le plus ordinaire, que les différentes nuances de l'opinion qu'il s'agit de favoriser restassent en minorité dans l'assemblée, comme dans le pays, leur influence y serait nulle, et, pour le progrès de leurs idées, n'ajouterait rien à l'action de la presse, de la polémique quotidienne, en un mot de tous les moyens de propagande que peut emprunter, dans un pays libre, la discussion des intérêts généraux. L'expérience prouve, d'ailleurs, qu'à moins qu'il ne s'agisse d'un parti qui ne compte plus, ou d'un parti qui ne compte pas encore, toute opinion

1. Soit, par exemple, le parti républicain représenté par 5; le parti bonapartiste, par 3; le parti orléaniste par 2; le parti légitimiste par 1, il est probable qu'avec notre mode actuel de votation, eu égard à la dissémination des voix dans tout le pays et à l'hostilité qui règne entre les différentes nuances de l'opinion, la majorité appartiendrait au parti républicain, qui serait le véritable parti de gouvernement, comme étant le plus nombreux et le plus homogène. Que si nous trouvons un mode de votation qui assure exactement à chacun de ces partis le nombre de représentants auquel lui donne droit le nombre de voix dont il dispose dans le pays tout entier, nous créons par cela même une majorité capable d'empêcher les républicains de gouverner, sans être capable de gouverner elle-même, faute d'homogénéité. Encore n'aurions-nous pas même ainsi satisfait à la justice qui exige que le gouvernement appartienne non pas à une coalition de partis hétérogènes, mais à celui de tous les partis qui, à lui seul, est plus important que chacun des autres.

sérieuse est à peu près assurée de se faire représenter dans le parlement par quelques hommes d'élite; ce qui doit lui suffire, en attendant que les vicissitudes des choses en fassent une majorité.

C'est ce que nous avons vu en France sous l'empire. La pression électorale la plus éhontée, les candidatures officielles, l'embrigadement du suffrage universel ne purent empêcher quelques républicains de pénétrer dans le corps législatif. Leur influence sur les décisions du gouvernement était nulle; ils n'étaient d'abord que cinq; mais leur voix ne sonnait-elle pas aussi haut dans le pays que s'ils eussent été cinq cents? N'oublions pas, non plus, que la dernière chambre des députés du gouvernement de juillet comptait parmi ses membres Berryer et Ledru-Rollin, la légitimité et le suffrage universel[1]. Ce qui importe surtout ce n'est pas que, au nom d'une justice indiscutable mais inefficace, les minorités soient exactement représentées dans l'assemblée; c'est que leur voix ne soit point étouffée dans le pays et qu'aucune espérance légitime ne leur soit interdite. Au reste, le système de constitution que nous proposerons tout à l'heure corrigera, nous l'espérons, dans la mesure du possible, toutes ces imperfections.

— C'est ainsi qu'il supprimera toute ingérence de l'État dans les élections; ingérence contraire à toute raison, à toute justice; qui, à elle seule, est cause de tout ce qu'il y a d'illogique dans notre législation politique et administrative, de toutes les oppressions, de tous les conflits et de tous les maux qui ont affligé

1. M. Emilio Castelar n'est-il pas membre des Cortès?

notre patrie. Dans notre pays, où la tradition despotique est ancienne, où le pouvoir exécutif n'a pas encore cessé d'être conçu comme le pouvoir dominant, conception absolument contraire au principe démocratique, les gouvernements n'ont eu qu'une préoccupation; c'est, tout en affectant de s'incliner devant la souveraineté nationale, de l'escamoter à sa source. De là ce système de centralisation politique et administrative qui, dans le département et dans la commune, par la nomination des préfets et des maires avec une autorité prépondérante, ont mis le pays tout entier entre les mains du pouvoir.

Ce système, inventé par le despotisme en personne, n'a pas dû coûter à Bonaparte, quoi qu'on en dise, un grand effort de génie. Il lui a suffi, partout où la république avait mis l'élection, c'est-à-dire, la décentralisation et l'autonomie, de substituer la nomination, c'est-à-dire, la centralisation et la servitude[1]. C'est qu'en effet tout est là ! En s'attribuant la nomination des préfets et des maires, le despotisme s'est multiplié; au lieu d'un maître le pays a eu des milliers de maîtres, — uniquement occupés à le *diriger* c'est-à-dire à le faire voter conformément au désir de l'exécutif qui se faisait attribuer par là, sous une forme représentative, le pouvoir absolu.

C'est ainsi qu'avec des assemblées à leur image, des majorités complaisantes, les différentes dynasties, qui se sont succédé dans notre pays depuis le commencement de ce siècle, ont marché inéluctablement à leur ruine par des chemins en apparence jonchés

1. Loi du 28 pluviôse an VIII, art. 18 et suiv.

de fleurs. Ne trouvant jamais dans des assemblées qu'ils avaient composées eux-mêmes, qu'ils avaient triées, comme on dit, sur le volet, que l'écho de leurs propres pensées, ils ont pu, sans aucun contrôle sérieux, sans contradiction efficace, se jeter dans les plus sottes et les plus criminelles aventures; ou bien, déçus par de fausses apparences de majorités artificielles, en venir jusqu'à rompre en visière avec la nation. Ainsi sont tombés tour à tour ces *pouvoirs forts,* — c'est le nom qu'ils se donnent eux-mêmes; comme s'il y avait désormais une force pour les gouvernements en dehors d'un sincère accord avec l'opinion publique honnêtement représentée.

Nous le répétons, et le doute n'est pas possible, ce n'est pas le souci des intérêts locaux qui a déterminé les différents pouvoirs à s'attribuer la nomination des maires, préfets, etc.; c'est le désir de s'assurer ce qu'ils appellent de bonnes élections, au moyen d'une pression électorale souvent irrésistible. C'est à cela que nous devons ces lois encore plus démoralisatrices, peut-être, que les pratiques qu'elles favorisent, parce qu'elles révoltent encore plus le sens commun. Les mêmes électeurs qui sont jugés capables d'élire le chef de l'État, sont jugés incapables d'élire un maire de village! Ils ont choisi pour administrer leurs propres affaires ceux de leurs concitoyens qu'ils estimaient les plus dignes de leur confiance; un proconsul les remplace brutalement par d'autres, uniquement parce qu'ils n'en avaient pas voulu. Et le gouvernement ratifie; il ratifie toujours. Ces proconsuls, étrangers aux localités qu'ils sont chargés d'administrer, traitent de Turc à More les personnes les plus respectables, les représentants élus de tout un département ; ils taquinent, ils persécutent, ils inventent les mesures en même temps les plus ineptes et les plus révoltantes, forgent de prétendus complots avec des agents de bas étage, imposent silence à tout ce qui ne les approuve point, lassent jusqu'à leurs amis mêmes qui se sentent déconsidérer ; et le gouvernement approuve, il approuve toujours. Ne faut-il pas qu'il couvre ses fonctionnaires, s'il veut qu'au bon moment leur autorité reste entière aux yeux de l'électeur timide et ignorant.

Tout cela n'a que trop duré. Encore, ne sont-ce pas là les seuls effets fâcheux de la centralisation politique[1]. Mais elle disparaîtra sans peine le jour où, nous conformant à la saine raison, nous voudrons bien remettre chaque pouvoir à sa place, et comprendre que, s'il est permis à tous les partis, quels qu'ils soient, de descendre dans l'arène électorale pour s'y disputer l'influence, cela doit être absolument interdit au gouvernement, parce qu'il n'est point un parti et qu'il n'est pas admissible qu'il puisse intervenir, à aucun degré, dans le choix des personnes chargées de le contrôler.

— Récapitulant ce que nous avons dit depuis le commencement de ce chapitre, nous répétons que, à notre sentiment, l'égalité démocratique exige qu'il n'y ait pour chaque groupe social, même pour l'État, qu'une seule assemblée nommée par le suffrage universel direct, au scrutin de liste, en dehors de toute

1. Ou plutôt, centralisation administrative dans un but politique.

condition de cens d'éligibilité; ce qui résout négativement la question de la gratuité du mandat.

— On peut se demander encore si la loi électorale doit imposer à l'éligible une condition d'âge autre que la simple majorité qui n'est pas autre chose que la constatation de la capacité générale de l'individu. Nous ne le pensons pas, n'en voyant pas du tout l'utilité. Sans doute, il n'arrivera pas souvent que le corps électoral arrête son choix sur des candidats dont la jeunesse attesterait à elle seule l'inexpérience, ou ferait craindre pour la solidité de leur caractère. Mais si, par hasard, il se rencontrait un de ces hommes extraordinaires, d'une maturité précoce, dont les facultés éminentes peuvent être utilement employées pour le bien de la patrie, nous ne voyons pas quel intérêt on peut avoir à borner le choix des électeurs par une condition d'âge qui ne nous paraît avoir rien à faire ici. Il y a une chose qu'il ne faut pas trop oublier : c'est

. . . . qu'aux âmes bien nées
La valeur n'attend pas le nombre des années!

A l'âge de 23 ans, si nous ne nous trompons, Pitt gouvernait avec un ascendant irrésistible la Grande-Bretagne dans une crise exceptionnelle.

Enfin, s'il y avait une limite d'âge à établir, est-ce bien de ce côté qu'il faudrait la mettre? Je n'ignore pas qu'il y a de jeunes vieillards et nul ne les honore plus que moi; mais est-il bien sûr que les affaires n'aient jamais à souffrir de cette gérontocratie qui est en possession de gouverner, à peu près toujours et partout? Conseiller est le fait du vieillard, quand il est resté assez jeune pour cela et que sa pensée ne s'est pas pétrifiée dans des opinions d'un autre âge; mais agir, c'est-à-dire gouverner, n'exige-t-il pas une force, une décision d'esprit qui est plutôt le partage de la maturité virile? Trop fidèle au portrait que trace de lui le poëte, le vieillard a toujours la tête tournée vers le passé : il est incapable de se résoudre; tout l'effraye; le moindre progrès ne lui apparaît que sous la forme d'un spectre menaçant : le spectre rouge, le péril social ou l'hydre de l'anarchie. Le plus sûr est de choisir entre les deux extrêmes. — C'est entre la jeunesse et la vieillesse que l'homme est dans toute sa valeur, parce qu'il joint alors l'expérience à la force. — En somme, nous ne trouvons aucune raison pour l'électeur de limiter ainsi son choix et de s'imposer à lui-même un frein au moins inutile [1].

— Une autre question fort agitée, c'est de savoir si le mandat doit être libre ou impératif, c'est-à-dire, s'il doit équivaloir à une espèce de blanc-seing, ou si le mandataire doit, pour chaque vote spécial, prendre, pour ainsi dire, les ordres de son mandant. — Poser ainsi la question, c'est la résoudre, dans une certaine mesure; car il est clair que le mandat législatif ne saurait être ni l'une ni l'autre de ces deux choses. Quand les électeurs élisent un candidat, ils l'élisent non pas pour représenter, dans tous leurs détails et dans toutes leurs nuances, les opinions de chacun; — ces opinions variant de l'un à l'autre, leur représentation exacte par une même personne

1. Lire sur ce sujet le beau chapitre de Montaigne, « De l'aage » (livre I, chap. LVII).

serait absolument impossible; ils l'élisent, sur une profession de foi, parce que, tant sur les principes politiques que sur certaines questions à l'ordre du jour, le candidat se trouve en communion d'idées avec eux. Il est, dès lors, évident que la profession de foi du candidat l'engage vis-à-vis de ses électeurs et constitue entre eux un contrat moral que le candidat élu ne saurait violer sans manquer à l'honneur et à la probité.

Un homme, par exemple, qui s'est présenté devant les électeurs comme faisant adhésion à la république et qui, le mandat obtenu, se retourne contre elle pour travailler à une restauration monarchique, (nous en avons tous vu), cet homme, s'il l'a fait de propos délibéré, a commis un abus de confiance; il n'y a qu'une qualification qui lui convienne: c'est un faussaire, dont le nom mérite d'être cloué au pilori de l'histoire. Que si son changement n'est que le résultat de réflexions ultérieures, d'influences subies, de ce qu'on appelle une conversion sincère, chose toujours respectable, il se doit à lui-même de résigner son mandat et de se représenter devant ses électeurs.

Nous disons qu'il se doit à lui-même; car, malheureusement, il s'agit moins ici, comme on l'a très-bien dit, de législation constitutionnelle que de moralité constitutionnelle, faute d'une sanction légale qui, dans la pratique, nous semble assez difficile à établir[1]. Telle est la mesure dans laquelle le man-

1. Peut-être pourrait-on porter l'affaire devant les tribunaux, qui, en comparant les votes du député aux promesses du candidat, jugeraient s'il a ou non tenu ses engagements, et lui maintiendraient son mandat ou l'en déclareraient déchu.

dat nous paraît être et devoir être impératif. Pour tout ce qui excède cette limite, il nous semble que le mandataire doit être libre de ses votes; d'abord, parce qu'il n'y a pas de sa part engagement précis; parce que ses électeurs eux-mêmes ne sauraient, la plupart du temps, se mettre d'accord sur ces mêmes points; enfin, parce que, le choisissant pour légiférer, ils ont dû lui reconnaître des qualités supérieures qui font de lui plus qu'un simple truchement, et qu'ils ne peuvent avoir eu en vue de le dépouiller entièrement de la liberté de sa raison et de sa conscience. Ce serait d'ailleurs le mettre à la discrétion de coteries turbulentes qui, sous prétexte de surveiller les votes de leur député, le soumettraient à une odieuse tyrannie, et commettraient vis-à-vis du suffrage universel une véritable usurpation. Réduit à ces conditions, le mandataire serait le dernier des valets, et le mandat ne pourrait plus être ramassé que par les plus vils et les plus méprisables démagogues. C'est au corps électoral tout entier de surveiller les votes de ses mandataires et de décider, l'heure venue, après les avoir, au besoin, entendus avec courtoisie, s'il doit ou non renouveler leur mandat[1].

— Nous nous sommes attachés, dans ce qui pré-

1. Une autre condition fort importante et qu'il ne devrait pas être besoin de signaler, c'est que le mandat législatif est, de sa nature, absolument incompatible avec toute autre fonction qui en rend l'exercice impossible ou seulement difficile, telles que celles d'ambassadeur, par exemple, de gouverneur militaire, de chef d'escadre, etc. Ce n'est pas un vain titre à mettre sur une carte, c'est une fonction extrêmement sérieuse qui *impose* la résidence. Passe pour des évêques *in partibus*, mais on ne comprend guère ce que peut être un législateur qui ne réside pas.

cède, à résoudre le plus brièvement possible les différentes questions qui se rapportent à la constitution des assemblées qui doivent représenter les membres et gérer souverainement les intérêts des différents groupes sociaux, depuis la commune jusqu'à l'Etat. Si nous n'avons pas fait en principe de distinctions entre elles, bien que nous ayons examiné surtout des questions qui ne sont soulevées d'ordinaire qu'à propos de l'assemblée nationale, c'est que, à notre avis, il n'existe, en droit, aucune différence entre chacun des groupes dont la hiérarchie compose la nation; il n'y a de différence qu'entre leurs attributions, plus ou moins étendues, selon que les intérêts qu'ils représentent sont plus ou moins généraux.

En effet, tout droit social découle du droit individuel, de ce que nous avons appelé la souveraineté individuelle : la liberté; laquelle, dans l'état social, se limite, ainsi que nous l'avons dit, conformément à l'égalité, qui est la justice. Il résulte de ces principes que, toutes les fois que des individus libres et égaux en droit se réunissent ou se trouvent historiquement réunis en un groupe ou société, c'est à eux qu'il appartient d'administrer, comme ils l'entendent, les intérêts sociaux; c'est-à-dire leurs intérêts communs.

Or, il est évident que, dans l'état de notre civilisation, pour peu qu'un groupe dépasse quelques centaines d'individus, l'administration directe y devient impossible et qu'on tombe fatalement dans le gouvernement représentatif. Je dis : « gouvernement »; car, si nous supposons ce groupe isolé, c'est-à-dire sans aucun lien, même fédératif, avec des groupes égaux ou plus considérables, il jouira de tous les droits de ce qu'on appelle un État, et les représentants chargés de gérer les intérêts communs seront investis de toutes les attributions de ce qu'on appelle un gouvernement.

Supposons que ce soit là précisément la situation de nos communes; elles pourraient assurément organiser leur gouvernement de bien des manières; mais qui ne voit que la plus simple et la plus logique serait de faire élire par tous les citoyens un conseil représentatif chargé de délibérer sur les affaires communes, et de légiférer, sauf à trouver ensuite le moyen le plus commode de faire exécuter les mesures décrétées par ladite assemblée? Qui songerait alors à en élire deux? Et pourquoi? Il est de fait qu'on n'y songe pas; et cependant n'y a-t-il pas des communes dont l'importance équivaut à celle de bien des États souverains?

Si, maintenant, nous supposons qu'un certain nombre de communes se trouvent réunies de manière à former un nouveau groupe, tel, par exemple, que notre département : ou bien elles ne seront unies que par un simple lien fédératif et, dans ce cas, resteront des États particuliers; ou bien elles abandonneront au groupe total, ou à l'État, l'administration des intérêts communs à tous, ne se réservant que la gestion des intérêts exclusivement propres au groupe élémentaire, c'est-à-dire à la commune qui, dans la limite de ces intérêts, restera souveraine; car il n'appartient pas plus à l'État de violer les droits de la commune que ceux de l'individu. Elle continuera donc à élire elle-même son gouvernement particulier. Quelle sera la situation de l'individu vis-à-vis de ce nouveau groupe? Exactement la même que tout à l'heure; l'État s'est un peu agrandi, voilà tout. Quels sont ses droits? Les mêmes. Comment les exercera-t-il? De la même manière. Quels sont les droits de l'Etat? Ceux qui dérivent de ses fonctions. Représentant des intérêts généraux et souverain dans cette limite, son droit s'arrête là où finit l'intérêt général; il ne peut empiéter sans crime sur le droit de personne, qu'il s'agisse de droit individuel ou de droit collectif, du droit de l'individu ou du droit de la commune.

Supposons enfin qu'un certain nombre de ces nouveaux États, que nous appelons départements, se groupent entre eux comme ont fait les communes; ils formeront un nouveau groupe plus général qui deviendra l'État proprement dit, auquel le département abandonnera la gestion de tous les intérêts qui ne seront pas exclusivement départementaux, comme la commune lui avait abandonné à lui-même la gestion de tous ceux qui ne sont pas exclusivement communaux. Mais, dans la mesure de ses intérêts, il restera aussi souverain que l'État lui-même dans la mesure des siens. Il n'y a que la différence d'un intérêt moins général à un intérêt plus général. C'est toujours l'individu exerçant la souveraineté dans la commune, dans le département, dans l'État, en un mot dans tous les groupes d'intérêts — de quelque nom qu'ils s'appellent — qui se hiérarchisent dans une même nation.

Cette souveraineté, nous pensons qu'il est naturel

de l'exercer partout de la même manière, la plus simple nous paraissant la meilleure. Le gouvernement d'une société libre de quelque étendue, ne pouvant être que représentatif, il est naturel qu'il y ait une assemblée élue; dans un État où tous les citoyens sont égaux, il est naturel qu'elle soit élue par tous; dans un État où il n'y a plus ni classes, ni priviléges, où, par conséquent, il n'y a pas d'intérêts spéciaux à représenter, il est naturel qu'il n'y ait pas de représentation spéciale. A notre avis, donc, l'assemblée représentative doit être unique dans l'État, comme dans le département, comme dans la commune. Ainsi l'exigent les principes. Le contraire ne pourrait être réclamé qu'au point de vue de l'utilité pratique. Nous croyons avoir démontré que les raisons alléguées en faveur de la division législative ne soutenaient pas un examen approfondi, et que les véritables motifs des partisans d'une deuxième chambre étaient : ou bien une imitation peu intelligente d'institutions appartenant à une époque dépassée par notre évolution historique, ou bien un esprit de réaction et d'égoïsme oligarchique, qui croit trouver, dans une chambre haute, un dernier refuge contre le progrès de l'égalité démocratique.

Ce que nous venons de faire par une méthode ascendante, pour ainsi dire, en partant de la commune pour monter jusqu'à l'État, nous aurions pu le faire par la méthode inverse, en partant de l'État pour descendre à la commune; le résultat eût été le même. Il ne se fût toujours agi que d'une division d'attributions entre les divers groupes sociaux, dans chacun desquels l'individu aurait gardé son autonomie dans les limites de son intérêt propre, en quoi consiste la véritable décentralisation. Une chose étrange, et qui ne peut s'expliquer que par une fausse conception que nous tenons de notre long passé monarchique, c'est que l'individu, sous forme d'État, s'occupe à s'opprimer lui-même sous forme de département ou de commune[1].

— Pourquoi, ayant à traiter une question de constitution, nous sommes-nous occupé de la commune autant que de l'État? Parce que l'organisation de la commune n'est pas moins importante que celle de l'État lui-même; parce que, comme on l'a fort bien dit, il faut mettre la liberté à la base, quand on veut l'avoir au sommet; parce que les constitutions ne sont pas ce qu'on s'imagine d'ordinaire : un mécanisme plus ou moins compliqué en haut, des chambres doubles ou triples, des présidents élus directement ou indirectement pour quatre ans ou pour cinq, ou pour six. Bien que tout cela ne soit pas sans importance, ce n'est pas ce qui fait les bonnes constitutions. Ce qui fait les bonnes constitutions, c'est le respect de la liberté individuelle dans tous ses centres d'action; et pour l'obtenir, les mécanismes les plus simples sont les meilleurs.

Mais, dira-t-on, peut-être ce que vous demandez existe; nul ne le conteste. N'avez-vous pas des assemblées communales, départementales, nationales! Ne sont-elles pas librement élues, au moins en principe? Que vous faut-il de plus? D'accord;

1. N'est-ce pas une preuve très-claire que le pays est gouverné par des gens qui placent leur intérêt particulier, bien ou mal entendu, fort au-dessus de l'intérêt public?

mais sont-elles souveraines? Ne dépend-il pas du pouvoir de les suspendre ou de les dissoudre à son gré, arbitrairement et sans qu'il ait à rendre compte de ses actes? Et n'est-ce pas là une violation de la liberté individuelle, aussi respectable dans la commune qu'elle peut l'être dans l'État lui-même?

Si nous nous sommes occupé jusqu'ici exclusivement de la constitution des assemblées représentatives, c'est précisément parce que nous voulions bien établir cette souveraineté respective; parce que les assemblées élues sont à nos yeux le pouvoir dominant, supérieur, dont le pouvoir exécutif n'est qu'une émanation, un démembrement, un agent subordonné. Cette subordination, naturelle et logique, nous pensons qu'elle doit être réellement établie à tous les degrés de la hiérarchie nationale. Il y a deux sortes de souverainetés : une souveraineté permanente, imprescriptible, qui réside dans l'individu, et une souveraineté temporairement déléguée pour l'administration des affaires des diverses collectivités sociales. C'est dans les assemblées représentatives que réside cette souveraineté déléguée; c'est elles qui sont vraiment le pouvoir; c'est elles qui délibèrent, qui dirigent, qui ordonnent souverainement; c'est à elles qu'il appartient de pourvoir, comme elles l'entendent, à l'*exécution* des mesures qu'elles ont décrétées; *c'est à elles, par conséquent, qu'il appartient de créer le pouvoir exécutif.*

Nous n'ignorons pas que telle n'est point l'opinion commune; mais, outre que rien n'est plus conforme à la logique et au bon sens, il nous semble que les réflexions que doit nous suggérer notre propre histoire depuis cent ans, suffiraient pour nous conduire à cette conclusion.

— Nous parlons d'abord de l'État. — Il n'y a que deux moyens possibles de constituer le pouvoir exécutif; c'est : ou bien de le faire élire par l'assemblée, *dans son propre sein* (car pourquoi irait-elle le prendre au dehors et non parmi les hommes mêmes que la nation a jugés dignes et capables de la gouverner?) ou de le faire émaner plus ou moins directement du suffrage universel. Qui ne voit que, dans ce second cas, le pouvoir exécutif, dont la base est aussi large que celle de l'assemblée, plus large même, puisqu'un individu balance à lui seul une collectivité nombreuse, qui ne voit, dis-je, que le pouvoir exécutif se considérera comme le vrai représentant de la nation, comme le vrai dépositaire de sa souveraineté, comme le pouvoir dominant, et que nous retombons ainsi, sinon dans le fait, au moins dans l'esprit de la tradition monarchique? Si l'assemblée subit l'ascendant du pouvoir exécutif, c'en est fait des libertés publiques. Si elle lui résiste, c'est le conflit organisé, avec les perturbations qu'il entraîne, au grand détriment du pays.

Sans doute on peut entourer cette élection de restrictions et de garanties; mais l'histoire nous apprend ce que pèsent, en fait, les restrictions et les garanties inscrites dans une constitution et la confiance qu'elles doivent inspirer. N'ayons confiance que dans la nature, c'est-à-dire dans les choses ramenées à leurs rapports nécessaires. Or, il est de principe qu'un gouvernement représentatif, même sous la forme de monarchie héréditaire, ne peut gouverner qu'avec la majorité de l'assemblée. Rien donc ne semble plus naturel que de tirer le pouvoir exécutif du sein de cette majorité. C'est en même temps consacrer la prépondérance de l'assemblée dans la hiérarchie des pouvoirs et, d'un autre côté, assurer aux affaires une marche paisible, prompte et facile, en écartant toute cause de conflits entre ces pouvoirs.

— On pourrait se demander seulement si le pouvoir exécutif doit être confié à un conseil, espèce de directoire, ou à un administrateur unique. Nous croyons inutile de discuter ce point; car il nous semble que le principe de l'unité dans le pouvoir exécutif est à peu près universellement admis, et que l'adage: « agir est le fait d'un seul » est désormais un axiome politique. Nous ajoutons que la responsabilité, pour être réelle, a besoin d'être condensée, pour ainsi-dire, dans une seule personne; divisée, elle s'affaiblit et devient nulle. Il y a plus, il est bon que, dans ses rapports avec les autres États, le pays soit représenté par quelque chose qui ait un corps et qui s'appelle d'un nom.

N'est-ce pas, au fond, ce qui existe en Angleterre, dans cette constitution si vantée de MM. les oligarchistes qui la comprennent fort peu; car, (ce qui est du reste fort naturel), ils ne la voient qu'à travers leurs préjugés, et n'en admirent que les parties surannées : sa royauté héréditaire et sa chambre haute, qui ne sont après tout, que des rouages secondaires dans la machine. On les supprimerait, comme on le fera, sans doute, un jour, que la machine n'en continuerait pas moins à fonctionner, qu'elle n'en fonctionnerait même que mieux. C'est ce que comprennent fort bien les colons anglais qui, moins ardents admirateurs que nous des institutions de la mère patrie, ne manquent jamais, en traversant l'Océan, de laisser derrière eux tout ce qu'elles ont de vieilli, pour n'en conserver que ce qui s'adapte à une forme plus démocratique. Qu'on nous dise, par exemple, en quoi l'Angleterre serait moins bien gouvernée si elle ne l'était que par la chambre des communes ; si, au lieu d'une royauté héréditaire et purement nominale, le pouvoir exécutif était confié à un magistrat élu par la chambre et tiré de son propre sein, comme elle en tire son premier ministre ? Qu'aurait-elle fait que d'éliminer de sa constitution, comme le font tous les corps vivants, les éléments usés qui, n'étant plus nécessaires à la vie, ne sont plus propres qu'à en entraver la rapide circulation ?

Ce que font ses jeunes colonies, l'Angleterre le fera quelque jour. Et c'est ce que nous voudrions voir faire dans notre pays. Au lieu de nous retourner sans cesse vers le passé, vers un passé mort, que nous pouvons bien dresser sur nous comme une momie sous ses bandelettes conservatrices, mais que nous ne pouvons pas ressusciter, marchons les yeux fixés sur l'avenir ; mettons dans nos institutions cette simplicité logique qui les rend intelligibles à tous et, par conséquent, respectables, parce qu'elles découlent, comme des conséquences nécessaires, de principes qui s'imposent par leur propre évidence [1].

1. En vérité, nos hommes d'État ne nous paraissent guère plus sages que ne le serait un ingénieur voulant remplacer nos machines modernes par l'antique machine de Marly.

— Qu'on ne s'y trompe point, il ne s'agit pas pour nous de bouleverser de fond en comble ce qui existe. L'organisation de l'administration française, dans son ensemble, mérite notre admiration bien plus que notre critique. Il ne s'agit, pour ainsi dire, que de restaurer cette grande œuvre de la Révolution française dont les ressorts ont été faussés par le despotisme impérial pour faire servir à un absolutisme sans frein ce qui n'avait été conçu d'abord que comme un instrument de liberté. Que la commune, que l'arrondissement[1], que le département deviennent des personnes majeures, comme l'État; qu'elles nomment comme lui leur assemblée représentative; que cette assemblée se meuve souverainement dans la limite de ses attributions parfaitement déterminées par la nature de l'intérêt à régir : intérêt communal, départemental, national; qu'elle élise dans son propre sein son pouvoir exécutif; que ce pouvoir exécutif gère la chose publique comme un mandataire fidèle, d'après les ordres et sous le contrôle de ses mandants, vis-à-vis desquels il sera responsable de la manière que nous dirons tout à l'heure.

Il semble que ceci ne soit rien et c'est tout. En reconnaissant à la commune souveraine, ainsi qu'aux autres groupes sociaux, le droit de constituer à leur gré leur administration législative et exécutive, nous mettons la liberté dans la commune, dans le département, dans l'État. Tout à l'heure, par la tutelle administrative, par la nomination des maires, des

1. S'il est maintenu comme subdivision administrative, ce qui ne nous paraît pas indispensable.

préfets, des sous-préfets, le despotisme politique descendait partout. Le pouvoir exécutif dans l'État, pouvoir dominant, était partout le maître; maintenant, pouvoir subordonné, il n'est plus que le serviteur du pays, il trouve partout devant lui des souverainetés égales, devant lesquelles il doit s'arrêter toutes les fois qu'il est tenté de sortir de ses attributions. Tout à l'heure, par ses préfets et par ses maires, il pouvait troubler à sa source la représentation nationale; désormais il ne peut plus exercer aucune influence sur les élections, et l'assemblée nationale librement élue, en dehors de toute pression, est véritablement la souveraineté nationale en exercice.

Qu'on n'aille pas croire, pour cela, que le gouvernement soit affaibli; il n'en sera, au contraire, que plus fort; car souverain, lui aussi, dans la limite de ses attributions, représentant exact de la volonté du pays, dépositaire de toute sa force, non seulement il ne trouvera personne qui puisse lui résister, mais personne même qui puisse en avoir la pensée.

— On ne s'attend pas, sans doute, à ce que nous déterminions ici les attributions des différents groupes sociaux. Nous n'exposons que des principes et ce n'est pas le moment d'en détailler les nombreuses conséquences. Ces attributions, du reste, ne découlant que des intérêts à régir, sont déterminées par la nature même de ces intérêts. Ces intérêts sont-ils généraux, c'est-à-dire, se rapportent-ils également à tous les membres de la cité[1], ils tombent dans les attributions de l'État: C'est ainsi que nous attribuons à l'État

1. Le corps social tout entier.

tout ce qui se rapporte à la défense du territoire, la guerre et la marine ; la police générale qui assure à l'intérieur l'ordre et la paix ; la justice qui tient la balance égale entre tous les intérêts, individuels ou collectifs, publics ou privés ; l'instruction publique dans ce qu'elle a d'indispensable ; la protection des lettres, des arts et des sciences en tant qu'elles couronnent la civilisation et tendent à la développer ; les travaux publics d'une utilité générale et en particulier ceux qui, facilitant la circulation des personnes et des produits, servent ainsi le commerce et l'industrie et multiplient le travail national ; enfin les finances ou la collection des ressources au moyen desquelles la société paye ses frais généraux.

On déterminerait de même les attributions du département et de la commune d'après la nature de leurs intérêts propres. Il est évident tout d'abord qu'il ne saurait être question, pour ces deux groupes de guerre ou de marine, de police générale, de justice, d'instruction publique même, à un certain degré : mais ne doivent-ils pas avoir leur police particulière qui assure l'exécution des mesures de l'autorité locale ? N'y a-t-il pas des travaux qui n'intéressent qu'eux ou qui les intéressent spécialement ? S'ils ne président pas à cette partie de l'instruction publique qui, selon nous, regarde surtout l'État, parce qu'elle est essentiellement d'intérêt général, ne pourraient-ils pas créer des écoles professionnelles ou autres, qui satisfassent, d'une manière plus directe à leurs besoins ? Ne peuvent-ils point favoriser le développement des arts, de la science, du commerce, de l'industrie ? Ne peuvent-ils pas créer des établissements d'assistance publique, hôpitaux, crèches, etc.; et, dans ce but, emprunter, vendre, acheter, contracter, en un mot, faire tout ce que peut faire un individu capable et majeur? Enfin voter et lever les impôts nécessaires à l'exécution de ces mesures?

On peut discuter, sans doute, sur la limite de quelques-unes de ces attributions; on peut accorder un peu plus à l'État, ou un peu plus à la commune; mais il est une chose qu'on ne saurait nier, sans péril pour la liberté : c'est leur souveraineté respective. Dans la limite de ses attributions nettement déterminées, chacun de ces groupes est maitre absolu. Si un conflit, ce qui est possible, vient à éclater entre eux, c'est à la justice indépendante à prononcer comme entre parties égales. Nul ne doit, au nom de sa force supérieure, imposer à l'autre sa volonté.

— Ce n'est pas d'aujourd'hui qu'on se plaint de cette centralisation excessive qui, sous prétexte d'administration, ne tend, en fait, qu'à mettre le pays tout entier dans la main du pouvoir politique. Il faudrait bien peu de perspicacité pour ne pas comprendre que nul n'a plus d'intérêt que soi-même à bien gérer ses propres affaires, et que ni un ministre, ni un préfet, n'ont de grâce spéciale pour comprendre mieux que nous des choses qu'ils ne voient que de loin et qui ne les intéressent, en somme, que fort indirectement. De sorte que, au point de vue administratif, cette centralisation qui tient tout en tutelle, ne fût-elle d'ailleurs ni injuste, ni vexatoire, serait encore une pure duperie. Mais les inconvénients moraux de la centralisation sont bien autrement graves;

outre qu'elle est un détestable instrument de corruption électorale, rien ne contribue plus qu'elle à énerver les caractères et les intelligences, en étouffant, à la longue, chez les individus, tout esprit d'initiative, par les obstacles qu'elle apporte à leur libre activité dans toutes les directions. On ne fait pas sa part au despotisme; il suffit qu'il existe pour que, tôt ou tard, il envahisse tout, le droit privé aussi bien que le droit public et jusqu'à la conscience elle-même. Or, ajoutez la centralisation politique à la centralisation religieuse, qui va supprimer la liberté jusque dans le for intérieur, le peuple qui les subit glisse sur cette pente, doucement mais nécessairement, dans une décadence d'autant plus irremédiable que ce régime prolongé, en éteignant dans l'homme toute force morale et rationnelle, détruit du même coup tout principe de régénération.

— Ce n'est pas qu'une certaine centralisation ne soit nécessaire, il faut même que pour fonctionner utilement, une administration soit puissamment centralisée; ce n'est qu'à cette condition que les ordres émanant du pouvoir sont exécutés avec zèle et promptitude. La centralisation, à ce point de vue, c'est la responsabilité qui fait agir, doublée de la force qui rend l'action irrésistible. Cette responsabilité, cette force, nul ne peut songer à l'ôter au gouvernement. Il faut que, lorsqu'il commande légitimement, c'est-à-dire, dans la limite de ses attributions, il puisse briser toute résistance, en un mot, que son autorité soit absolue. Et précisément cette autorité sera d'autant plus absolue et d'autant moins contestée qu'elle ne s'exercera que dans la limite de ses attributions naturelles, et que sa force et son activité ne se dissémineront pas sur une multitude de détails qui lui sont et doivent lui rester étrangers. En un mot, décentraliser ce n'est pas affaiblir le pouvoir central, c'est le fortifier, au contraire, en l'enfermant dans les limites de ses attributions propres et en plaçant des centres particuliers d'administration partout où il y a des centres particuliers d'intérêts. L'État, le département, la commune seront d'autant mieux gouvernés qu'ils se gouverneront eux-mêmes librement, à leurs propres risques et à leurs propres frais.

Nous n'insistons pas sur cet avantage, cependant bien considérable, d'une meilleure administration ; mais les avantages moraux qui découleront de la décentralisation ainsi comprise seront bien autrement importants. Pour les individus comme pour les sociétés, c'est la liberté qui féconde tout ; c'est l'habitude de la liberté qui fait les caractères énergiques, hardis, entreprenants; mais prudents aussi et prévoyants, parce qu'ils se sentent responsables ; c'est elle qui les porte à s'instruire de leurs intérêts, de leurs droits et de leurs devoirs, parce qu'ils savent qu'ils n'ont à compter que sur eux-mêmes et qu'ils sont les arbitres de leur propre destinée. En un mot, c'est la liberté qui fait des citoyens et des hommes. Mais encore faut-il que l'activité humaine ait un champ où elle puisse se développer ; il faut qu'elle se sente stimulée par la possibilité de satisfaire une ambition légitime et qu'elle puisse trouver dans l'estime de ses concitoyens la consécration de son propre mérite et la récompense des services rendus. Il faut, en un mot, que, tout en professant un dévouement absolu pour la grande patrie, l'individu ne soit pas perdu, pour ainsi dire, dans son vaste sein. Plus les centres d'activité sont nombreux et mieux l'esprit humain se manifeste dans ses facultés les plus diverses. L'histoire est là pour le prouver. Chacune des petites républiques de la Grèce ou de l'Italie a été un foyer de lumière et a produit une foule d'hommes illustres, dont la plupart seraient morts inconnus d'eux-mêmes dans nos grands États centralisés. On l'a dit avec justesse; il y a peu de place sur les sommets. Pour arriver à servir la grande patrie, il faut un mérite éminent, favorisé par des circonstances exceptionnelles ; et rarement encore triomphe-t-il de l'intrigue, qui reste, hélas! le plus sûr moyen de parvenir. La patrie locale, si je puis ainsi parler, offrirait, au vrai mérite, le champ qui lui manque. Par une vie honnête et digne, passée tout entière sous les yeux de ses concitoyens, juges de ses talents et de ses aptitudes, le citoyen éminent se verrait porté, grâce au libre choix de l'élite[1] même de ses compatriotes, à la direction, au gouvernement des affaires de cette petite patrie, d'autant plus chère à son cœur qu'elle lui tient de plus près. Croit-on qu'un pareil homme n'apporterait pas dans son administration plus de compétence, d'abord, plus de zèle et plus de modération, que ces préfets venant on ne sait d'où, ne connaissant rien du pays qu'ils ont à gouverner, administrateurs vagabonds, vrais oiseaux de passage, propres tout au plus à faire des agents de corruption électorale, despotes au petit pied, qui

1. L'Assemblée nommant le chef du Pouvoir exécutif.

transforment nos départements français en véritables pachalicks, perturbateurs de la paix publique, qui n'ont qu'une idée : se recommander au pouvoir, dont ils sont les esclaves, en soulevant partout des conflits par des mesures vexatoires où le ridicule le dispute à l'odieux? Nous n'hésitons pas à le dire, car pour nous c'est une vérité aussi évidente que la lumière du soleil : supprimez les préfets, les sous-préfets, en un mot tous les *agents politiques* du pouvoir central, et vous supprimerez en même temps tous les conflits qui troublent le pays et qui l'irritent. Rendez aux départements, aux communes, aux différents groupes sociaux, leur juste et naturelle autonomie et vous aurez rendu au pays la paix et l'activité libre qui engendre la prospérité et le progrès. *Voilà la vraie constitution démocratique : elle est là, et non pas ailleurs.*

— Après avoir exposé les principes sur lesquels, selon nous, doit reposer l'administration des différents groupes d'intérêts qui composent la nation, nous pourrions peut-être nous en tenir là; car d'éminents esprits, et, si nous ne nous trompons, Mirabeau lui-même, ont été d'avis, qu'après avoir déterminé les attributions des différents groupes sociaux, ce qu'il y avait de mieux à faire, c'était de les laisser s'administrer comme ils l'entendraient; en un mot, se donner la constitution qui leur conviendrait le mieux. Nous pensons cependant qu'il y a dans l'esprit humain un besoin supérieur d'ordre et de symétrie qui ne saurait être satisfait que par une certaine uniformité d'organisation entre les parties similaires qui composent un même tout. Nous nous faisons difficilement à l'idée de voir les départements et les communes ayant chacun sa constitution particulière et différente des autres. Cet état de choses, peut-être à tort, nous apparaîtrait comme une espèce de chaos. Du reste, en fait, partout où leur autonomie existe, même à un degré beaucoup plus large que nous ne l'admettons chez nous, ne voyons-nous pas les divers groupes sociaux modeler leur constitution particulière sur la constitution générale et arriver ainsi d'eux-mêmes à cette uniformité qui nous paraît être dans la nature? C'est ce qui se passe, par exemple aux États-Unis, où les États particuliers se modèlent sur l'Union et les communes sur les États.

— C'est pour cela que nous avons tant insisté sur le type de constitution que nous avons proposé, type identique pour les différents groupes sociaux, à savoir: Une assemblée élue par le suffrage universel direct, un pouvoir exécutif élu par l'assemblée dans son propre sein et confié à une seule personne. Cependant ce ne sont là que les lignes principales de l'édifice; il reste à le compléter dans ses détails et c'est ce que nous ferons tout à l'heure. Mais il nous faut d'abord traiter une question importante, de la solution de laquelle dépend ce qu'il y a de capital dans notre projet de constitution.

— Les assemblées, et nous avons ici particulièrement en vue l'Assemblée nationale [1], les assemblées doivent-elles être perpétuelles, c'est-à-dire, une fois élues, se renouveler seulement par fractions déterminées, sans jamais cesser d'être dans leur ensemble?

1. Le principe posé, nous dirons comment il se modifie dans son application aux autres groupes sociaux.

Ou bien, doivent-elles disparaître brusquement, à un jour donné, cédant ainsi la place à des assemblées toutes nouvelles ?

Il ne faut pas nous le dissimuler, ce qui inquiète et effraye un grand nombre d'esprits qui ne seraient point, au fond, hostiles à la forme républicaine, c'est ce qu'ils appellent l'instabilité du pouvoir dans une démocratie. Ils se sentent, pour ainsi dire, suspendus dans l'inconnu, à la discrétion d'un caprice du peuple, qui peut en un jour détruire l'œuvre d'une longue sagesse, ou se forger à lui-même pour des années des chaînes dont ses stériles regrets ne le débarrasseront pas. *Cela s'est vu.* C'est pourquoi les esprits timides s'attachent avec tant d'ardeur à l'hérédité ; c'est pourquoi, même en dehors de l'hérédité monarchique, ils s'ingénient à créer ces équilibres, ces pondérations de pouvoirs, ces chambres hautes et basses, de résistance ou de progrès, représentant l'imagination ou la raison du pays, etc. etc.. Chimères, assurément ! Mais ces chimères ne sont pas sans avoir leur raison d'exister.

Toute société, en effet, est un être évolutif. Il s'ensuit, par conséquent, d'un côté, qu'elle ne saurait rester immobile et immuable ; de l'autre, qu'elle est soumise à la loi de continuité qui est la loi même de la vie. Le progrès, c'est-à-dire la marche en avant, lui est nécessaire ; mais chaque progrès a sa source et son point de départ dans des progrès antécédents ; c'est la molécule qui vient s'ajouter d'elle-même insensiblement à l'arbre dans sa croissance naturelle. Il serait aussi insensé de vouloir accroître prématurément sa taille en lui superposant des éléments artificiels que de prétendre l'arrêter dans son développement sans l'affaiblir, le briser ou le détruire. Il ne faut point faire violence à la nature, il ne faut que l'aider par une culture intelligente qui consiste surtout à lui fournir tout ce qui favorise son action et à écarter tout ce qui la gêne. C'est ainsi qu'on parvient à cueillir des fruits en leur saison.

Malheureusement l'esprit humain ne procède pas avec cette sagesse. Fondées, comme nous l'avons vu, sur le privilége, résultat ordinaire de la conquête ou de l'abus de la force spirituelle, les sociétés se divisent en deux classes d'hommes. Les uns satisfaits d'un état de choses dont ils profitent, parce qu'il est tout à leur avantage, ne songent qu'à le conserver et considèrent comme le pire des crimes et le plus grand des périls, tout ce qui tend à le modifier ; ce sont les conservateurs, autour desquels se rangent tous ceux qui, sans partager leurs priviléges, subissent leur influence : le nombre de ces derniers est en raison de l'ignorance populaire. Les autres, mus par cette force naturelle qui pousse l'homme à se créer un idéal de justice, impatients de le réaliser, irrités d'ailleurs par les obstacles que leur impose l'aveugle résistance des conservateurs, en viennent, tôt ou tard à n'espérer le triomphe de leurs théories que de la destruction de l'ordre existant et ne cherchent le progrès que dans les révolutions. Mais les révolutions, alors même qu'elles procurent de grands biens, ne vont pas sans être accompagnées de grands maux ; elles terrifient les âmes faibles et entretiennent les conservateurs dans leur esprit de résistance qui devient alors un esprit de réaction. C'est ainsi qu'une révolution violente retarde quelquefois, au lieu de le hâter, le progrès qui se serait paisiblement effectué par une évolution naturelle de l'organisme social.

Le problème à résoudre est donc de trouver une forme de gouvernement telle qu'elle donne une égale satisfaction à l'esprit de conservation et à l'esprit de progrès dans ce qu'ils ont de légitime; qui rassure la timidité des uns par le respect de la loi de continuité, en les garantissant contre tout changement brusque dans la direction des affaires; qui contienne l'impatience des autres, en leur fournissant les moyens d'arriver sûrement et promptement à toute réforme utile. Cette forme, nous pensons l'avoir trouvée dans *la perpétuité des assemblées.*

C'est Bossuet, je crois, qui, frappé d'admiration à la vue de la grandeur romaine et recherchant la cause du prodigieux développement de cette puissance, sortie d'une bourgade de bergers à demi brigands pour embrasser le monde méditerranéen, n'en trouve pas d'autre que la permanence du sénat et cet esprit de suite qui ne peut résider que dans une asssemblée, non pas immuable, mais perpétuelle. Qui que ce soit qui ait eu cette vue, il nous paraît avoir bien vu. Pour les nations, en effet, comme pour les individus, c'est par l'esprit de suite seul que se font les grandes choses. La mobilité dans les desseins est une cause inévitable d'insuccès et de ruine.

Cet esprit de suite que nous trouvons presque toujours dans les corps aristocratiques ou religieux, et qui fait leur grandeur et leur force, est-il possible de l'incarner, pour ainsi dire, dans un gouvernement démocratique? Sans aucun doute, et le moyen que nous proposons nous paraît seul capable de produire ce résultat. Il n'est pas indifférent, en effet que les mêmes hommes fassent partie d'une assemblée perpétuelle ou de plusieurs assemblées temporaires successives. Outre les bouleversements profonds que, par des élections générales, la légèreté, l'imprévoyance ou le caprice populaire, peuvent apporter dans la politique du pays et qui nous ont causé tant d'inutiles regrets, une assemblée nouvelle n'étant jamais absolument composée des mêmes éléments que l'assemblée précédente, avant que ces éléments se soient agrégés les uns aux autres suivant leurs affinités respectives, que les opinions se soient classées, qu'une majorité se soit formée, que de luttes stériles! que de temps perdu pour les affaires, quel discrédit pour les institutions représentatives, quelle insécurité pour le pays, quelle incertitude pour les nations étrangères, qui attendent pour nous accorder leur confiance qu'un esprit de gouvernement, ce que nous appelons un esprit de suite, se soit clairement manifesté! Or, à peine la chose est-elle faite qu'il faut recommencer de nouveau et tomber dans l'inconnu. Comment pourrait-il s'établir des traditions gouvernementales dans ces assemblées éphémères? Comment pourraient-elles poursuivre des desseins à longue échéance comme le sont toujours ceux qui peuvent influer sérieusement sur les intérêts ou la destinée d'un peuple? Leur politique ne peut-être qu'une politique au jour le jour, puisqu'elles ne disposent pas du temps sans lequel rien ne se fait. Encore peut-on dire que, tout éphémères qu'elles sont, leur durée est encore trop longue, car elles se retrempent trop rarement dans la nation pour être toujours l'expression exacte de sa pensée.

Supposons, au contraire, une assemblée permanente, élue pour six ans et renouvelable par tiers tous les deux ans, nous aurons, sous une forme démocratique parfaitement adaptée aux conditions nécessaires des sociétés modernes, ce que Bossuet admirait avec tant de raison dans le sénat romain : une assemblée perpétuelle émanant de la nation et se retrempant sans cesse dans son sein, faisant corps avec elle, toujours la même et, comme elle, se renouvelant insensiblement par l'élimination des éléments vieillis ou usés et l'absorption d'éléments jeunes et sains. Dans une pareille assemblée, assurée de la perpétuité de son corps, quoique toujours et fréquemment renouvelée dans ses membres, se formerait nécessairement comme un dépôt de traditions utiles que les générations se transmettraient de l'une à l'autre pacifiquement, avec la science politique, laquelle n'est pas aussi spontanée que bien des gens se l'imaginent; la suite dans les desseins, qui manque tant à nos assemblées, qui leur est même impossible, y deviendrait chose naturelle. Les partis y seraient nettement classés; la nation viendrait tous les deux ans faire pencher entre eux la balance, et les nouveaux élus n'auraient qu'à se ranger sous un drapeau connu, pour y combattre leur combat.

La nation se sentant gouvernée, n'ayant plus à redouter l'inconnu, toujours effrayant, qui résulte de cette solution de continuité dans sa vie politique qu'on appelle des élections générales, vaquerait à ses affaires l'esprit libre et le cœur joyeux. Les vrais conservateurs auraient autant de raison d'être satisfaits que les progressistes, et les progressistes autant que les conservateurs; car une telle assemblée en qui réside (ne l'oublions pas), la souveraineté déléguée, réunirait en elle les deux lois fondamentales de tout corps évolutif: la continuité et le progrès. Elle serait conforme à la nature.

— Nous ne croyons pas nécessaire d'entrer dans de plus longs développements, persuadé qu'il suffit d'avoir exposé ces idées pour qu'elles s'imposent à tout esprit sérieux qui voudra bien les méditer. Pour nous, nous n'hésitons pas à le déclarer (avec la pleine conscience de notre faillibilité assurément), c'est l'idéal vers lequel doivent tendre les démocraties modernes *et la démocratie française en particulier*. Car, entre tous les avantages qui découlent d'une assemblée ainsi constituée, il en est un qui nous intéresse plus directement; c'est que dans notre pays de tradition monarchique et de compétitions dynastiques, elle nous semble devoir mettre fin à toute menée factieuse, soit par la suppression de l'inconnue résultant d'élections générales périodiques, qui peuvent toujours remettre tout en question; soit par l'affirmation de sa suprématie sur le pouvoir exécutif; soit par l'organisation du pouvoir exécutif lui-même.

— Cette organisation du pouvoir exécutif, considérée, dans la plupart des constitutions, comme si difficile, parce que, contrairement au principe démocratique, elle en est la partie principale (et presque la constitution tout entière), devient, dans notre projet, singulièrement facile, parce qu'elle n'en est plus qu'une partie, importante sans doute, mais secondaire. — C'est l'assemblée, avons-nous dit, qui est le véritable représentant du pays; c'est en elle que réside la souveraineté déléguée; c'est elle qui étudie, qui délibère, qui décide, qui légifère; c'est elle qui devrait exécuter, qui devrait agir, s'il n'était contraire à la nature des choses que l'action, que l'exécution appartînt à une assemblée. Nous adoptons, pour notre part, en le comprenant dans son sens raisonnable, cet adage: qu'agir est le fait d'un seul. Non pas, assurément, que, dans une administration aussi vaste et aussi complexe que celle d'un grand pays, l'action puisse être directement exercée par une seule personne, mais en ce sens que, quel que soit le nombre des collaborateurs, elle doit tourner, pour ainsi dire, autour d'un seul pivot, maîtresse pièce dans la machine, qui demeure et dure alors que les rouages secondaires changent et passent, quand ils sont insuffisants ou usés.

Mais à qui appartient-il de choisir le pouvoir exécutif? — Il nous semble évident que ce choix appartient naturellement à l'assemblée, parce qu'elle est la souveraineté déléguée; qu'en droit, elle possède tous les pouvoirs, aussi bien le pouvoir exécutif que le pouvoir législatif; mais qu'en fait, la nature des choses l'oblige à déléguer le pouvoir exécutif à un agent spécial qui l'exerce en son nom, sous son contrôle, et qui soit, vis-à-vis d'eux, ce qu'elle est elle-même vis-à-vis de la nation, dans le rapport de mandataire à mandant.— Et où choisira-t-elle cet agent?

— Évidemment aussi dans son propre sein. Pourquoi le choisirait-elle ailleurs, puisqu'elle se compose de toutes les notabilités politiques que la nation a jugées dignes de présider à ses destinées, et que le chercher ailleurs, ce serait nécessairement s'adresser à quelqu'un que la nation elle-même n'aurait pas favorisé de son choix?

C'est donc à l'assemblée qu'appartient naturellement le choix de l'Exécutif, son agent subordonné; — c'est dans son propre sein qu'elle doit le choisir. Il résulte tout d'abord de ceci ce triple avantage: 1° que cet agent serait le représentant de la majorité, qu'il serait un de ses membres les plus influents, et que les conflits politiques entre le législatif et l'exécutif, n'auraient plus de raison d'être; 2° qu'il y aurait parfait accord entre les pouvoirs dans la direction des affaires; 3° que cette direction serait toujours conforme à l'opinion nationale. Car, dans ce système, tout s'enchaîne avec une rigueur logique, et, en même temps, une simplicité que nous ne pouvons nous empêcher de trouver admirable; non par un puéril sentiment d'amour-propre, mais parce que, comme nous l'avons déjà dit, nous croyons y voir un effet de sa conformité avec la nature même des choses.

Quoi de plus simple, en effet, que de déterminer la durée du pouvoir exécutif et ses attributions? Puisque la majorité de l'assemblée peut être déplacée tous les deux ans par le renouvellement du tiers de ses membres, il est d'une logique rigoureuse que la durée du pouvoir exécutif ne puisse pas excéder cette même période, sous peine de se trouver peut-être en présence d'une majorité hostile; ce qui est non-seulement contraire à une bonne administration, mais au principe même qui fait du pouvoir exécutif l'agent de la majorité. L'exécutif ne serait donc élu que pour deux ans; mais il pourrait être réélu deux fois de suite, ce qui ferait une période de six ans, durée égale à celle du mandat législatif[1]. Cette durée nous paraît suffisante; mais, selon nous, elle ne saurait être dépassée sans froisser l'esprit démocratique, hostile, non sans raison, aux trop longues magistratures[2]. Tout se passerait, comme on le voit, avec la plus grande simplicité, sans trouble, sans agitation, sans inquiétude, et, en somme, le pays interviendrait, d'une manière réelle et vraiment efficace dans le choix de l'exécutif, par l'élection biennale; car, faisant à son gré la majorité dans l'assemblée, il donnerait par cela même à telle opinion ou lui retirerait le pouvoir.

— Si maintenant nous passons à la détermination de ses attributions, on verra que rien n'est plus simple. Ces attributions, en effet, sont celles d'un agent général, d'un mandataire, chargé de présider à l'administration du pays, sous le contrôle de l'assemblée souveraine, faisant exécuter ses décrets, lui rendant ses comptes, la tenant sans cesse au courant de l'état de ses affaires, soit à l'intérieur, soit à l'extérieur, lui proposant au besoin les mesures jugées

1. Il ne faut pas, en donnant au Pouvoir exécutif une durée plus longue que celle du mandat législatif, lui attribuer un semblant de supériorité.

2. Le chef du pouvoir exécutif, comme nous le disions tout à l'heure, serait élu immédiatement après l'élection biennale du tiers de l'assemblée.

utiles ; mais n'engageant rien d'important sans l'avoir consultée et sans avoir reçu son approbation. — On voit qu'il ne s'agit plus ici de droit de paix ou de guerre et autres droits régaliens que l'exécutif a trop souvent exercés pour le malheur des peuples. C'est que la souveraineté s'est déplacée ; ce n'est plus dans l'exécutif qu'elle réside, mais dans le législatif, à titre de délégation, et dans la nation, à titre de droit naturel et imprescriptible.

— A l'exécutif, du reste, doit être laissé le choix de ses propres agents, soit médiats, soit surtout immédiats, à savoir : les ministres. C'est même là sa véritable fonction, et nous pensons, pour les raisons que nous avons données plus haut quand il s'est agi de le choisir lui-même, qu'il doit les prendre dans la majorité de l'assemblée. Cette condition a d'ailleurs à peine besoin d'être exprimée. Car lui, le représentant de la majorité de l'assemblée, où pourrait-il prendre ses ministres, sinon dans cette majorité? Ce n'est pas dans notre système que l'exécutif aurait l'insolence de choisir ses ministres hors de la majorité, et de les maintenir malgré elle.

Quand nous parlons de majorité, il est évident qu'il s'agit ici d'une majorité de gouvernement, et non pas de ces majorités accidentelles qui peuvent se former sur telle ou telle question législative, sans rien changer au fond à la force respective des partis. C'est même de cette distinction que nous prétendons tirer la différence de responsabilité de l'exécutif et de ses ministres. Élu à la suite de chaque élection biennale par la majorité politique, il n'y a guère d'apparence que cette majorité change dans une courte période de deux années, et que l'élu de l'ancienne majorité se trouve jamais en présence d'une majorité nouvelle. Aussi, pensons-nous qu'il est inutile de lui imposer une autre responsabilité que celle qui résulte de la réélection biennale. Un président qui se trouverait dans de telles conditions tomberait bientôt de lui-même, à moins que ce ne fût la majorité nouvelle, et tout rentrerait dans l'ordre accoutumé. En attendant, sa conduite serait clairement tracée; il n'aurait qu'à gouverner conformément aux vues de la majorité, quelle qu'elle fût. Le chef du pouvoir exécutif serait donc irresponsable, c'est-à-dire *inamovible*, pour toute la durée de son mandat[1]. Mais, comme il a le choix de ses ministres, et, comme sur bien des questions particulières, ils peuvent n'être point d'accord avec la majorité, il est naturel qu'ils soient responsables, c'est-à-dire amovibles, soit collectivement, soit individuellement. Il serait, en effet, aussi contraire au bon sens qu'à l'intérêt public d'imposer ou de confier à un ministre l'exécution de mesures qui répugneraient à sa conscience ou à sa raison, surtout quand il est si facile de lui donner un successeur. Frappé par un vote de la majorité, qu'il se retire, si la chose en vaut la peine, et qu'il soit remplacé par un autre ministre, tiré de la majorité, mais plus d'accord avec elle.

Il peut encore arriver, — quoique dans notre système un pareil événement soit tellement improbable

1. Nous ne nous occupons ici que de la responsabilité politique. Il va de soi que le crime de haute trahison ou de lèse-patrie entraînerait une responsabilité d'un autre ordre, une responsabilité criminelle. C'est affaire à la justice pénale.

qu'il peut être, à bon droit, considéré comme impossible, — il peut arriver, disons-nous, que le ministère tout entier se trouve en opposition avec la majorité de l'assemblée. Il suffit alors d'un vote de l'assemblée pour trancher le différend. C'est une invitation à l'exécutif, invitation à laquelle il ne peut se soustraire, de changer de ministres, et au besoin de politique. Il n'y a là rien d'humiliant pour lui; mandataire, il obéit fidèlement aux ordres de son mandant. Il est le bras d'un corps dont l'assemblée est la tête; et il serait vraiment étrange, lorsque la tête commande, que le bras se trouvât humilié d'obéir. N'agissant lui-même véritablement que par le choix qu'il fait de ses agents immédiats, il n'est pas admissible qu'il puisse en prendre ou en garder qui soient contraires aux vues de la majorité, dont il n'est que l'agent subordonné. Certes, il n'est pas d'âme un peu bien située qui ne soit prête à souscrire à ces conditions; ce n'est pas acheter trop cher l'honneur de servir un grand peuple dans la plus haute de ses magistratures, de le résumer, pour ainsi dire, et de le représenter dans sa personne, d'inscrire dans ses annales un nom qui, si modeste qu'il soit, est désormais assuré de sa propre immortalité.

— Si le pouvoir exécutif, en droit, a le choix de tous ses agents, en fait, tous les agents médiats de quelque importance sont nommés par les ministres, chacun dans son département.— Certes, le choix des agents administratifs est chose sérieuse; on ne saurait y procéder avec trop de scrupule. Si le gouvernement ordonne, ce sont ses agents qui exécutent, à tous les degrés de l'échelle administrative, et on peut dire que l'administration du pays sera faite à leur image. Nous examinerons tout à l'heure s'il n'y aurait pas intérêt à en soumettre le choix à des règles fixes et à des conditions déterminées[1]. Mais, en admettant même, chez les ministres, le droit de choisir à peu près discrétionnairement leurs fonctionnaires, comme ils le font aujourd'hui, où du moins de leur ouvrir arbitrairement les portes des carrières administratives, il est facile de voir que, dans notre système, les inconvénients de ce droit discrétionnaire sont à peu près nuls. En effet, ce qui vicie les choix, ce qui les corrompt dans les constitutions existantes, c'est l'introduction de la politique dans l'administration, au point de vue de l'influence électorale. Quand on choisit un fonctionnaire, c'est moins en raison de sa capacité spéciale que de son dévouement sans bornes au pouvoir qui le nomme, et les services qu'on attend de lui sont moins des services administratifs que des services politiques. Il en sera ainsi, qu'il s'agisse de république ou de monarchie, aussi longtemps que notre système constitutionnel ne sera point changé; aussi longtemps qu'un parti pourra ne se servir du pouvoir que pour le garder; aussi longtemps que le pouvoir exécutif dominera le pouvoir législatif et aura les moyens d'assurer cette domination. Ces moyens, notre système les lui refuse. En rendant au département et à la commune leur autonomie administrative, la nomination de leurs agents exécutifs, il supprime les fonctionnaires politiques.

1. Voir, plus bas, chapitre du pouvoir judiciaire et chapitre de l'Égalité.

Plus de préfets, plus de maires nommés par le gouvernement; dès lors, plus de pression électorale possible, élimination de la politique à tous les degrés de l'échelle administrative, capacité spéciale seule requise chez les fonctionnaires; tout cela se tient, s'enchaîne avec une logique irrésistible. Cependant, comme il faut toujours compter avec l'imperfection humaine, en supposant que le pouvoir s'écarte en ce point de la voie droite, le pays est là qui l'y ramène au moyen des élections biennales avec une autorité souveraine. Car, on ne saurait trop le remarquer, dans notre système, sans trouble, sans secousse, sans agitation stérile, le pays a toujours et sans cesse la main sur les pouvoirs, aussi bien sur le législatif que sur l'exécutif; *il est réellement en possession de sa souveraineté.*

— L'organisation du département et de la commune se déduit si clairement de tout ce que nous avons dit jusqu'ici, qu'il serait à peine utile d'en parler, si la nature même des choses n'établissait, entre les divers groupes sociaux, quelques différences nécessaires. Ce sont ces différences naturelles qui imposent, dans leur organisation, les modifications que nous allons signaler. Nous parlerons d'abord du département; nous descendrons ensuite à la commune.

Nous avons déjà déclaré, et nous avons donné nos raisons, qu'il avait un droit incontestable à s'administrer lui-même, au moyen d'une assemblée élue choisissant dans son propre sein son pouvoir exécutif. Jusqu'ici, il y a complète identité entre le gouvernement départemental et le gouvernement national.

Qu'on nous permette d'ajouter, en passant, qu'il en est de même pour la commune. Mais nous croyons devoir apporter à notre règle, dans l'organisation de l'assemblée départementale deux modifications qui tiennent, l'une à la nature des intérêts représentés, l'autre au nombre nécessairement plus restreint de ses membres. — Nous attachant d'abord à cette dernière, nous pensons que, tout en maintenant la perpétuité de cette assemblée, il n'est plus possible de la renouveler par tiers, mais seulement par moitié, tous les deux ans, et que, dès lors, le mandat de député à l'Assemblée départementale devrait être limité à quatre ans. Nous ne pensons pas qu'il vaille la peine d'élever à ce sujet la moindre contestation. — L'autre modification, dont il nous reste à parler, est plus profonde en principe, sinon en fait. En parlant du mode d'élection à l'assemblée nationale, nous nous sommes prononcés pour le scrutin de liste, après avoir établi qu'en théorie ce scrutin devrait porter sur la France entière, formant un seul collége électoral. Il s'agit, en effet, de représenter non des intérêts locaux qui sont tous représentés, à des degrés divers, par des assemblées particulières, mais des intérêts généraux, lesquels sont nécessairement les mêmes pour le pays tout entier. Cependant l'impossibilité matérielle de procéder ainsi nous a conduits dans la pratique au scrutin de liste par département, ce qui fait que chaque partie du territoire est directement représentée dans l'Assemblée nationale. . .

La différence de nature des intérêts représentés nous détermine donc à admettre un mode différent d'élection, et à adopter, pour l'élection à l'assemblée départementale, au lieu du scrutin de liste, le scrutin uninominal par canton. En effet, si, lorsqu'il s'agit d'intérêts politiques ou d'ordre général, ces intérêts sont aussi bien compris par un député de Dunkerque que par un député de Perpignan, il n'en est plus ainsi quand il s'agit d'administration locale ; il faut que ces intérêts ou ces besoins soient à la connaissance particulière de celui qui est chargé de les représenter.

Quant à l'exécutif, il serait élu pour deux ans et pourrait être réélu, mais la durée de son mandat ne devrait pas excéder celle du mandat législatif [1].

Si maintenant nous passons à la commune, nous nous apercevrons tout d'abord, qu'il est peut-être nécessaire de faire une distinction entre les communes rurales et les communes urbaines, ou plutôt entre les petites communes et les grandes. Il est évident, en effet, que dans les petites communes qui sont de beaucoup les plus nombreuses, c'est par le

1. Nous raisonnons ici dans la rigueur des principes, qui, selon nous, n'exigent pas moins. Mais nous n'ignorons pas que les esprits timides ou prévenus, qui forment chez nous la grande majorité, vont s'effrayer de notre radicalisme. Or, comme nous ne sommes point intransigeants, comme nous sommes, nous aussi, pour la politique des résultats, quand elle ne compromet pas l'avenir, pour parer à des embarras éphémères, nous concéderions peut-être, transitoirement, à l'État la faculté de choisir les préfets dans les conseils généraux, comme il choisit aujourd'hui les maires dans les conseils municipaux. Il n'est pas plus difficile de trouver un préfet dans le conseil général qu'un maire dans le conseil municipal du chef-lieu ; car l'administration d'un chef-lieu de préfecture n'est, assurément, ni moins compliquée ni moins difficile que celle du département lui-même. Nous suivra-t-on jusque-là ? Nous n'osons guère l'espérer. Encore ne sommes-nous pas bien sûrs que nous n'aurions pas bientôt à regretter notre concession.

scrutin de liste que doit être nommée l'assemblée communale, parce que, à raison de leur peu d'étendue, il n'est pas nécessaire d'y créer différentes circonscriptions, chaque député ou conseiller pouvant également embrasser l'ensemble des intérêts communaux. Mais il y a peut-être lieu de faire une exception pour les grandes communes, celles, par exemple, qui dépassent cinquante mille âmes. Nous pensons qu'il y aurait utilité à les diviser en circonscriptions élisant chacune un ou plusieurs députés ou conseillers, par scrutin uninominal ou par scrutin de liste. Ce n'est qu'une question de bon sens et de pratique; le nombre de ces exceptions étant insignifiant par rapport à la grande masse des communes qui suivent la règle générale.

Le mandat de l'assemblée communale devrait durer deux ans; cette durée nous paraît suffisante; elle n'est que d'un an en Amérique. L'assemblée devrait être soumise dans son entier à la réélection. On comprend, en effet, qu'il ne peut s'agir ici d'une assemblée perpétuelle. La perpétuité étant vraiment représentée par la commune elle-même qui connaît ses affaires parce qu'elles sont simples, qu'elles sont sous sa main, qu'elle ne peut les perdre de vue un seul instant, que ses mandataires vivent au milieu d'elle en communication continuelle avec leurs mandants, et que, dans la plupart des cas, elle pourrait, à la rigueur, se passer de conseil communal et se gouverner directement elle-même par des assemblées générales composées de tous les électeurs. C'est à peu près ce qui existe aux États-Unis [1].

1. Aux États-Unis, il n'y a point, à proprement parler, de conseil

Faut-il faire une exception pour les assemblées de quelques grandes communes, soit relativement à la durée du mandat, soit relativement au mode de recrutement intégral ou partiel? Nous n'en voyons pas la nécessité; mais nous n'y voyons pas non plus d'inconvénient. C'est une question de bon sens pratique que l'expérience peut résoudre diversement sans que les principes en soient atteints.

Dans tous les cas, cette Assemblée nommerait son pouvoir exécutif, c'est-à-dire son maire et ses adjoints. Conformément aux principes que nous avons établis, et pour les raisons que nous avons données, ils ne seraient élus que pour deux ans, mais nous ne voyons aucun inconvénient à ce qu'ils soient indéfiniment rééligibles. Soumis à une surveillance directe de la part de leurs électeurs auxquels ils ne peuvent se recommander que par leurs services et dont ils dépendent par les élections biennales du conseil municipal, nous ne pouvons voir ni un danger, ni une dérogation à l'esprit démocratique dans cette faculté indéfinie de réélection des magistrats municipaux. Une considération pratique nous l'imposerait presque; c'est que dans beaucoup de communes il serait difficile de trouver, du moins actuellement, plusieurs personnes qui, pour des raisons diverses, fussent aptes à être investies de ces fonctions.

communal. C'est le corps électoral qui est le véritable conseil municipal. C'est lui qui, dans les cas prévus par les lois, délibère sous la présidence des select-men, qui le convoquent, car il est souverain dans la commune, comme dans l'État, comme dans la Confédération. Les select-men, comme les autres magistrats municipaux sont élus pour un an.

— Résumant en peu de mots les idées que nous avons développées dans ce long chapitre, et nous en tenant aux questions de principe, nous répétons que le premier article de toute constitution démocratique, doit commencer par reconnaître et consacrer la liberté individuelle sous toutes ses formes et dans tous ses modes d'expansion. L'association politique, en effet, n'a pas d'autre but que la conservation des droits naturels et imprescriptibles de l'homme, lesquels dérivent tous de la liberté et de l'égalité. Mais cette reconnaissance ne doit pas être platonique, et le pouvoir législatif « ne peut faire aucunes lois qui portent atteinte et mettent obstacle à l'exercice de ces droits. » C'est pourquoi nous avons essayé, dans les chapitres précédents, de tracer, qu'on nous permette cette expression, la frontière respective de l'État et de l'individu. Pour que cette frontière soit respectée, il faut admettre, avant tout, comme incontestable, contrairement au principe antique de l'État antérieur et supérieur à l'individu, le principe moderne de l'individu antérieur et supérieur à l'État, qui n'existe que par lui et pour lui. Il n'est guère à craindre, en effet, que l'individu empiète sur les droits de l'État; mais il est, au contraire, infiniment à redouter que l'État, ou plutôt les partis qui gouvernent en son nom, n'usurpent sur les droits de l'individu; c'est la méconnaissance de ce principe qui est la source de toutes les oppressions.

Ce principe, il faut donc le respecter partout également dans les individus isolés, dans les associations facultatives qu'ils peuvent former en vue d'un intérêt privé, dans les sociétés naturelles et politiques, État, département, commune, etc., car partout nous nous trouvons également en présence d'individus libres et égaux, gérant leurs intérêts communs à des degrés divers de généralité, mais avec un droit égal, avec la même souveraineté, sans autre restriction que l'obligation de respecter les droits d'autrui et de répondre, soit individuellement, soit collectivement, de toute violation de ces droits devant la justice compétente.

Quant au mode d'administration de ces intérêts collectifs, de ce qu'on appelle gouvernement, il faut le chercher, non dans des mécanismes compliqués et dans des traditions surannées, mais dans l'observation rationnelle de la nature des choses. Or, quels sont les faits que nous fournit l'observation? — D'un côté des hommes libres et égaux, de l'autre des groupes ou collectivités trop nombreuses pour pouvoir concourir directement à l'administration de leurs intérêts : impossibilite, par conséquent, du gouvernement direct, nécessité du gouvernement représentatif. — Comment se compose la représentation chargée d'administrer les affaires communes d'un groupe social au nom des membres de ce groupe? — Elle se compose de délégués ou députés de ce groupe. — Mais tous les membres du groupe doivent-ils concourir à l'élection de ces délégués? — Évidemment, puisqu'ils sont tous libres et égaux : suffrage universel. — Nous n'avons pas à répéter ici ce que nous avons dit du suffrage direct, du scrutin de liste, du mandat impératif, etc. Le lecteur ne l'a sans doute pas encore oublié. Mais doit-il y avoir plusieurs assemblées, Chambres ou conseils, comme on voudra les appeler, pour représenter chaque groupe social? — Pourquoi? Il ne doit y avoir de représentations spéciales que là où il y a des classes spéciales ou des intérêts spéciaux. Dans notre démocratie où il n'y a ni priviléges, ni privilégiés, mais des personnes égales et des intérêts égaux, il ne saurait y avoir de place que pour une assemblée unique. — Et quelle est l'étendue de ses pouvoirs? — Dépositaire de la souveraineté déléguée, ses pouvoirs ont la même étendue que les intérêts qu'elle a pour mission de gérer. C'est elle qui étudie, qui arrête, qui décrète toutes les mesures nécessaires à leur bonne administration. — A-t-elle aussi le droit d'agir et d'exécuter? — Théoriquement, oui. Mais en fait, et c'est là ce qui motive la division des pouvoirs, la nature des choses s'oppose à ce qu'elle puisse exécuter elle-même. De là, nécessité pour elle de déléguer ce droit et cette charge. D'où il résulte que c'est à elle qu'il appartient d'organiser et d'élire le pouvoir exécutif, lequel se trouve, par conséquent, subordonné à l'assemblée comme son agent et son mandataire. — Où l'assemblée doit-elle prendre cet agent? — Dans son propre sein; puisque c'est là que se trouvent réunis tous ceux que chaque groupe a jugés les plus capables et les plus dignes de présider à l'administration de ses affaires; et dans la majorité, puisque c'est la majorité qui élit, et qu'il est naturel qu'elle élise un de ses membres. Nous n'avons pas besoin de rappeler les avantages d'un tel mode d'élection du pouvoir exécutif. — Mais quelle est l'étendue de ses attributions? — Celle d'un agent général, d'un mandataire qui veille de haut sur l'administration des affaires sans y prendre part directement lui-même ; qui concentre, pour ainsi dire, cette administration et la représente devant le monde, devant le pays et devant l'Assemblée dont il exécute fidèlement les décrets, qu'il tient toujours au courant de tout, à laquelle il suggère les mesures utiles, mais sans pouvoir engager une affaire importante avant d'avoir obtenu son approbation. N'administrant point lui-même directement, quoique son influence se fasse toujours plus ou moins heureusement sentir, il est irresponsable, c'est-à-dire *inamovible* pendant la période fixée par la durée de ses pouvoirs ; gouvernant par ses agents immédiats qu'il choisit dans la majorité de l'assemblée, et qui ne peuvent gouverner contrairement aux vues de ladite assemblée, il est tenu de les changer toutes les fois qu'elle en manifeste le désir par un vote de défiance. C'est là ce qu'on nomme la responsabilité ministérielle. — Et quelle doit être la durée du mandat de l'exécutif? — Nous pensons que, dans sa totalité, elle ne doit jamais excéder la durée du mandat législatif ; mais pour répondre à cette question d'une manière plus explicite, il est nécessaire de connaître la constitution même des assemblées. Nous pensons que l'assemblée nationale doit être perpétuelle, c'est-à-dire composée de membres temporairement élus et renouvelée par tiers tous les deux ans, ce qui porte à six ans la durée du mandat législatif. La durée de l'exécutif serait dès lors de deux ans ; mais il pourrait être réélu deux fois, de manière à ce que la durée de son mandat pût égaler celle du mandat législatif, sans jamais la dépasser.

Nous ne croyons pas nécessaire de pousser plus loin cette analyse et d'exposer en détail les modifications nécessaires que subit notre principe en s'appliquant au département et à la commune. Il nous semble préférable, pour leur donner plus de clarté, de formuler nos idées en articles de constitution.

Article premier.

La liberté est, pour tout être animé, le droit de vivre et de se développer conformément à son essence; elle n'a de limite qu'une liberté égale chez les êtres de même espèce.

La liberté et l'égalité sont la source de tous les droits sociaux.

L'exacte délimitation des droits constitue la justice sociale; leur respect constitue la justice morale.

Tous les hommes naissent libres et égaux en droits. Ils sont libres dans l'exercice de leurs droits et de leurs facultés quelconques dans toutes leurs directions.

Ils sont libres dans leur corps, libres dans leur conscience, libres dans leur volonté, libres dans toutes les manifestations possibles de leur activité[1]. Ils sont libres individuellement et collectivement; ils sont libres dans chaque groupe social; ils sont libres dans

1. Liberté individuelle, liberté religieuse, liberté de la parole, liberté de la presse, liberté du travail, liberté de réunion, liberté d'association, liberté communale, liberté départementale, liberté nationale.

la commune, libres dans le département, libres dans l'Etat.

Le but de toute association politique étant la conservation des droits naturels et imprescriptibles de l'homme, il ne peut être fait aucunes lois qui portent atteinte et mettent obstacle à l'exercice de ces droits.

La liberté de chacun n'ayant de limite que la liberté d'autrui, soit qu'il s'agisse d'individualités isolées ou collectives, soit qu'il s'agisse de la société tout entière, la loi ne peut défendre ou punir que les actes qui, attaquant les droits d'autrui ou la sûreté publique, seraient nuisibles à la société.

La justice civile est seule compétente pour prononcer sur la violation de la loi. Dans toute action intentée au nom de la sûreté publique, le jugement par jury est de rigueur.

En échange des avantages dont il jouit tout membre de la société doit obéir aux lois et se soumettre aux charges légalement établies conformément au principe d'égalité.

Article II.

La loi est l'expression de la volonté générale en qui réside la souveraineté naturelle et imprescriptible.

La volonté générale ne pouvant être exprimée directement, la loi est faite, à la majorité des voix, par ses représentants en qui réside la souveraineté déléguée.

Les représentants réunis forment une assemblée unique qui prend le nom d'assemblée nationale.

L'assemblée nationale domine toutes les magistratures publiques qui émanent d'elle, et préside souverainement à l'administration des intérêts généraux du pays.

Elle est perpétuelle, mais non permanente. Dans l'intervalle des sessions, elle est remplacée par une commission de surveillance. Elle est maîtresse absolue de son réglement intérieur, de la direction de ses travaux, de l'ouverture et de la clôture de ses sessions.

Elle ne peut être ni dissoute ni prorogée par le pouvoir exécutif.

Elle se compose de membres élus pour six ans; mais elle est renouvenable par tiers tous les deux ans.

Les représentants sont élus au scrutin de liste par département. En cas de vacance d'un siége, c'est au collége électoral qu'il appartient d'y pourvoir.

Sont éligibles tous les citoyens majeurs et capables[1]. sans condition de domicile.

Sont électeurs tous les citoyens capables et majeurs moyennant le minimum de domicile nécessaire pour assurer la sincérité du vote.

Les conditions d'électoral et d'éligibilité sont les mêmes pour tous les groupes.

ARTICLE III.

L'assemblée, ne pouvant exercer elle-même le pouvoir exécutif, le délègue à un de ses membres, élu à la simple majorité des voix, lequel prend le titre de président de la République.

Le président de la République est élu pour deux

1. Non frappés d'incapacité naturelle ou légale.

ans; son élection a lieu immédiatement après l'élection biennale du tiers renouvelable de l'assemblée.

Il peut être réélu deux fois, mais il ne peut rester en fonctions plus de six années consécutives, la durée totale de son mandat ne pouvant excéder celle du mandat législatif.

Le pouvoir exécutif est subordonné à l'assemblée dont il est l'agent et le mandataire général.

A ce titre, il préside sous la surveillance et le contrôle de l'assemblée, à l'administration générale du pays, exécute fidèlement ses décrets, la tient sans cesse au courant des affaires, lui suggère les mesures utiles, mais ne prend aucune décision importante sans avoir obtenu préalablement son approbation.

Il représente le pays dans son unité, soit à l'intérieur, soit à l'extérieur.

Il est personnellement irresponsable, c'est-à-dire inamovible, durant la période biennale de ses fonctions.

Il n'est responsable que dans la personne de ses ministres qu'il choisit dans la majorité de l'assemblée et qu'il ne peut maintenir devant un vote de défiance.

Les ministres nomment, chacun dans son département, leurs agents subordonnés conformément aux règles qui seront établies ci-après.

En cas de mort du président, de démission ou de déchéance prononcée à la majorité des trois quarts des voix, pour crime ou pour délit soit d'ordre public, soit d'ordre privé, l'assemblée nommera un de ses membres qui le remplacera jusqu'à l'expiration de la période biennale commencée, avec les mêmes titres, les mêmes charges et les mêmes prérogatives.

En cas de crime ou de délit, le président déchu sera renvoyé devant les tribunaux ordinaires compétents.

ARTICLE IV.

Tous les groupes sociaux naturels et politiques, quels qu'ils soient, départements, communes, arrondisssements (dans le cas où on jugerait utile de conserver cette dernière circonscription) jouissent de leur autonomie administrative.

Dans les limites de ses attributions naturelles, chacun de ces groupes est souverain comme l'Etat, et au même titre (d'une souveraineté qui émane de la souveraineté individuelle).

Chacun d'eux organise son gouvernement sur le modèle de celui de l'État, en y apportant toutefois les modifications imposées par la nature des choses.

Ils traitent entre eux comme entre personnes libres et égales; en cas de conflit, c'est la justice ordinaire qui prononce.

ARTICLE V.

Le gouvernement ou administration du département est confié à une assemblée élue par scrutin uninominal; la circonscription électorale est le canton.

L'assemblée départementale est perpétuelle, mais non permanente. Dans l'intervalle des sessions elle est remplacée par une commission de surveillance.

Ses membres sont élus pour quatre ans, ils sont renouvelés par moitié tous les deux ans.

L'assemblée départementale élit elle-même dans son propre sein son pouvoir exécutif dont les devoirs, les droits et la responsabilité sont analogues, toute proportion gardée, à ceux de l'exécutif dans le gouvernement de l'Etat.

Il prend le titre de préfet.

Il est élu pour deux ans. Il est rééligible, mais de manière que sa durée ne dépasse pas quatre années consécutives et n'excède pas celle du mandat législatif.

Il touche une indemnité proportionnée à l'importance de ses fonctions.

ARTICLE VI.

Le gouvernement de la commune est confié à une assemblée ou conseil élu par scrutin de liste; néanmoins, dans les communes de plus de cinquante mille âmes, il peut être établi des circonscriptions électorales ; on y emploiera le scrutin de liste ou le scrutin uninominal selon qu'il y sera procédé à l'élection d'un ou de plusieurs conseillers.

L'assemblée est élue pour deux ans ; elle est intégralement renouvelable.

Elle choisit elle-même dans son propre sein son pouvoir exécutif qui prend le nom de maire, et dont les attributions sont analogues à celles de l'exécutif dans le département et dans l'État.

Il est élu pour deux ans; mais il est indéfiniment rééligible.

ARTICLE VII.

La Constitution est révisable; mais il ne peut y être apporté aucune modification que par une Convention spécialement chargée de procéder à sa révision.

ARTICLE VIII.

La Constitution est la loi des lois; le législateur lui-même n'a pas le droit de la violer.

Toute personne intéressée peut déférer aux juges toute loi estimée contraire à la Constitution ; les juges doivent prononcer selon leur conscience, et leur décision doit être respectée. [1]

1. Voir l'article 9 à la fin du chapitre suivant.

CHAPITRE VII

De l'organisation judiciaire.

Il serait oiseux, selon nous, de rechercher s'il y a dans l'État, outre le législatif et l'exécutif, un troisième pouvoir qui s'appelle le pouvoir judiciaire. En somme il n'y a réellement qu'un seul pouvoir dont tous les autres ne sont que la manifestation : c'est la volonté générale, laquelle trouve son expression dans la loi. Dans un pays libre, c'est la loi qui règne, c'est elle qui tient la balance égale entre tous les droits et tous les intérêts ; elle est le véritable souverain devant qui chacun s'incline, depuis l'individu jusqu'à l'État. — Nous avons vu par qui elle est faite; nous savons qui doit veiller à son exécution ; mais pour qu'elle ne soit point une vaine formule ou un instrument de despotisme, il faut que l'interprétation et la garde en soient confiées à un corps indépendant et désintéressé dont les décisions s'imposent à tous comme des oracles. Il faut que ces interprètes eux-mêmes répondent de toute violation de la loi volontairement commise dans l'exercice de leurs fonctions, et qu'ils en soient punis avec une extrême rigueur, comme des prêtres sacriléges qui auraient profané les mystères.

Cette responsabilité rigoureuse, jointe au choix éclairé des personnes qui composent l'ordre judiciaire, suffisent, autant que possible, à garantir, dans la sphère des intérêts privés, une bonne et impartiale justice. N'ayant rien à craindre ni à espérer des parties, élevés qu'ils sont au-dessus de toute vénalité, les juges peuvent bien ne pas échapper à la faillibilité humaine, malgré les précautions prises pour la réduire à sa plus simple expression, mais il n'y a pas de raison pour qu'ils favorisent une partie au détriment de l'autre et se fassent les complices de criminelles spoliations.

Si donc la justice n'avait à prononcer qu'entre des intérêts privés, l'organisation de l'ordre judiciaire en France pourrait passer à juste titre pour satisfaisante; nous n'osons dire admirable, de telles expressions ne conviennent plus à notre fortune.

— Mais la justice n'a pas seulement à prononcer entre des intérêts privés; elle peut être saisie, au nom de l'intérêt public, par le gouvernement qui en a la garde. C'est là que son indépendance est vraiment nécessaire. Or, la justice ne peut être indépendante qu'à une condition: c'est de n'avoir rien à craindre ni à espérer du pouvoir. S'il en était autrement, cette égalité, que nous avons reconnue et proclamée entre toutes les souverainetés individuelles ou collectives, n'existerait plus. Dans tout procès intenté par lui, le pouvoir serait juge et partie; ce qui est la négation même de la justice.

Pour réaliser cette indépendance de la magistrature

est-il nécessaire de bouleverser profondément la constitution de l'ordre judiciaire dans notre pays? Nous ne le pensons pas. Selon nous de légères et faciles modifications suffiraient à corriger ce qu'il peut y avoir en lui de vicieux.

— Nous avons vu plus haut comment les divers gouvernements qui se sont succédé en France avaient tous, à peu près également, vicié l'administration en y introduisant la politique. Nous avons, en même temps, indiqué le sûr moyen de remédier à ce mal, en rendant aux divers groupes sociaux leur autonomie administrative, c'est-à-dire l'élection de leurs préfets et de leurs maires. En revenant ainsi aux vrais principes d'une administration rationelle, nous avons coupé court à toute pression électorale et contribué, par cela même, dans une certaine mesure, à l'amélioration du personnel administratif, en en faisant reposer désormais le choix, non sur le dévouement aveugle au pouvoir, mais sur la capacité spéciale.

Est-il possible d'arriver à un résultat analogue dans la réforme de la justice? — Sans aucun doute. — Et par quel moyen? — Par le même moyen: en rétablissant les vrais principes d'une justice rationelle.

Quand le gouvernement, au nom de l'ordre public, intente un procès, un procès de presse, par exemple (et c'est de cela surtout qu'il s'agit), si les juges dépendent de lui, à quelque titre que ce soit, par la crainte ou l'espérance, il n'y a plus de justice impartiale, il n'y a plus de justice. La logique exige, de deux choses l'une, or que le pouvoir demeure absolument étranger à la nomination du juge et à son avancement, sans influence aucune sur sa carrière, ou que, toutes les fois qu'il s'agira d'une action d'ordre public, le juge ordinaire cesse d'être juge du fait, qu'il ne soit plus que juge du droit; c'est-à-dire, qu'un magistrat chargé de diriger les débats et d'appliquer, à la culpabilité déclarée, la peine portée par la loi.

Mais qui sera le juge du fait? — Le jury, c'est-à-dire le pays lui-même. — Et ici nous sommes doublement dans les principes. En effet, toutes les fois qu'il s'élève un conflit [1] d'ordre public entre quelqu'un de ses membres et son gouvernement, qui donc a le droit de prononcer sinon la nation elle-même? — Quand le pouvoir est maître de la justice, il écrase la liberté, quand la liberté ne trouve pas devant elle de tribunal qui la contienne dans ses justes limites elle dégénère bientôt en licence.

Mais il n'est pas toujours facile de marquer la frontière incertaine qui sépare la licence de la liberté; c'est que cette frontière est flottante au flux de l'opinion, ondoyant avec l'état moral et intellectuel du milieu qui condamne sévèrement en un temps ce qu'il excuse dans un autre. La criminalité du même fait ne saurait donc être la même en toute circonstance, et la détermination n'en peut être abandonnée sans inconvénient à un juge immuable. Il faut un juge aussi mobile que l'opinion et qui subisse, au même degré que l'accusé, les influences

1. Nous employons le mot conflit dans son sens vulgaire de désaccord et de lutte.

du milieu. Ce juge, c'est le jury. Et cette considération en est la raison d'être vraiment philosophique, tant en matière politique qu'en matière criminelle. Je n'ai pas besoin d'ajouter, tant la chose va de soi, que le jury doit être constitué de telle manière, que le gouvernement ne puisse avoir aucune influence sur le choix des jurés. Car, s'il en était autrement, nous retomberions dans l'inconvénient qu'il s'agit d'éviter. En matière criminelle ou politique, le véritable juge, en effet, est le jury, et il ne saurait être un juste juge qu'autant qu'il est également indépendant des deux parties.

— Il n'entre pas dans notre plan de rechercher ici quel doit être le mode de formation du jury en matière politique. Il doit être capable et indépendant; voilà ses conditions nécessaires. Quels sont les meilleurs moyens de constater sa capacité et d'assurer son indépendance? C'est une question importante, mais accessoire, dont la solution nous demanderait de trop longs développements. Nous ne voulions qu'établir le principe et nous croyons l'avoir fait avec autant de solidité que de concision.

Qu'on nous permette cependant sur ce point quelques rapides réflexions, qui n'ont pas assurément la prétention d'épuiser la matière, mais qui se présentent à notre esprit et qui ne sont peut-être pas sans utilité. Tout le monde comprend, sans doute, qu'on ne saurait, sans révolter le bon sens et la conscience, traduire devant le même jury un assassin et un publiciste, Tropmann et Paul Louis, un criminel ordinaire et l'honnête homme souvent, l'homme supérieur quelquefois, accusé de cette espèce de délit si vague qu'on appelle délit politique. Au premier de ces jurys il faut intelligence, mais surtout moralité ; il est même nécessaire de descendre aussi bas que possible dans les diverses couches sociales ; sinon l'accusé serait rarement jugé par ses pairs. Au second, il faut moralité sans doute, mais surtout intelligence ; car il ne s'agit plus ici de se prononcer sur un de ces actes que toute conscience honnête réprouve et dont les éléments matériels sont pour tous également faciles à saisir ; il s'agit de cette chose délicate qu'on appelle un délit d'opinion et qui ne peut être bien comprise que par des intelligences assez cultivées pour découvrir la pensée coupable sous les déguisements plus ou moins habiles dont elle s'enveloppe, ou l'intention criminelle sous les apparences hypocrites du fanatisme politique ou du dévouement au droit.

Eh bien ! de même que pour le juge ordinaire on ne se contente pas d'exiger, d'une manière générale, de l'intelligence et de la moralité, mais qu'on exige encore des titres qui en soient le signe et la garantie, ne peut-on pas exiger du juge politique ou jury, des titres qui garantissent d'une manière suffisante sa capacité ? — La réponse ne nous paraît pas douteuse. En effet, les accusés politiques en général, et particulièrement les publicistes, sont des hommes lettrés, instruits, cultivés ; et s'il est vrai qu'être jugé par le jury, c'est, jusqu'à un certain point, être jugé par ses pairs, le jury politique doit être, lui aussi, lettré, instruit, cultivé.

Y a-t-il quelque titre qui garantisse cette culture, qui soit le signe d'une éducation libérale et qui ait, en même temps, un caractère suffisant de généralité pour ne pas mettre les jugements politiques entre les mains d'une coterie ou d'une corporation? Il en est un : C'est le baccalauréat qui couronne en France l'enseignement secondaire, qui offre l'avantage d'être suffisamment étendu ; qui n'est point l'apanage exclusif d'une seule catégorie de personnes, qui se rencontre partout dans les professions libérales, dans le commerce, dans l'industrie, dans les administrations publiques, chez les riches et chez les pauvres. Un jury tiré au sort parmi les citoyens pourvus d'un diplôme du baccalauréat, soit ès-lettres, soit ès-sciences, n'offrirait-il pas les meilleures garanties de capacité, d'indépendance et d'impartialité qu'il soit possible d'obtenir [1] ? On s'est plaint souvent du grand nombre de déclassés que produit en France l'éducation secondaire; il n'y en a plus dans notre système. On ne pourra plus répéter que le baccalauréat n'est en lui-même qu'un vain titre. En recevant son diplôme, tout bachelier recevrait, en même temps, le titre de juge éventuel en matière politique; et, *sérieusement*, ce n'est pas là un privilége méprisable [2].

— Une autre question, qui n'est pas sans importance, c'est de savoir s'il faut maintenir, dans le corps judiciaire, ce qu'on appelle le ministère public, ou la magistrature debout. Nous n'hésitons pas à déclarer que nous sommes pour l'homogénéité de la magistrature ; nous n'aimons pas le ministère public

1. Ce serait encore une nouvelle et importante raison de conserver à l'État la collation du grade.

2. On pourrait, bien entendu, reconnaître la même aptitude à tout autre titre analogue qui serait le signe d'une capacité suffisante.

en général, parce que, malgré les talents et les caractères remarquables qui l'ont souvent honoré, il n'a été la plupart du temps que l'instrument servile du pouvoir qui le tient dans sa main. C'est là un spectacle fâcheux qui ne sert ni le droit, ni la morale. Mais nous avons une raison de principe qui domine, selon nous, cette raison de convenance : C'est que devant la justice l'État lui-même n'est pas plus que le dernier des citoyens. Une de ses plus importantes attributions, c'est la police, c'est le soin de l'ordre et de la sécurité publique. A ce titre il a le droit de déférer à la justice tout ce qui les trouble. Il se trouve alors dans la même situation qu'un particulier qui se plaint d'une injure personnelle, et qui en poursuit le redressement. Qu'il choisisse, parmi les sommités du barreau, des avocats chargés de soutenir sa plainte, rien de plus naturel et de plus nécessaire. Mais, quel que soit le mérite probable de ces avocats, ils n'apparaîtront à la barre qu'appuyés de leur autorité personnelle, et seront placés, ce qui n'est que justice, sur un pied de complète égalité avec l'avocat de la défense. D'un côté, l'accusation poursuivant le crime; de l'autre, la défense repoussant l'accusation; au-dessus d'elles la justice indépendante tenant la balance égale entre les parties; tel est à nos yeux l'idéal; idéal, du reste facile à réaliser [1].

— En un mot, il faut écarter de la justice tout ce

1. Rien n'empêcherait, en effet, de maintenir les parquets dans leur forme actuelle; mais ils ne seraient plus que la police judiciaire poursuivant au nom de l'État, à *la barre* de la justice, la punition des crimes et des délits.

qui peut gêner son indépendance ou faire suspecter son impartialité ; il faut que cet adage : « Nous sommes tous égaux devant la loi » ne soit pas un vain mot. C'est pourquoi nous ne pouvons admettre, sous prétexte d'intérêt public, une juridiction particulière pour les affaires dites administratives. Il y a là un tel abus, une si criante violation des règles les plus simples de la raison que nous ne comprenons pas que l'esprit si net et si logique de la France ait pu la supporter si longtemps. Ce n'est plus, en effet, comme tout à l'heure, l'État privilégié pénétrant, pour ainsi dire, la justice, c'est l'Etat lui-même juge et partie. Raison bien suffisante pour rendre aux tribunaux ordinaires, dont on ne peut contester la compétence, les affaires de cette nature. Mais la constitution même des différents groupes sociaux telle que nous l'avons établie, entraîne l'abolition de cette juridiction particulière.

Ces divers groupes, en effet, sont, dans la limite de leurs intérêts propres, des souverainetés égales qui, pas plus que l'individu, ne peuvent consentir à passer sous les fourches caudines de l'État. D'ailleurs la suppression des préfets proprement dits, c'est-à-dire, agents du pouvoir central, entraîne nécessairement la suppression des conseils de préfecture, laquelle entraîne elle-même la suppression du Conseil d'État, car des deux raisons d'être du Conseil d'État il n'en reste plus aucune. Il n'a plus de raison d'être comme tribunal administratif, puisque la justice administrative est rendue aux tribunaux ordinaires ; il n'a plus de raison d'être comme école d'administration générale, comme pépinière de préfets et de sous-préfets, puisque l'autonomie des départements entraîne leur suppression. Il ne resterait plus qu'une considération à faire valoir en faveur de son maintien : ce sont les services qu'il peut rendre au gouvernement par l'élaboration des lois, et nous pensons qu'à ce point de vue il peut être avantageusement remplacé par des conseils spéciaux relevant de chaque ministère, tels que conseil d'agriculture, du commerce, des travaux publics, etc. Nous reviendrons tout à l'heure sur ce point à l'occasion des règles qui doivent présider au choix des fonctionnaires publics.

— N'y a-t-il pas encore quelque juridiction exceptionnelle dont l'existence soit contraire au principe de la justice égale pour tous? Oui, il en est une, la plus dangereuse et la plus terrible de toutes, c'est la juridiction militaire quand elle s'étend à des crimes ou délits d'ordre civil. Certes, nous admettons une justice militaire pour des crimes ou délits exclusivement militaires; la discipline d'une armée est à ce prix. Mais qu'on transporte le conseil de guerre dans le prétoire; que des hommes d'épée, que des hommes d'exécution, soient appelés à juger militairement des citoyens, fussent-ils séditieux, eussent-ils été pris les armes à la main, c'est ce que nous ne saurions admettre. Nous n'hésitons pas à le dire, malgré notre respect pour nos dignes officiers, peu jaloux, à ce que nous pensons, du triste rôle qu'on leur fait jouer dans nos discordes civiles, ce ne sont pas là des juges, ce sont des *bourreaux* [1].

1. Nous tenons à protester que, dans notre sentiment, cette

N'est-il pas également contraire à toute notion de justice et de bon gouvernement, de confier à des militaires, sous le nom d'état de siége, ces pouvoirs exorbitants, et tout à fait en dehors de leurs attributions normales, qui leur permettent de soustraire les citoyens à leurs juges naturels et mettent à leur discrétion nos libertés, nos vies et nos propriétés? Que chacun reste à sa place! laissons le soldat dans son camp et le juge dans son prétoire; ne confondons pas des choses qui sont et qui doivent rester essentiellement distinctes; ne mettons jamais l'épée dans la balance de la justice, et n'oublions pas qu'il ne saurait y avoir d'ordre moral et de liberté que là où la subordination du pouvoir militaire au pouvoir civil est admise comme un principe indiscutable. « *In all cases the military should be under strict subordination to the civil power,* » disait la déclaration des droits de la Virginie en 1776, au moment même où les colonies américaines venaient de conquérir leur indépendance les armes à la main. Et dans son acte d'accusation contre Georges III, Jefferson lui reprochait, comme un de leurs principaux griefs « d'avoir voulu rendre le militaire indépendant *du* et supérieur *au* pouvoir civil : « *He has affected to render the mili-*

expression n'a rien d'injurieux pour l'armée. Nous sommes parfaitement convaincus de la parfaite loyauté de nos officiers. Mais il ne suffit pas d'être loyal pour être impartial, il faut se trouver dans des conditions où l'impartialité soit possible. Or, nous tenons précisément à marquer par le terme le plus fort ce qu'il y a de choquant, au point de vue de la justice, à transformer en juges des soldats encore bouillants de la bataille, et cela pour prononcer sommairement sur le sort de leurs adversaires. N'y a-t-il pas là comme un prolongement en quelque sorte, de l'égorgement qui suit la défaite?

tary independent of, and superior to the civil power. » Méconnaitre ce principe c'est nous exposer de gaieté de cœur à voir quelque jour se lever sur notre horizon l'ère des pronunciamentos [1].

— Nous ne saurions trop le répéter, dans une société bien policée, c'est la loi seule qui règne, parce qu'elle est l'expression de la volonté générale, c'est-à-dire de la souveraineté sociale. Tout ce que nous appelons pouvoirs n'a pour but que de la formuler, de la faire exécuter, de l'interpréter, ou plutôt de la déclarer : Le législatif, l'exécutif, le judiciaire. Ces trois pouvoirs ont chacun leur nécessité ; mais il n'en est pas de plus important que le pouvoir judiciaire, car c'est par son organe que la loi parle et qu'elle commande; c'est lui qui déclare le droit; il est le refuge de tous contre chacun et de chacun contre tous. C'est pour cette raison que, bien que, par l'institution d'un jury en matière politique, par la suppression de la magistrature debout, l'abolition des juridictions exceptionnelles et la restitution des affaires administratives aux tribunaux ordinaires, nous ayons ôté au pouvoir à peu près tous les moyens d'exercer aucune influence sur la justice, nous croyons devoir pousser les précautions encore plus loin. Nous obéissons, du reste, en ceci, à une règle générale, que nous établirons tout à l'heure, mais qui trouve son application particulièrement en cette matière.

1. Nous ne disons rien de la Cour des comptes, parce que c'est une juridiction toute spéciale, bien qu'il y ait encore là de sérieuses réformes à faire : 1° quant au recrutement du personnel; 2° quant à la manière de saisir la justice criminelle contre les comptables prévaricateurs.

Nous avons dit plus haut que la justice, pour être indépendante, ne devait avoir rien à craindre ni à espérer du pouvoir. C'est dire que ni la déchéance du juge ni son avancement ne doivent dépendre du gouvernement. Mais cela même ne suffit point; un fonctionnaire n'est jamais tout à fait indépendant de celui qui le nomme, au moins quand cette nomination est complétement arbitraire et ne dépend que du bon plaisir d'un ministre. La raison, les principes, l'honneur même et la valeur de la magistrature exigent impérieusement que le favoritisme ne puisse trouver place dans son sein. Il faut que les portes de la carrière judiciaire soient ouvertes également à tous ceux qui seront pourvus de diplômes [1] constatant une connaissance approfondie de la loi, et, parmi ceux-ci, aux plus dignes, c'est-à-dire à ceux qui se seront placés aux premiers rangs dans un concours sérieux. La statistique judiciaire servirait à déterminer les époques périodiques de ces concours et le nombre des candidats à admettre parmi ceux qui auraient satisfait aux épreuves. Une liste serait dressée par ordre de mérite et chacun serait pris à son tour à mesure qu'il se produirait des vacances.

1. Ceci est conforme à ce que nous avons dit plus haut et n'est point contraire, au fond, à ce que nous dirons plus bas. On ne peut guère refuser à l'État le droit d'imposer, *quand il le juge indispensable*, certains grades à ceux qui recherchent certaines fonctions *publiques*. Mais on comprend aussi qu'il puisse et que, dans la plupart des cas, il doive n'en pas exiger. Ce qui importe, en effet, ce n'est pas le grade, c'est le mérite supérieur prouvé par le concours. — Telle est notre opinion personnelle; ce n'est que pour ménager les préjugés contemporains que nous consentons à faire, transitoirement, du grade une condition d'admissibilité au concours.

On comprend aisément que des magistrats qui ne devraient qu'à leur mérite une nomination nécessitée, lépendraient, de ce chef, aussi peu que possible, du ouvoir. Ils seraient d'ailleurs inamovibles, c'est-à-dire que, selon l'expression américaine, ils conser-eraient leur titre tant que leur conduite serait onne. Les causes de déchéance seraient déterminées t la magistrature elle-même ferait justice de ceux le ses membres dont l'incapacité accidentelle ou 'indignité seraient suffisamment constatées.

— Jusqu'ici rien que de facile, mais il faut tenir ompte, dans notre pays surtout, de cette ambition égitime qui pousse tout membre d'une adminis-ration à s'élever le plus haut possible dans la hié-archie. En un mot, il faut régler la question de 'avancement. C'est ici que la difficulté commence. eut-être, cependant, n'est-il pas impossible de la ésoudre.

La hiérarchie judiciaire, en France, part de la jus-ice de paix pour s'élever jusqu'à la cour de cassation, n passant par les tribunaux de première instance t les cours d'appel. De là plusieurs ressorts d'iné-ale étendue : le ressort du tribunal de première nstance qui contient un certain nombre de justices le paix ; le ressort de la cour d'appel qui contient lusieurs tribunaux de première instance ; et enfin e ressort de la cour de cassation qui embrasse toutes es cours d'appel du pays. Eh bien ! voici selon nous omment la magistrature pourrait elle-même, à tous es degrés, pourvoir au recrutement et à l'avance-ment de ses membres.

Chaque tribunal de première instance, par exemple

conformément aux tables de mortalité du ressort et aux besoins du service, ouvrirait, à des époques déterminées, un concours pour l'obtention du titre de juge de paix, d'après un programme uniforme pour la France entière. Les candidats reçus seraient placés par ordre de mérite jusqu'à épuisement de la liste [1].

Si nous faisons nommer ainsi les juges de paix, c'est que nous trouvons, dans ce mode de nomination, en même temps un moyen sérieux de constater leur capacité et d'assurer leur indépendance. Le gouvernement, n'ayant qu'à sanctionner purement et simplement le choix du tribunal, serait tout à fait désarmé vis-à-vis d'eux; et nous savons, par expérience, qu'il y a un intérêt de premier ordre à ce qu'il ne puisse disposer à son gré de ces modestes mais si utiles magistrats. Il ne saurait d'ailleurs être question pour eux d'avancement; c'est assez d'avoir assuré leur indépendance et leur dignité; il faut laisser à ces magistratures locales leur simplicité, leur caractère conciliateur et paternel. Le juge de paix doit être plutôt le conseil et l'ami que le juge, et, pour cela, il est bon qu'il passe sa vie au milieu de ses concitoyens.

N'ayant d'ailleurs à prononcer que sur des litiges de peu d'importance, il n'aura pas à faire preuve d'une instruction et d'une capacité égale à celle des juges ordinaires. Le nécessaire suffira.

1. La composition à peu près arbitraire de la magistrature actuelle pourrait inspirer quelques inquiétudes touchant son impartialité, et peut-être serait-il bon de soumettre pendant quelque temps toutes les nominations à un contrôle sérieux de l'Assemblée nationale. Nous ne pensons pas, toutefois, qu'il faille pousser trop loin la défiance.

— Pour ceux-ci, au contraire, les épreuves ne sauraient être trop sérieuses. Car, outre la capacité requise pour juger les importantes affaires qui pourront leur être soumises dès leur entrée en fonctions, il faut qu'ils soient dignes de s'élever, avec le temps, aux degrés supérieurs et jusqu'au sommet de la hiérarchie judiciaire. Il serait donc ouvert périodiquement et conformément aux besoins du service, un concours dans chaque cour d'appel, la cour désignant elle-même ceux de ses membres qui devraient présider aux épreuves. Les épreuves orales seraient publiques ; les épreuves écrites seraient adressées à la cour de cassation qui nommerait une commission chargée de les vérifier. Les candidats reçus seraient classés par ordre de mérite, et chaque cour pourvoirait aux vacances de son ressort en tenant compte autant que possible du rang et de la valeur du candidat. La nomination serait soumise à la ratification du gouvernement qui ne pourrait lui refuser sa sanction.

C'est ainsi qu'on entrerait dans la magistrature, non plus, comme on le voit, par la porte basse du favoritisme, mais de la seule manière qui convienne à la dignité du magistrat, par la voie du mérite reconnu, conformément à l'égalité démocratique, escorté de toutes les garanties désirables de capacité et d'indépendance.

— Nous n'avons point parlé jusqu'ici du système qui remet la nomination des juges à l'élection populaire, parce que, en fait de capacité spéciale, la compétence du peuple, en général, est fort contestable, qu'il s'agisse d'un juge, d'un ingénieur ou d'un chimiste. On pourrait, sans doute, répondre à cette objection d'incompétence en disant que son choix ne devrait porter que sur des candidats également pourvus de titres constatant leur capacité. Il y a contre le système de l'élection populaire, une raison plus forte et, selon nous, péremptoire. Nul n'est jamais, avons-nous dit, tout à fait indépendant de celui qui le nomme. Or, l'indépendance du magistrat est aussi nécessaire contre le peuple que contre le pouvoir, peut-être davantage. Nous ne pouvons nous faire à l'idée de voir un candidat descendre dans l'arène électorale pour y briguer des suffrages ; nous nous demandons avec inquiétude ce que serait l'impartialité d'un tel juge et comment il pourrait tenir la balance égale entre ses partisans et ses adversaires. Plus nous y réfléchissons et plus nous nous confirmons dans cette idée que la véritable indépendance judiciaire ne se rencontre que dans notre système ou dans un système analogue, à savoir : la magistrature se recrutant elle-même conformément à l'égalité démocratique et sous la seule condition de la supériorité du mérite.

— La question du recrutement réglée, il nous reste à traiter la question bien autrement difficile de l'avancement. Ce ne serait pas la résoudre que de proposer l'immutabilité du juge. Partout, en effet où il y a une hiérarchie, c'est une ambition très-légitime que de chercher à s'élever conformément à son droit, par son mérite et par ses services. Ce ne serait pas non plus, selon nous, une solution acceptable que de faire nommer d'emblée les membres des cours supérieures. On ne commence pas par être général.

Cette analogie entre la magistrature et l'armée

us suggérerait peut-être, si nous ne l'avions déjà, lée d'un mode d'avancement d'une application fa-e. L'avancement dans l'armée se fait, si nous ne us trompons, conformément à un tableau où il t tenu également compte de deux éléments : l'an-nneté et le choix. Quoi de plus simple que de trans-rter ce mode d'avancement de l'armée dans la ma-strature? Ne satisfait-il pas, en même temps, aux ux conditions essentielles de tout avancement lé-time : la durée du service et le mérite exceptionnel? ns doute, dans un corps dont l'entrée sera, pour nsi dire, emportée de haute lutte, à la suite des ncours les plus sérieux, tous les membres seront ués d'une capacité supérieure; mais ne serait-ce s porter atteinte à cette capacité même et tarir le ogrès dans sa source que de laisser au temps seul soin d'amener un avancement nécessaire? L'homme t faible et répugne naturellement au travail. Com-ien, après avoir fait d'énormes efforts, peut-être, pour rcer la porte de la magistrature, s'endormiraient ır leur siége, et, n'ayant plus rien à espérer d'eux-ıêmes, se laisseraient bercer au courant des jours ans une molle et tranquille oisiveté? L'intérêt du orps judiciaire, autant que l'intérêt public, exige onc qu'il soit tenu compte des mérites et des tra-aux exceptionnels. Il faut que la crainte de déchoir u la possibilité de s'elever par des voies légitimes oit pour tous un stimulant au devoir et à l'étude.

En conséquence, chaque cour d'appel serait char-ée de pourvoir à l'avancement dans tous les tribu-aux de première instance de son ressort. A côté de a liste d'ancienneté, qui serait, en même temps, dans une certaine mesure, une liste de mérite, puisque chaque juge du ressort aurait été placé conformément au rang obtenu dans les concours d'admission, il serait dressé une liste de choix qui entrerait en balance avec la liste d'ancienneté ; mais avec cette différence qu'une nomination au choix ne serait définitive qu'après avoir été raitfiée par la cour de cassation. Ce serait un moyen sûr d'empêcher que la faveur ne se substituât à la justice. L'ancienneté aurait toujours le droit de réclamer contre le choix. Elle est, en effet, par elle-même un titre certain ; tandis qu'il entre toujours dans le choix quelques éléments d'incertitude et des possibilités d'erreur.

— Ce que chaque cour d'appel ferait pour les tribunaux de son ressort, la cour de cassation le ferait pour les cours d'appel réunies. C'est par la double voie de l'ancienneté et du choix qu'elle ferait passer, des tribunaux de première instance dans les cours, ceux de leurs membres qui auraient droit à cet avancement. C'est par la même voie qu'elle éleverait les conseillers eux-mêmes aux présidences et aux vice-présidences, seul avancement qui leur reste possible tant qu'ils ne sont pas promus à la cour de cassation. On sent parfaitement ici qu'il ne saurait y avoir de recours contre les décisions de la cour de cassation. Ce serait, en effet, en appeler d'elle-même à elle-même. A mesure qu'on s'élève, d'ailleurs, les droits sont mieux établis, les mérites sont mieux classés et le favoritisme est moins à craindre.

C'est cette dernière raison, autant que la difficulté d'agir autrement, sans porter atteinte à l'indépendance de l'ordre judiciaire, qui nous fait attribuer à la cour de cassation le droit de se recruter elle-même sans autre condition que son propre choix. Nous sommes convaincu qu'à cette hauteur, le souci de la dignité du corps effacerait tout autre sentiment et que la cour suprême serait comme un sénat d'élite où, après une carrière bien remplie, viendraient s'asseoir toutes les illustrations de la magistrature.

— Ainsi se réaliserait l'indépendance du corps judiciaire, lequel ne peut être vraiment indépendant qu'à la double condition de ne dépendre ni du pouvoir, ni du peuple. Ne devant qu'à lui-même son entrée dans la magistrature ouverte à tous, conformément au principe de l'égalité démocratique, inamovible aussi longtemps que sa conduite serait bonne, ne tenant son avancement que de la durée de ses services, ou du choix éclairé de ses confrères, tout magistrat se sentirait investi d'une autorité aussi honorée qu'inviolable. Toutes les haines, toutes les rancunes, toutes les dissensions, toutes les intrigues viendraient échouer à ses pieds. Arbitre suprême dans toutes les querelles, il tiendrait d'une main ferme la balance égale entre tous les intérêts, entre tous les droits. Prêtre de la loi, gardien fidèle de la constitution, il ne la laisserait violer par personne, pas même par le législateur. Protecteur en même temps et modérateur de la liberté, ne relevant que de lui-même, le corps judiciaire affranchi serait réellement un pouvoir.

— L'organisation du pouvoir judiciaire faisant essentiellement partie de toute sage constitution, nous allons résumer ce chapitre et formuler nos conclusions en un article destiné à faire immédiatement suite à ceux que nous avons libellés à la fin du chapitre précédent.[1]

Article IX

Le pouvoir judiciaire résidera dans le corps judiciaire tout entier.

Le corps judiciaire sera ouvert également à tous; mais nul ne sera admis à en faire partie qu'après un concours dont le programme, uniforme pour la France entière, sera réglé par la cour de cassation

Les juges de paix seront nommés de cette manière par le tribunal de première instance de l'arrondissement. Ils seront inamovibles, mais ils n'auront droit à aucun avancement.

Nul ne peut être appelé à faire partie d'une cour supérieure qu'après avoir passé par les degrés inférieurs de la hiérarchie.

Nul ne peut être admis dans un tribunal de première instance, à titre de juge, qu'après un concours passé devant la cour d'appel du ressort. Chacun sera placé selon le rang qu'il aura obtenu dans ledit concours.

L'avancement aura lieu à l'ancienneté et au choix.

Chaque cour d'appel présidera au recrutement et à l'avancement dans les tribunaux de première instance de son ressort.

1. En parlant des juridictions extraordinaires, dont nous demandons la suppression, nous n'avons rien dit des tribunaux de commerce, parce que nous comprenons que la rapidité des transactions commerciales exige, dans la plupart des cas, une décision plus prompte que celle des tribunaux ordinaires. Les juges de commerce ne sont d'ailleurs, au fond, que des arbitres élus par les commerçants eux-mêmes, dont les jugements pour toutes les affaires de quelque importance peuvent être révisés par les cours d'appel, et rentrent ainsi dans la juridiction civile.

Toute nomination au choix devra être ratifiée par la cour de cassation.

La cour de cassation présidera souverainement au recrutement et à l'avancement dans toutes les cours d'appel réunies.

La cour de cassation se recrutera elle-même et nommera ses présidents et vice-présidents.

Toute nomination régulièrement faite recevra la sanction de l'Etat.

La justice dite administrative sera restituée aux tribunaux ordinaires.

Toute juridiction spéciale ou exceptionnelle est abolie, sauf la juridiction militaire pour crimes ou délits exclusivement militaires, et les justices arbitrales, telles que tribunaux de commerce, etc.

Le ministère public est supprimé.

Tous les délits ou crimes d'ordre politique seront jugés par un jury spécial, lequel sera tiré au sort parmi les personnes pourvues du titre de bachelier ou de tout autre brevet de capacité qui sera jugé suffisant.

En aucun cas, la juridiction militaire ne pourra distraire de la juridiction civile sous aucun prétéxte, un citoyen quelconque, quel que soit son crime, fût-ce le crime de sédition à main armée.

Le pouvoir judiciaire est le gardien de la constitution.

Toute personne intéressée pourra se pourvoir devant lui contre toute loi contraire à la constitution; et le juge sera tenu, en conscience, de faire justice conformément à l'esprit de la constitution qui oblige jusqu'au législateur.

CHAPITRE VIII

Des droits de l'Égalité.

Il est un aphorisme que nous répétons de confiance et que, pour l'avoir souvent répété, nous finissons par admettre comme l'évidence même : c'est que la France est le pays de l'égalité ; que, sous ce rapport, il ne nous reste rien à faire. Or, c'est bien là une des plus insignes mystifications dont un peuple puisse être dupe. Pour nous, qui la cherchons depuis si longtemps, cette égalité, nous avouons que nous ne la voyons guère. Certes, elle n'existe point dans nos mœurs, et l'histoire parlementaire de nos quatre dernières années suffirait amplement à le démontrer. Que sont, en effet, tous nos débats législatifs, toutes nos ébauches de constitutions byzantines, toutes nos lois faites et défaites par les mêmes hommes à quelques mois d'intervalle, sinon un amas de protestations impuissantes contre l'égalité dans ce qu'elle a d'essentiellement caractéristique, le suffrage universel ? Avec quelle insolence ne lui jette-t-on pas à la face ce mot : *le nombre*, synonyme nouveau de : la vile multitude ? Ne pouvant le mutiler, de combien de manières n'a-t-on pas essayé de le corrompre? Et ne voyons-nous pas, aujourd'hui même, grâce à l'éloquence douteuse d'un vieil avocat finassier travesti en homme politique, ne voyons-nous pas ressusciter la candidature officielle qui nous a conduits, hélas! où nous sommes, et qui, si la sagesse, si l'indignation courageuse du peuple ne stérilise les ruses égoïstes de ses étranges législateurs, ne peut avoir pour effet que de livrer de nouveau la France à une assemblée de hobereaux inféodés au cléricalisme? Que nos craintes ne se réalisent point, nous l'espérons encore; sinon nous ne tarderions guère à voir un parlement français voter des lois auprès desquelles le vote de l'expédition du Mexique et de la guerre contre la Prusse ne seraient que des péchés véniels.

C'est une amère tristesse pour des cœurs vraiment patriotes, que d'assister au spectacle de ces mesquines ambitions qui, dans les désastres de la patrie, ne voient qu'un moyen d'exalter leurs vaniteuses personnalités et de s'assurer, dans la direction des affaires, une prépondérance que rien ne justifie moins que leurs talents et leurs vertus.

— Après des siècles d'oppression et de tyrannie, l'élaboration philosophique des principes du droit humain avait abouti à une conception admirable de sagesse et de vérité. La Révolution française s'était levée sur le monde comme une aube resplendissante annonçant aux peuples une ère nouvelle où règneraient seules la raison, l'humanité, la justice. Certes, bien des résistances avaient surgi : les privilégiés de toute sorte, pour qui les seuls mots de raison et de justice sont une menace, masquant, sous les grands noms de Roi et de Dieu, leurs intérêts égoïstes, fauteurs de guerre civile au dedans, conspiraient avec les étrangers l'invasion de la patrie ou marchaient contre elle sous leurs drapeaux. Que les descendants de ces hommes, que leurs héritiers aient gardé au fond de l'âme le mépris du peuple, cela s'explique assez. Ce mépris, ils l'ont sucé avec le lait ; ce peuple, ils ont exploité de siècle en siècle son ignorante crédulité. « Il n'y a point de pacte sûr, dit le vieil Homère, entre les lions et les hommes, entre les loups et les agneaux. » Aussi quand ils viennent, chapeau bas, le mensonge à la bouche et la trahison dans le cœur, nous mendier nos suffrages, c'est à nous de savoir comment nous devons les accueillir.

Ce qui s'explique moins, c'est la profonde ineptie, c'est l'étroitesse d'esprit et d'âme de ces bourgeois, parvenus de la démocratie, qui, après avoir supplanté les ordres privilégiés, n'ont plus eu qu'une pensée, à savoir : de se cantonner eux-mêmes dans leurs priviléges, de constituer une oligarchie nouvelle, de faire oublier leur origine en creusant entre eux et le peuple, dont ils sont issus, un fossé de plus en plus profond. Au lieu de mettre leur gloire, comme les aînés de la grande famille plébéienne, à travailler au plus grand bien du plus grand nombre, ces fils dégénérés de la Révolution se sont tournés contre leur mère. La vanité sotte et la peur injurieuse les ont poussés dans les bras de leurs anciens maîtres, qui n'ont certes pas cessé de les avoir à mépris, mais qui se servent d'eux parce qu'ils font leurs affaires et que leur noblesse ne dédaigne point de redorer son blason avec leurs coffres-forts, et de retremper son arbre généalogique dans le fumier de leur roture.

Ils sont tombés plus bas encore : des hommes dont les pères furent les illustres champions de la liberté politique, de la liberté philosophique, qui, eux-mêmes, dans leur jeunesse, ont été les adeptes fervents d'un sincère libéralisme, des sceptiques, des voltairiens, en sont venus, par un affaissement d'esprit incompréhensible, à courber leur tête humiliée sous le joug clérical; pantins aux mains d'une femme qui, elle-même, n'est qu'une marionnette aux mains d'un jésuite.

Que dirais-tu, Molière? Mais Molière n'y suffirait plus; il y faudrait le fouet implacable d'un Juvénal.

Et quelle est la cause de cette décadence intellectuelle et morale? Nous l'avons dit: la vanité ridicule et la peur imbécile. Semblables au savetier de la fable, ces parvenus de la Révolution, se trouvant subitement enrichis, honorés, puissants, en ont perdu tout d'abord le boire et le manger. Chaque fois qu'une voix s'élève pour revendiquer timidement l'exercice des droits les plus naturels et les plus simples, ils tremblent pour la possession de ce dont ils voudraient faire un privilége exclusif. Ils sont toujours prêts à se retourner vers le peuple et à lui dire avec l'insolence du financier : Or ça, sire Grégoire.... Le péril social hante leur misérable cervelle; c'est l'épouvantail de leurs jours, le cauchemar de leurs nuits. Dans leur effroi de l'hydre populaire, les descendants de Brutus et de Cassius ne voient plus de refuge que le bénitier de Loyola. Ils se sont mis à élever, à frais communs avec les jésuites, contre le flot montant de la démocratie, la digue de l'abêtissement universel! Calomniateurs stupides de ce peuple qu'ils ne connaissent pas, parce que, dans leur dédain, ils ne craignent rien tant que d'être confondus avec lui, les insensés! ils travaillent, avec une opiniâtreté aveugle, à ruiner leur influence sociale. Car, dans la lutte qu'ils engagent contre la démocratie, ne faut-il pas enfin qu'ils succombent? Et leur chute ne sera-t-elle pas d'autant plus profonde et plus irrémédiable, qu'ils auront été plus obstinés dans leur résistance?

— Il n'est guère possible de perdre de gaieté de cœur une plus admirable position. Ce peuple, qu'ils se représentent et qu'ils dénoncent si volontiers comme un peuple de partageux, mélange de sottise et de brutalité, qu'il faut contenir et faire marcher, selon leur expression, le bâillon sur la bouche et les menottes aux mains; ce peuple, le meilleur, le plus noble, le plus désintéressé, le plus généreux, le plus probe du monde; si généreux, qu'il n'est que trop facile de l'abuser avec de belles promesses, avec les mots d'honneur, de liberté, de vertu, de patrie; ce peuple ne demandait pas mieux que de placer en eux sa confiance : « Vous êtes, semblait-il leur dire, vous êtes nos frères; vous êtes peuple comme nous; mais plus favorisés de la nature ou de la fortune, votre intelligence, votre instruction vous placent naturellement à notre tête; ce sont là des supériorités vraies devant lesquelles nous nous inclinons sans peine. Vous serez nos mandataires; vous gérerez pour nous la chose publique; nous,

nous supporterons, sans nous plaindre, les charges les plus lourdes, quand elles seront nécessaires au bien commun; notre bourse sera toujours ouverte pour le trésor, notre sang toujours prêt à couler pour la patrie; nous vous enrichirons, nous vous respecterons, nous vous honorerons; nous ne vous demanderons, en échange, que de nous assurer, par de bonnes lois et de sages institutions, la jouissance de nos droits naturels, jouissance dont nous avons été si longtemps frustrés et qu'une heureuse révolution nous a rendus. Faites de nous des hommes vraiment libres et vraiment égaux; et, pour cela, tirez-nous de cette ignorance où nos gouvernements aristocratiques nous ont laissé croupir pendant tant de siècles. Répandez sur nous, à flots, la science, la vraie science, telle qu'elle découle de l'expérience des temps et des progrès de la raison. Que toutes les forces latentes de nos esprits incultes se développent par la culture, pour le bien de chacun et pour le bien de tous. Que, par une ascension naturelle, chaque mérite puisse monter à la place qui lui est due dans la hiérarchie d'une société bien équilibrée; qu'il se forme ainsi, au sommet, une élite toujours ouverte et toujours mobile, incessamment renouvelée, qui tienne de nous, comme de plein droit, la direction sociale; véritable aristocratie dans le sens propre du mot; car elle sera composée des meilleurs et des plus dignes.

« L'égalité que nous réclamons n'est pas l'égalité envieuse et stupide qui rabaisse tout au niveau de la médiocrité. Nous savons quelle différence la nature et le travail peuvent mettre entre les hommes. Soyez riches et nous respecterons vos fortunes légitimement acquises; vous pourrez en jouir en paix; elles nous seront sacrées, non-seulement comme le droit, mais comme l'effet et le signe de la prospérité nationale. Nous aurons un culte pour les talents et le génie, et nous ne les placerons dans notre estime qu'après la vertu. La république que nous rêvons n'est pas la république farouche et sanguinaire des niveleurs, c'est la république harmonieuse de la paix, de la justice et de la fraternité, dans laquelle le bien-être général, fruit légitime de l'activité libre d'intelligences honnêtes et cultivées, sera rehaussé de tout l'éclat de la science, des lettres et des arts. L'égalité que nous demandons, c'est l'égalité effective des droits. Point de barrière entre vous et nous. Nous sommes frères; élevez-nous! élevez-nous! Lumière! Justice! Liberté! »

Au lieu de répondre à cette confiance, qui aurait fait leur force et assuré leur avenir, ils se sont détournés du peuple avec mépris. Ils ont rougi de ce nom de frères comme d'une parenté compromettante. Ils lui ont durement répondu: « Je ne te connais pas. Toi, notre égal? Nous sommes l'intelligence et toi le nombre; nous sommes les intérêts et toi.... le néant. A toi le travail et le silence; à nous les places, à nous les avantages d'une savante exploitation sociale, à nous l'administration, à nous les bourgs pourris, à nous le gouvernement. Tu demandes la justice, tu auras les conseils de guerre; la liberté, tu auras l'état de siége; la lumière, tu auras les jésuites et le syllabus. »

Telle est une partie considérable de la bourgeoisie

rançaise, la bourgeoisie oisive, celle qu'on appelle a haute bourgeoisie. Comme elle s'est détournée du euple, que le peuple se détourne d'elle; dédain pour lédain, mépris pour mépris. Laissons-la jouir en aix de ses avantages dans toute la complaisance de on innocente vanité; mais, quand elle viendra solliciter de nous un mandat, éconduisons-la poliment; prions-la de repasser.... à la troisième généation; il nous faut des garanties; nous avons été assez souvent trompés pour être défiants.

— Heureusement pour nous, il en est une autre; celle qui travaille, qui, tous les jours en contact avec e peuple, le connaît mieux et ne s'en sépare point; composée de tout ce qui, dans le peuple, s'élève par l'activité, par l'intelligence. C'est cette bourgeoisie, si l'on veut lui conserver ce nom, car elle n'est pas autre chose que le peuple lui-même dans son expression supérieure; c'est cette bourgeoisie, toujours plus nombreuse et plus éclairée, qui vient de partout et qui se trouve partout où il faut des connaissances sérieuses: dans l'industrie, dans le commerce, dans l'enseignement, dans les lettres, dans les arts, dans toutes les professions libérales, dans la médecine, dans le barreau, dans l'atelier même où se rencontrent, de plus en plus, des hommes d'une solidité d'esprit et d'une culture remarquables; c'est cette bourgeoisie qui est véritablement pour nous la classe dirigeante; c'est par elle que nous établirons enfin l'égalité dans les lois; ce qui est le moyen le plus sûr et le plus prompt de l'avoir un jour dans les mœurs.

— Après avoir, dans sa célèbre déclaration, exposé

les droits de l'homme et du citoyen, la Constitution de 91 débute ainsi : « L'Assemblée nationale voulant établir la Constitution française sur les principes qu'elle vient de reconnaître et de déclarer, abolit irrévocablement les institutions qui blessent la liberté et l'égalité des droits. Il n'y a plus ni noblesse, ni pairie, ni distinctions héréditaires, ni distinctions d'ordres, ni régime féodal, ni justices patrimoniales ni aucun des titres, dénominations et prérogatives qui en dérivaient, ni aucun ordre de chevalerie, ni aucune des corporations ou décorations pour lesquelles on exigeait des titres de noblesse ou qui supposaient des distinctions de naissance, ni aucune autre supériorité que celle des fonctionnaires publics dans l'exercice de leurs fonctions. (Il n'y a plus ni vénalité, ni hérédité d'aucun office public).

« Il n'y a plus pour aucune partie de la nation ni pour aucun individu, aucun privilége ni exception au droit commun de tous les Français. »

Et le titre Ier débutait ainsi : « La Constitution garantit comme droits naturels et civils :

1° Que tous les citoyens sont admissibles aux places et emplois, sans autre distinction que celle des vertus et des talents ;

2° Que toutes les contributions seront réparties entre tous les citoyens également en proportion de leurs facultés ;

3° Que les mêmes délits seront punis des mêmes peines, sans aucune distinction de personnes. »

Les hommes qui ont écrit ces choses n'étaient pas des démagogues ; ce ne sont pas les montagnards de la Convention ; ce n'est ni Robespierre, ni Saint-Ju ni Marat, ni Gracchus-Babeuf. Ce sont les hommes de la Constituante, les représentants de la noblesse, du clergé, du Tiers-État ; ce n'était pas des hommes nouveaux, c'étaient des hommes qui, pour la plupart, avaient de longues racines dans l'histoire de notre pays et que distinguait la hauteur du talent et du caractère ; c'était les Siéyès, les Mirabeau, les Lafayette ; et l'on peut voir quelle importance ils attachaient à l'abolition des institutions qui blessaient l'égalité des droits. Ces nobles abolissaient la noblesse, les distinctions héréditaires, les titres, les décorations, ils n'admettaient de supériorité que celle des fonctionnaires publics dans l'exercice de leurs fonctions. Tous ces esprits, éclairés des lumières de la philosophie, comprenaient à merveille qu'il ne peut y avoir de liberté plénière que là où règne l'égalité absolue des droits.

Mais ce n'était pas seulement le respect théorique des principes qui les guidait dans cette œuvre de nivellement, d'effacement d'un passé dont ils faisaient partie et dont ils avaient vécu jusque-là. Mus par un sentiment supérieur de patriotisme, voulant créer une nation homogène afin de rendre à jamais impossible le retour du despotisme toujours fondé sur l'inégalité, ils ne voyaient rien de mieux à faire que d'effacer, en même temps que les distinctions de castes, tout ce qui peut les rappeler, les perpétuer ou les faire naître.

Qui oserait dire qu'ils se trompaient? N'avons-nous pas une double preuve de la sagesse de leurs vues dans la conduite diamétralement opposée, à cet égard, des États libres qui proscrivent rigoureusement ces inégalités, et des gouvernements despotiques qui les créent, les maintiennent ou les relèvent? N'est-ce pas là ce qu'ont fait en France tous les gouvernements monarchiques, à commencer par le plus criminel de tous, le premier Empire? Et, après un pareil exemple, y a-t-il des esprits encore assez bornés pour ne pas comprendre qu'il existe un lien nécessaire entre l'inégalité et le despotisme, comme entre l'égalité et la liberté?

Certes, nous ne voulons point pousser le radicalisme jusqu'à l'extrême, et nous admettons si l'on veut, en dépit des principes, que les hommes d'ancien régime, que ceux en faveur desquels une possession séculaire établit, pour ainsi dire, une sorte de prescription, continuent à porter les noms et les titres sous lesquels leurs ancêtres ont figuré dans notre histoire. S'ils tiennent à se séparer ainsi de la nation, à se tenir à l'écart et à former une étroite coterie vivant exclusivement dans le passé, libre à eux; c'est leur affaire. Nous ne ferons point de révolution pour obtenir d'eux le *connubium*. Nous attendons du temps et des progrès de la raison publique l'anéantissement inévitable de ce que l'on ne pourra bientôt plus considérer que comme les fossiles du développement social.

Mais que des hommes nouveaux, nés d'hier, Jourdains fils de Jourdains, par des sollicitations, par des usurpations plus ou moins habiles, par des acquisitions à beaux deniers comptants, s'affublent ou soient affublés de particules nobiliaires, de titres français ou étrangers, dont ils seraient souvent bien embarrassés d'expliquer la signification; qu'ils parviennent, à force de se faire petits, humbles, rampants, à s'insinuer dans l'aristocratie de vieille roche, à s'y incorporer et à faire souche de gentilhommerie; ce ne serait que ridicule s'il ne s'agissait que de leurs grotesques prétentions; — que des gredins, qui ne pourraient pas même nommer leur père, ou qui auraient mérité d'être marqués sur l'épaule et nourris au prytanée de Brest ou de Toulon, pour des crimes de lèse-patrie et de lèse-humanité, soient dotés de titres plus ou moins élevés dans la hiérarchie nobiliaire et les transmettent à leurs enfants, il n'y aurait là qu'un scandale à faire gronder la vertu et à soulever le dégoût des honnêtes gens; — si nous n'avions à considérer que leurs misérables personnes et s'il n'y avait à sauvegarder un intérêt public important.

— En effet, ce n'est pas seulement en surexcitant la frivolité nationale par l'appât de vaines distinctions, que ces titres sont un danger; c'est, surtout, parce que ceux qui en sont investis conservent ou adoptent un esprit d'ancien régime, en complète hostilité avec l'esprit moderne; qu'ils ne songent qu'à se mettre en travers du progrès social et du droit démocratique; que trop nobles, en général, pour faire quoi que ce soit qui sente la roture, ils assiégent les avenues du pouvoir, et, par eux-mêmes ou par leur clientèle, envahissent toutes les fonctions publiques de quelque importance et faussent les institutions les plus libérales en apportant dans l'administration un esprit qui est en complet désaccord avec elles.

Qu'on fasse une statistique des hautes fonctions,

dans les diverses branches de l'administration nationale, dans le clergé même et dans l'armée, et l'on ne pourra point n'être pas frappé de l'étonnante disproportion qui existe entre les nobles ou soi-disant tels et les roturiers, pour peu que l'on compare le petit nombre des uns, dans la nation, à la multitude des autres. Il est même telle branche de l'administration générale où il serait assez difficile de trouver autre chose que de la noblesse de premier choix ; par exemple, la diplomatie. La porte de la carrière ne s'ouvre guère que pour eux ; pour tout autre elle tourne difficilement sur ses gonds ; et si quelque Dupont ou quelque Dumoulin parviennent de temps en temps à la forcer, ce ne peut être que grâce à de puissants patronages et après avoir dûment fourni la preuve que, si le sang est roturier, la pensée au moins est noble. Du reste cela suffit amplement pour représenter à l'étranger la frivolité française.

Nous ne contestons pas qu'il ne se trouve dans ce corps, comme dans tous les autres, un certain nombre d'hommes fort distingués, qui finissent par briller au premier rang dans quelques postes élevés, dont le nombre d'ailleurs est extrêmement restreint. Mais le mérite sérieux n'est qu'une considération secondaire, et nous savons assez qu'il n'en est pas même besoin pour arriver au sommet de la hiérarchie. Nous en avons eu des exemples qui jamais ne s'effaceront de la mémoire des Français.

Quant à cette foule d'attachés ou de secrétaires, satellites de différentes grandeurs qui tournent autour de l'astre principal, les gens qui les ont vus de près n'ont jamais pu comprendre à quoi ils peuvent servir. Et cependant tous ces aimables garçons se promènent et vivent agréablement à nos frais. Ils croient faire au pays une grande faveur quand ils consentent à recevoir à l'âge de trente ans un traitement au moins égal (que dis-je égal ?) à celui d'un conseiller à la cour de cassation, vieilli sous le harnais et trié entre mille. Ils se font un mérite d'aller en Chine ou ailleurs ; mais ils n'y sont pas plus tôt qu'ils en reviennent, au moment où ils pourraient à peine commencer à rendre des services, ne sachant pas plus du pays, qu'ils n'ont fait que traverser, que le plus vulgaire voyageur ; car, la plupart du temps, ils n'en entendent pas même assez la langue pour en lire les journaux. Comme on comprend que de longs congés leur soient nécessaires pour se remettre de leurs fatigues ! Et quand on les voit étaler sur leur poitrine, dans un gracieux pêle-mêle, tous les ordres de l'univers, comme on se sent écrasé de leur mérite, et quelle idée ne conçoit-on pas de leurs services !... Mais ils sont hommes du monde, et ce mot répond à tout. Les Américains ne le sont pas ; aussi, comme leur influence diplomatique en est diminuée !

On dira peut-être qu'ils forment une pépinière de ministres et d'ambassadeurs. Sans doute, et nous sommes, pour notre part, assez partisan des pépinières. Mais ne voyons-nous pas tous les jours improviser des ambassadeurs, et non pas des plus minces ? Ce n'est vraiment pas plus difficile que de faire un préfet ou un sous-préfet. Il ne s'agit que d'être plus ou moins né ; or, tout le monde, comme on sait, ne se donne pas également la peine de naître. — Tout cela est charmant, vraiment ; et comme il faudrait avoir le caractère mal fait pour n'être pas conservateur.

— Ce n'était pas assez; les distinctions et les titres nobiliaires n'étaient pas à la portée de toutes les ambitions; il y avait encore des vanités qui criaient famine. Le génie du grand homme trouva moyen de leur donner pâture. « Cet homme », comme dit Victor Hugo, je crois, « cet homme fit un astre et le mit, de sa main, au firmament de son empire. » Avant lui, la République avait imaginé de récompenser les actions d'éclat par des armes d'honneur que, de retour dans ses foyers, le soldat pouvait montrer aux siens comme un témoignage de sa valeur et un stimulant à l'imiter. Mais ce n'était là qu'une invention grossière; car enfin, un sabre ou une paire de pistolets, ça ne peut guère se porter au cou. Nous eûmes le bonheur inexprimable de posséder la croix et une Légion d'honneur. C'est encore une de ces institutions que l'Europe nous envie. L'étranger, l'Américain surtout, qui se promène sur nos boulevards, ne peut manquer d'être saisi d'admiration, et de concevoir pour nous une estime profonde, à l'aspect de cette multitude d'hommes de tout âge — (depuis nos récents succès il y en a presque d'imberbes) — qui se distinguent par un mérite surabondant, et qui, ne sachant où le mettre, le portent accroché à leur boutonnière. — En vérité l'honneur foisonne chez nous; il n'est pas jusqu'au dernier goujat d'armée qui, pour être allé vendre son rogomme en Crimée, en Italie ou au Mexique, n'ait le droit, dont il profite, de se chamarrer la poitrine de rubans de toutes les couleurs.

— Quand le hasard des voyages le conduit chez quelqu'un de ces peuples naïfs et sans culottes, pour lesquels une boîte à sardines est un objet digne de vénération, et qu'il les voit suspendre sérieusement à leur cou cette ferblanterie, le Français, né malin, n'a pas assez de rires, de plaisanteries et de quolibets; mais qu'un de ses mamamouchis vienne à passer en grand uniforme, il se pâmera d'admiraion. Hé! mes chers amis, n'oublions donc pas toujours la paille et la poutre.

— En dehors de l'armée, il n'y aura bientôt plus en France que les hommes d'un vrai mérite qui ne soient pas décorés. Le vrai mérite, en effet, néglige et dédaigne ces colifichets qui ne peuvent le rehausser en rien. Il les abandonne à la médiocrité vaniteuse qui les recherche avec ardeur; comme si la recherche de ces distinctions n'était pas la preuve qu'on ne les mérite guère.

— Bien qu'en principe elle ne blesse pas directement l'égalité, l'existence de la Légion d'honneur est une de nos plus grandes misères. C'est l'instrument de corruption le plus perfectionné dont puisse disposer un gouvernement. Certes, nous sommes bien éloignés de prétendre qu'elle soit par elle-même un signe de déchéance morale; mais pour combien n'est-elle pas le prix de leur vénalité, de leur bassesse et de leur servilité? Combien, au contraire, n'en sont-ils pas exclus par leur vertu même, leur noblesse et leur indépendance? Du reste, elle ne fait qu'affaiblir précisément un des côtés faibles du caractère français. On s'habitue à remplacer l'honneur véritable par un vain signe, qui peut bien, jusqu'à un certain point, nous attirer la considération des passants et des inconnus, mais qui ne saurait ni nous donner le mérite qui nous manque, ni nous assurer à nous-mêmes notre propre estime. On ne fait plus rien avec désintéressement. Qu'on se souvienne de notre dernière guerre et des paroles du général Trochu à la tribune de l'Assemblée nationale. Combien de milliers d'âmes médiocres ont battu monnaie avec les malheurs de la patrie!

Plusieurs affectent de dédaigner la chose en elle-même; ils n'y tiennent point au fond, Dieu le sait; ils sont bien au-dessus de cela. Mais on peut faire, par ce moyen, un beau mariage; on peut voir augmenter sa considération ou sa clientèle; et le pis est qu'ils ne se trompent point dans leur calcul; quoiqu'il y ait là comme une espèce de faux; car c'est un pavillon qui couvre trop souvent une marchandise absente. Tout cela vaut bien quelques complaisances.

— Nous n'espérons point avoir facilement raison de préjugés si généraux et si enracinés; mais peut-être y aurait-il des mesures législatives à prendre pour réduire le mal qu'on ne peut extirper d'un seul coup, en attendant que le temps l'ait fait disparaître tout à fait. Le minimum que puisse exiger, à notre avis, l'esprit démocratique, c'est d'abord la condamnation rigoureuse de tout titre faux, et l'interdiction absolue de toute création nouvelle de titres nobiliaires, sous quelque prétexte que ce soit[1]. Si cette rè-

1. Une des choses qui ont le plus contribué à nous aliéner les nations étrangères c'est, bien certainement, la création de tant de titres, qui ne sont propres qu'à leur rappeler les humiliations de la défaite. — Les Prussiens ont eu le bon goût de ne pas nous imiter. Ils ont pu faire un prince de Bismarck ou un comte de Moltke; ils

gle était sérieusement appliquée, il faudrait peu d'années, sinon pour détruire le mal entièrement, au moins pour le ramener à sa plus simple expression possible.

Quant à la décoration, il faudrait que le droit de la décerner fût absolument ôtée à l'exécutif, qui en a fait un si grand abus, et qui d'ailleurs ne saurait être juge de la diversité des mérites. Quiconque prétendrait y avoir droit devrait se présenter devant ses pairs et produire ses titres. Ceux-ci repousseraient la demande ou l'admettraient à l'unanimité. Les titres du postulant et les procès-verbaux de la délibération seraient transmis à une commission « *ad hoc* » de l'Assemblée nationale qui les apprécierait; et c'est seulement sur l'avis favorable de cette commission que l'exécutif serait tenu d'accorder la nomination demandée. Il y aurait sans doute ainsi (et c'est là ce que nous voulons), moins de décorations accordées, mais celles qui le seraient auraient par cela même quelque prix.

On nous objectera peut-être qu'il est bien difficile d'établir, pour juger les mérites de chacun, un tribunal composé de ce que nous avons appelé « ses pairs ». Nous ne prétendons pas que la chose soit facile; nous ne désirons rien faciliter en pareille matière. Il nous suffit qu'elle ne soit pas impossible. — On ne peut être décoré que pour des œuvres, des actes ou des services déterminés; on ne l'est pas pour sa seule vertu en général. La vertu doit être à

n'ont pas fait de prince de Sedan ni de comte de Froschwiller. — Cet homme a été notre mauvais génie; il a corrompu tout ce qu'il a touché.

l'abri de ces atteintes. Du reste, il n'est pas plus facile de décider d'un homme s'il est vertueux que de décider s'il est heureux; il faut attendre la fin.

Il y a peu d'hommes de notre temps qui ne fassent partie d'une catégorie spéciale de citoyens. Ils appartiennent aux lettres, aux sciences, aux arts, au commerce, à l'industrie, à la médecine, au barreau, à l'armée, à l'administration, à l'agriculture, etc., etc. C'est pour des mérites se rapportant à quelqu'une de ces professions ou de ces fonctions qu'ils peuvent prétendre à des honneurs particuliers. Eh bien! n'existe-t-il pas des jurys assez compétents pour cet objet? — Pour ce qui a rapport aux arts, aux lettres, aux sciences, n'y a-t-il pas les différentes classes de l'Institut? L'académie de médecine, pour les médecins; la cour de cassation, pour la magistrature; les conseils consultatifs élus qui, selon no[s] idées, devraient être placés près de chaque ministère pour l'éclairer au besoin sur les questions afférente[s] aux diverses branches de l'administration? Enfin, là où la chose n'existe pas, il n'y aurait rien de plus simple que de la créer. S'agit-il du barreau, pa[r] exemple, pourquoi chaque conseil de l'ordre ne déléguerait-il pas un de ses membres pour le représenter à cet effet dans une commission qui se réunirait s'il y avait lieu, à des époques déterminées? On serait bien sûr de ne distinguer ainsi que des mérite[s] éminents, puisqu'il faudrait l'accord unanime de se[s] pairs pour attribuer à quelqu'un une telle distinction. — Mais personne ne voudrait se soumettre [à] cette épreuve! — Tant mieux! nous rentrerion[s] ainsi dans la simplicité du bon sens et de l'espr[it] démocratique. A l'abri des tentations de la vanité, la médiocrité en serait peut-être moins médiocre, et le vrai mérite n'en serait ni moins honorable ni moins honoré.

— Que s'il s'agissait d'un trait de courage ou de dévouement, ou bien c'est un fait militaire, ou un fait civil. Si c'est un fait militaire, nous ne voyons pas pourquoi, dans chaque régiment, les propositions ne seraient pas faites par le corps entier des officiers et sous-officiers, et, s'il s'agissait de grades supérieurs, par les officiers supérieurs d'un corps d'armée. Il nous semble que la discipline n'aurait rien à y perdre, et que le service n'aurait qu'à y gagner. L'émulation à bien faire et le sentiment du devoir ne pourraient qu'être surexcités par la nécessité prévue de subir après chaque affaire un examen aussi redoutable. Il serait même désirable autant que juste que les décorations ne fussent pas accordées seulement aux survivants, mais aussi aux morts qui, la plupart du temps, les ont beaucoup mieux méritées. Il nous semble que, si la perspective de telles distinctions est nécessaire pour exciter le dévouement et soutenir le courage, un soldat ferait plus volontiers le sacrifice de sa vie s'il pouvait compter sur ces honneurs posthumes qui lui échappent aujourd'hui.

— Si c'est un fait d'ordre civil, tel qu'un sauvetage, par exemple, il appartient aux citoyens qui en ont été les témoins de le porter directement à la connaissance de la commission supérieure dont nous avons parlé, et à celle-ci de faire, avec circonspection, ce qui est juste et convenable

— Mais en voilà bien assez sur ce sujet; nous n'avons pas pour but de résoudre ces questions, mais de les poser. Nous tenons, tout en donnant les indications qui se présentent à notre esprit, à rester autant que possible dans la région des principes; et les principes exigent qu'il y ait accord entre les lois et les mœurs. Il ne s'agit point, comme on l'a dit et répété avec une égale légèreté de part et d'autre, d'avoir une république sans républicains, ce qui est à peu près l'équivalent d'un civet sans lièvre ou d'une matelotte sans poisson. Il s'agit, au contraire, comme l'avaient si bien compris les hommes de la Constituante, de faire que, dans notre démocratie, les mœurs et les lois soient en harmonie parfaite. Et c'est pourquoi, eux, les intéressés, dans la fermeté de leur raison et la générosité de leur patriotisme, ils avaient voulu, non pas émonder, mais extirper tout ce qui rappelait un passé aristocratique et pouvait en conserver l'esprit. Ils comprenaient combien il y a d'illusion et d'inconséquence à vouloir mettre la démocratie dans les lois et l'aristocratie dans les mœurs. C'est en effet préparer inévitablement la ruine de l'une ou de l'autre, et c'est là, sans doute, la cause la plus certaine de nos révolutions depuis le commencement de ce siècle.

Les Américains qui nous ont offert, dans les temps modernes, le premier type d'une grande démocratie qui dure et prospère, malgré les éléments de dissolution qu'elle semblait devoir porter dans son sein pensaient, sur ce point, comme les hommes de la Constituante, quand ils écrivaient dans leur constitution l'article suivant : « Les États-Unis ne conféreront aucun titre de noblesse. Aucun fonctionnaire public ne pourra, sans le consentement du congrès, accepter de don, d'émolument, d'emploi ou de titre quel qu'il soit, de la part d'un roi, d'un prince ou d'un État étranger. » Aussi, dans ce pays, point de caste qui ait intérêt à changer la forme du gouvernement, à conspirer une instauration monarchique; point de caste qui monte la garde autour du pouvoir pour s'emparer des fonctions publiques, les monopoliser à son profit et les faire servir à lutter plus ou moins ouvertement, selon les occasions, contre la Constitution elle-même.

— Car, ne nous y trompons pas, tout cela s'enchaîne bien plus qu'on ne pense. A quoi servirait une aristocratie, sinon à gouverner? — C'est là ce qui explique comment l'article 1er de la constitution de 91 est resté à peu près lettre morte : « La constitution garantit comme droits civils que tous les citoyens sont admissibles aux places et aux emplois sans autre distinction que celle des vertus et des talents. » Admirable déclaration assurément; mais qui, comme beaucoup d'autres, est demeurée sans effet, faute par le législateur d'avoir pris les mesures nécessaires pour en assurer l'application. — Ce que n'ont pu faire ni la Constituante, ni les grandes assemblées qui lui ont succédé, parce que, tout entières à la lutte, elles ont dû négliger ou remettre à des temps plus calmes ces détails d'organisation, nous devons le faire aujourd'hui, si nous voulons, nous aussi, fonder une démocratie prospère et durable. L'intérêt de notre pays l'exige autant que la justice.

— On se bat souvent avec des mots faute de s'accorder sur leur sens ou parce qu'ils répondent mal aux idées qu'ils représentent. Tel est le mot *démocratie* que tant de gens confondent avec *ochlocratie* ou gouvernement de la populace; tandis que son vrai sens embrasse également toutes les catégories de citoyens qui composent la même société. Tel est encore celui d'*aristocratie* qui ne désigne plus que les privilégiés de la naissance ou de la fortune; tandis qu'il ne devrait désigner que les meilleurs, c'est-à-dire, ceux qui se distinguent entre tous par leurs talents ou leurs vertus. Or, il y a si peu d'incompatibilité entre la véritable démocratie et la véritable aristocratie, que le but de la démocratie est précisément d'amener au pouvoir, non pas les supériorités artificielles et fausses qui ne reposent que sur le hasard de la naissance, mais les supériorités réelles qui se fondent sur le mérite reconnu.

Jusqu'ici malheureusement ce n'est guère le mérite qui ouvre l'accès des fonctions publiques[1]; c'est la faveur, c'est l'arbitraire, et dans aucun domaine l'esprit d'inégalité ne se donne plus manifestement carrière que dans celui-ci. Au grand détriment du pays, qui ne trouve pas toujours, dans les fonctionnaires qu'il paye, toutes les garanties de talent, de zèle, d'indépendance morale, d'affabilité, de bienveillance qu'il serait en droit d'en exiger.

— Mais le mérite, nous dira-t-on peut-être, comment le constater? — D'une manière fort simple: par le concours. — Nous nous sommes expliqués

1. Nous avons particulièrement en vue les fonctions qui ont ou peuvent revêtir un caractère politique : les préfectures et sous-préfectures, le Conseil d'État, la magistrature, la diplomatie, etc.

sur ce point à propos d'une carrière particulière : de la magistrature. Ce que nous avons trouvé non-seulement possible, mais relativement facile dans une branche si importante de l'administration générale, ne saurait être impossible dans les autres.

Nous ne connaissons pas, pour notre part, de méthode de recrutement qui soit en même temps plus conforme à la justice et à l'intérêt public et qui prête moins à l'arbitraire, qui ne doit exister à aucun degré dans un État démocratique. Mais pour que cette sélection intellectuelle soit vraiment efficace et satisfasse entièrement au principe d'égalité, il faut qu'elle porte, non pas en apparence seulement, mais en réalité, sur la masse de la nation. Ce sera l'effet d'un système d'éducation publique qu'il est urgent d'établir, si nous voulons vivre et prospérer, et qui sera la pierre angulaire de notre démocratie. Ce n'est pas ici le lieu de détailler un plan complet d'éducation nationale; nous avons essayé de l'esquisser ailleurs. Qu'il nous suffise de dire que ce système devrait être conçu de telle manière qu'un esprit supérieur ne pût surgir dans le moindre de nos hameaux, sans trouver aussitôt, soit dans la gratuité des études, soit dans les subsides assurés par l'État à tous ceux qui auraient satisfait à des épreuves déterminées, les moyens de s'élever au sommet du savoir contemporain, dans la branche des connaissances humaines à laquelle il se serait attaché.

La fortune, comme on le voit, garderait encore ses avantages; car elle aurait toujours le moyen de s'assurer une culture supérieure, à laquelle la pauvreté ne pourrait atteindre que grâce à un génie heureux soutenu par un travail opiniâtre, et après laquelle soupireraient en vain beaucoup de nobles esprits. Mais, de cette manière au moins, il n'y aurait que le minimum possible d'intelligences perdues, et cette concurrence redoutable forcerait le riche lui-même à faire de plus grands efforts pour ne point se laisser déchoir. Cette lutte pacifique profiterait à la société tout entière. Le riche, en somme, n'y gagnerait pas moins que le pauvre, puisqu'il y trouverait un stimulant capable de l'arracher à l'influence énervante de la fortune sur les meilleurs esprits.

— Certes, le système d'éducation que nous rêvons n'a pas seulement en vue de préparer un personnel suffisant pour le recrutement des fonctions publiques; il a plus de compréhension et plus de portée. Il est probable même que, dans une démocratie définitivement organisée, beaucoup d'esprits, qui se sentent attirés aujourd'hui vers la politique, parce qu'elle est dans une période militante, se tourneraient vers d'autres carrières. Il en est cependant un certain nombre qu'elle ne cesserait de tenter, parce que le gouvernement des sociétés est un des plus nobles emplois de l'intelligence humaine. Il est donc utile, sinon tout à fait indispensable, que les esprits dont nous parlons puissent trouver, dans notre système d'éducation nationale, les moyens de se préparer aux diverses branches de la carrière politique et de l'administration générale. La chose est même d'autant plus importante que l'autonomie administrative étant rendue aux différents groupes sociaux, il est nécessaire qu'il se forme dans le pays tout entier un personnel capable de remplir avantageusement les fonctions dévolues jusqu'à ce jour aux préfets et autres agents du pouvoir exécutif. — Or, il existe à cet égard, dans l'enseignement public, une lacune qu'il peut être bon de combler. Il nous manque une école où la science administrative soit enseignée non-seulement dans son ensemble, mais encore dans ses détails ; — dans son ensemble, afin de préparer à la politique des hommes compétents comme il convient à une démocratie, où les fonctions ne sont pas de vains titres ; — dans ses détails et d'une manière approfondie, afin que chacun puisse acquérir l'ensemble des connaissances dont la possession est indispensable pour entrer dans la carrière particulière à laquelle il se destine et la parcourir avec distinction. — Sans doute, il existe déjà des écoles spéciales, telles que les écoles militaire, navale, des ponts et chaussées, des mines, des eaux et forêts, etc.; mais à proprement parler, ce sont là des écoles professionnelles plutôt que des écoles administratives. Excellentes à ce point de vue, elles ne tendent cependant qu'à la spécialité, qu'à l'application. Au-dessus d'elles doit planer, pour ainsi dire, la science générale, moins profonde peut-être, mais plus compréhensive qui les embrasse toutes et les met en œuvre. Il est vrai que dans chaque branche de l'administration publique il y a un côté professionnel ; c'est pourquoi, sans nous arrêter à de vaines distinctions, nous ne croyons pas qu'il soit moins nécessaire à quelqu'un qui se destine aux finances, par exemple, d'étudier à fond la science financière ; à quelqu'un qui se destine à la diplomatie, aux consulats, etc., d'étudier à fond ce qui se rapporte à ces carrières, non-seulement en général, mais eu égard aux divisions qu'elles comportent et jusqu'aux lieux mêmes où elles seront exercées[1].

Nous pourrions ainsi passer en revue les diverses branches de l'administration, nous y trouverions la même lacune.

Aujourd'hui on entre dans l'administration, tout petit, pour ainsi dire, et tout nu. On ne donne pas grand chose[2], mais on exige si peu, quand on l'exige. L'avancement est lent, capricieux, arbitraire; les services et les talents pèsent beaucoup moins que les influences, et, pour être sûr d'arriver, il ne faut pas s'attarder à suivre la filière; il faut entrer par le haut bout, par la porte de la faveur; il faut être fait d'emblée général ou tout au moins colonel. Il est vrai que la plupart du temps ces généraux et ces colonels sont obligés de prendre le mot de leurs sous-ordres. — Cela tient, peut-être, à ce qu'il n'a pas encore

1. Ne serait-il pas avantageux pour le service de distribuer entre plusieurs régions déterminées le personnel diplomatique et consulaire? Un homme ne peut ni tout savoir ni tout apprendre. En le faisant passer de Rome ou de Washington à Téhéran, à Pékin ou à Moscou, on ne lui donne pas les connaissances qui lui manquent et surtout celle des langues, qui est essentielle. Des hommes qui seraient préparés à exercer leurs fonctions et à passer leur vie dans une région déterminée la connaîtraient bientôt à fond et rendraient des services incalculables. Des hommes qui changent sans cesse de poste, sans autre motif que leur intérêt ou leurs convenances personnelles, n'en rendent que de très-problématiques, comme il arrive toujours quand la fonction est créée pour l'homme, plutôt que l'homme pour la fonction.

2. Souvent même, on ne donne rien tout d'abord; ce qui est absolument contraire au principe démocratique; le surnumérariat gratuit suffisant à barrer la route à tous ceux que la fortune aveugle n'a point favorisés de ses dons.

été fait une distinction suffisamment tranchée entre deux catégories de fonctionnaires dont les attributions comme la capacité doivent être fort différentes. Il faut, selon nous, qu'il y ait deux catégories d'agents, ce que l'on pourrait appeler des agents dirigeants et des agents auxiliaires, sans qu'il fût possible de passer de la deuxième de ces catégories dans la première autrement que par la grande porte du concours.

Que pour toutes les fonctions publiques qui demandent une haute intelligence et des connaissances étendues, il soit ouvert, conformément aux besoins de l'administration, des concours publics auxquels seront admis, sans condition d'âge, sans condition de provenance, tous ceux qui se croiront capables d'affronter victorieusement les épreuves qui leur seront imposées. Nous disons sans condition d'âge et de provenance, car rien ne nous parait plus injuste et en même temps moins raisonnable, que de faire dépendre l'avenir d'un individu d'un examen subi vers la vingtième année. Ne suffit-il pas, en effet, de la plus petite cause, d'un rhume de cerveau, qu'on nous permette de le dire, ou d'une digestion laborieuse, pour paralyser, à un moment donné, les moyens d'un candidat et assurer le triomphe de ses rivaux? Et ce candidat, plein de jeunesse et peut-être d'intelligence se verrait définitivement arrêter par la limite d'âge à une époque où sa pensée commence à peine à balbutier? Et, quelque progrès qu'il fasse désormais, quelque supériorité qu'il acquière, quelque aptitude qu'il manifeste, il ne serait plus qu'un fruit sec? Tout cela serait insensé, tout cela serait révoltant, tout cela serait le triomphe de l'inégalité, de la médiocrité élevée en serre chaude. Combien d'hommes qui ne se développent que tard, soit par un effet de leur constitution, soit par l'effet des circonstances plus difficiles dans lesquelles ils se sont trouvés placés, et qui n'en sont pas moins capables de devenir des hommes supérieurs. Faut-il que, passé vingt-cinq ans, toute carrière publique leur soit fermée, ou qu'elle ne leur soit ouverte que par le bon plaisir d'un ministre? — Il n'en doit pas être ainsi dans une juste démocratie; il faut que toutes les portes soient toujours ouvertes à la supériorité prouvée. Capacité intellectuelle, capacité morale, capacité physique, il n'y a que cela qui importe et qui mérite de compter.

— Nous ne méconnaissons pas, car il n'y a rien d'absolu dans nos idées, que cette limite d'âge ne soit nécessaire dans certaines carrières, dans l'armée, par exemple, ou dans la marine, où du reste elle rentre dans la loi générale du recrutement; mais elle nous paraît complétement inutile dans les carrières civiles; plus qu'inutile, funeste comme tout ce qui ressemble à un monopole. Le système actuel ne favorisât-il qu'une médiocrité, ne décourageât-il surtout qu'une supériorité, cela seul suffirait à sa condamnation.

L'Université nous offre à cet égard un exemple qu'il serait bon d'imiter. Il existe sans doute une école spéciale qui a pour but de lui préparer des professeurs; c'est l'École normale supérieure à laquelle on n'est admis qu'après un concours sérieux, et qui fournit soit à l'enseignement, soit aux lettres ou aux sciences tant d'hommes distingués, qui sont à tous égards l'honneur de leur génération. Mais le corps universitaire n'en reste pas moins toujours ouvert à tous, et on pourrait citer parmi ses membres les plus éminents des hommes qui se sont faits eux-mêmes, et qui, sans être sortis de l'École normale, n'ont pas été jugés indignes d'y enseigner.

— Revenant à notre idée principale, dont nous nous sommes un peu écartés par une digression nécessaire, nous répétons que, à notre avis, il devrait y avoir dans toutes les branches de l'administration où cette division est possible, des employés ou fonctionnaires dirigeants, placés à la tête de cette administration et entrant d'emblée dans cet ordre de fonctions après un concours prouvant non-seulement une capacité suffisante, mais une capacité supérieure. Il est évident que ces places, qui seraient relativement en petit nombre, qui seraient en même temps très-honorables et convenablement rémunérées, seraient, par cela même, fort recherchées, et que la concurrence entre les candidats les ferait naturellement tomber entre les mains d'une élite, au grand avantage du service. On ne verrait point, comme aujourd'hui, des intelligences supérieures vieillir et s'éteindre « dans les emplois obscurs de quelque légion. » On arriverait à la tête de sa carrière, dans la force de la jeunesse, avec cette activité d'esprit et de corps, cette ardeur, cette initiative, qui s'en vont nécessairement avec les années et qui sont la mort de la routine, si chère à la bureaucratie[1].

1. Nous nous demandons si ce système ne devrait pas être appli-

Il n'est guère possible d'entrer dans les détails de cette question, ni de fixer une règle uniforme, invariable, qui s'applique également à des carrières très-différentes et très-variées; mais il est des points communs que nous devons mettre en lumière. Quels que soient les programmes imposés, il nous semble nécessaire qu'ils soient fixés ou du moins approuvés par une commission de l'Assemblée nationale; d'abord, parce que c'est le meilleur moyen d'éviter tout arbitraire dans la composition de ces programmes, et de les tenir à un niveau suffisamment élevé; ensuite et surtout, parce qu'il importe, selon nous, que l'Assemblée nationale, qui est la souveraineté de la nation en acte, exerce une influence, au moins indirecte, sur le personnel des hauts fonctionnaires, ainsi que cela se pratique aux États-Unis, où le Sénat concourt avec l'Exécutif à la nomination de tous les fonctionnaires de quelque importance; enfin, parce que l'Assemblée, par l'organe de cette commission, doit juger en dernier ressort toutes les réclamations qui peuvent s'élever touchant l'avancement.

— L'avancement, en effet, ainsi que nous l'avons

qué jusque dans l'armée et s'il ne devrait pas y avoir deux catégories d'officiers dans chacune desquelles on entrerait à des conditions diverses. La vigueur de l'esprit, surtout chez des hommes d'action, est très-étroitement liée à la vigueur du corps; et l'une et l'autre ne sont-elles pas bien souvent usées quand on parvient aux grades supérieurs, après de longues années d'un service fastidieux pour des intelligences qui sont et qui se sentent supérieures à leurs fonctions? L'histoire ne nous apprend-elle pas que presque tous les grands capitaines l'ont été dès leur jeunesse et qu'ils ont presque toujours été secondés par des lieutenants jeunes comme eux : Alexandre, Annibal, les Scipion, César, Condé, Napoléon, Frédéric, Hoche, Moreau, etc.? — La vieillesse n'est-elle pas souvent, surtout à la guerre, l'écueil du génie?

déjà dit à propos de la magistrature, doit, selon nous, avoir lieu à l'ancienneté et au choix. Nous croyons inutile de répéter ici les raisons que nous avons données plus haut de ce double mode d'avancement. Elles peuvent, en somme, se résumer en deux mots : il est juste de tenir également compte de la quantité des services et de leur qualité. Il ne faut pas que le respect exagéré d'un intérêt de personne maintienne indéfiniment au second rang des hommes qu'un mérite éclatant ou des services exceptionnels désigneraient évidemment au premier. Mais, à raison même du mode de recrutement, l'avancement à l'ancienneté serait la règle; l'avancement au choix ne serait qu'une exception rare; il devrait, de plus, être motivé toujours, et ne deviendrait définitif qu'après avoir été ratifié par la commission supérieure, laquelle serait juge de toute réclamation qui pourrait lui être adressée par les intéressés. — Nous entendons par intéressés tous ceux à qui l'ancienneté dans la carrière donnant un droit de préférence pourraient se croire lésés par une nomination hors tour. — De cette manière, les hautes carrières administratives seraient ouvertes à tous et défendues contre tous; ouvertes à toutes les supériorités, défendues contre toute faveur et tout arbitraire. Le pays serait certain de trouver dans ses fonctionnaires aptitude spéciale et capacité générale. Les capacités supérieures seraient assurées d'obtenir de bonne heure des emplois à la hauteur de leur mérite et un avenir croissant, pour ainsi dire, avec leur valeur et l'importance de leurs services. Elles ne seraient point exposées à voir, comme on ne le voit que trop souvent encore, le fruit d'un long travail leur échapper et passer, à leur barbe, entre les mains d'un favori à qui sourient de toutes puissantes influences. On pourrait être désormais fonctionnaire sans être valet. Quand on tient sa place de son seul mérite et qu'on y a des droits bien définis; quand chaque carrière est défendue contre tout injuste envahissement; quand l'avancement n'a lieu que selon des règles bien déterminées et sous le contrôle éminent de la souveraineté nationale, on n'a plus besoin de flagorner personne; on n'a plus besoin de quitter son poste et de négliger ses devoirs professionnels, pour venir faire antichambre chez un ministre, souvent éphémère, mais dont un caprice peut vous briser comme un verre, ou vous balayer comme un fétu. Sans être précisément inamovible, on jouit de la seule inamovibilité qui soit réellement inhérente à une fonction : on la conserve aussi longtemps que « la conduite est bonne. » On le sait et l'on trouve ainsi le moyen de concilier, chose si difficile, la dignité et l'indépendance avec la subordination. — Tout cela, me dira-t-on peut-être, dans cette réforme? — Tout cela! et bien d'autres choses encore qu'il serait trop long d'énumérer ici, mais que l'on comprendra pour peu que l'on se donne la peine de méditer sur ce sujet[1].

— Ce que nous venons de dire pour cette catégorie

1. Qui ne comprend, par exemple, que de tels fonctionnaires n'auraient aucun intérêt à se prêter à une révolution et que ce mode de nomination aux fonctions publiques suffirait pour arrêter toute tentation de la part de ceux qui ne cherchent, dans un changement de gouvernement, qu'une occasion et un moyen de se glisser dans une place qui leur assure leur part du budget?

de fonctionnaires dirigeants, nous le disons également pour les agents auxiliaires. Il n'y a que la différence de degré. Ils sont également les serviteurs du pays qui a le même intérêt à ce qu'ils soient bien choisis, conformément à l'égalité qui est la justice; ils ont de leur côté les mêmes devoirs et les mêmes droits, qui exigent le même contrôle et la même garantie. Les règles du recrutement et de l'avancement de cet ordre de fonctionnaires seraient donc les mêmes que celles qui régissent le recrutement et l'avancement des fonctionnaires de l'ordre supérieur: concours sérieux, avancement à l'ancienneté et au choix; recours toujours ouvert aux droits de l'ancienneté contre le choix; avancement restreint à la catégorie de fonctions à laquelle on appartient. Est-ce à dire qu'un agent auxiliaire ne puisse jamais devenir un agent dirigeant? Non, certes, car cette interdiction serait une espèce de servitude. La démocratie n'attache personne à la glèbe. Tout agent auxiliaire pourra s'élever à la classe supérieure; mais il ne le pourra qu'en se soumettant aux conditions imposées à tous. Il ne pourra y entrer que par la porte du concours; mais cette porte lui sera toujours ouverte. Nul désormais n'aura le droit de se plaindre que son mérite reste enfoui dans des emplois subalternes et l'on ne verra plus s'éteindre dans les obscures fonctions de commis, des hommes qui auraient été capables de diriger une branche importante de l'administration.

Nous n'avons pas besoin d'ajouter qu'il ne s'agit, dans notre pensée, que des fonctions exigeant des connaissances d'un certain ordre et qui ne se rencontrent pas chez le vulgaire. Nous ne saurions trop le répéter, il n'y a rien ici d'absolu; c'est le bon sens qu'il faut consulter avant tout. Il faut d'abord, dans la mesure du possible, donner satisfaction à la justice; nous croyons avoir indiqué les meilleurs moyens d'y parvenir. Mais là où ces moyens ne sont plus applicables on est bien forcé de recourir à d'autres qui conduisent plus simplement et plus directement au but. Il est, par exemple, tel ordre de fonctionnaires, qui échappent complétement aux règles que nous avons établies. On ne voit guère, en effet, comment il serait possible de soumettre à un concours, dans le sens ordinaire du mot, des gardes champêtres, des gendarmes, les agents de la police, publique ou secrète, etc. Il reste ici, par la nécessité des choses, un certain arbitraire; mais il est peu dangereux, pour deux raisons : d'abord, parce que la nature de ces fonctions n'est guère faite pour tenter l'avidité de l'ambition et pousser au favoritisme; en second lieu, parce que les règles mêmes imposées au recrutement des fonctionnaires supérieurs chargés de ces choix, dont ils répondent, nous garantissent, autant que possible, qu'il ne serait tenu compte que de l'aptitude non-seulement spéciale, mais supérieure des candidats.

— Nous en avons assez dit sur ce point pour faire comprendre notre pensée. Ce que nous voulons, avec la Constitution de 91, « c'est que tous les citoyens soient admissibles aux places et emplois, sans autre distinction que celle des vertus et des talents. » L'intérêt général l'exige non moins que l'égalité qui est la justice. Nous ne prétendons pas avoir indiqué le seul moyen d'arriver au but ; mais nous croyons fermement qu'il y faut tendre. Nous n'ignorons point que c'est une vieille habitude, quand on veut ajourner une réforme dont on ne peut nier la justice, d'alléguer que la réalisation en est impossible dans la pratique. Mais nous savons aussi que, lorsqu'on est bien décidé à la faire, les difficultés s'évanouissent bien vite, et qu'on ne tarde guère à trouver les meilleurs moyens de l'opérer. Soyons résolument démocrates et toutes ces réformes, qui sont dans la logique des choses, s'accompliront comme par enchantement.

— L'égalité exige encore que « toutes les contributions soient réparties entre tous les citoyens également en proportion de leurs facultés ». Nous n'avons pas à étudier ici le meilleur système de répartition de l'impôt. Outre que la matière n'est pas de notre compétence, cette étude nous entraînerait trop loin. Qu'il nous suffise de rappeler que cette égalité n'a pas toujours été fidèlement observée ; que par des lois aussi injustes qu'ingénieuses, on a trouvé longtemps le moyen d'enrichir le producteur aux dépens du consommateur. Ainsi font toujours les oligarchies. Le suffrage universel et les progrès de l'économie politique ont rendu nécessaires, même sous le plus détestable des gouvernements, la consécration de la liberté du travail et de la liberté du commerce qui ont corrigé ces abus dans une large mesure, sans porter atteinte, comme le prétendaient les monopoleurs, à la prospérité nationale. Cet exemple suffirait seul à nous démontrer combien il importe à un peuple de se gouverner lui-même au moyen de mandataires élus par la nation tout entière. Une oligarchie qui gouverne ne gouverne jamais qu'à son profit. Nous l'avons toujours vu ; nous le verrions encore si MM. les conservateurs parvenaient à mettre la main sur le pouvoir. Heureusement que ces habiles se sont pris à leur propre piége ; ce qui prouve, sans doute, que leurs beaux jours sont définitivement passés.

— Mais les contributions pécuniaires ne sont pas les seules charges qui doivent être également réparties entre tous les citoyens. Il en est d'autres, et particulièrement une, qui doit peser également sur tous ; car il y va de la vie même avec laquelle aucun bien ne peut entrer en comparaison, parce qu'elle est aussi chère au mendiant dans sa hutte qu'au millionnaire dans son palais. Cet impôt du sang n'a pesé trop longtemps, comme tant d'autres, que sur la classe la plus pauvre, la moins instruite, la plus infime, au grand détriment de la patrie dont l'amour a été s'affaiblissant de plus en plus dans les âmes. Des revers, moins immérités peut-être qu'il ne nous plaît de le dire, nous ont enfin rangés à une opinion plus saine. Nous avons adopté le principe du service obligatoire pour tous. Mais ici encore nous avons trouvé le moyen de faire triompher l'inégalité ; nous avons assuré à l'argent un privilége qui ne saurait lui appartenir. Des esprits généreux et sages avaient rêvé que, grâce à cette réforme l'armée ne serait pas seulement un rempart invincible contre les dangers extérieurs, mais aussi, et surtout, une grande école pour la nation. Ils avaient rêvé que de cette fusion de toutes les classes, vivant sur un pied d'égalité parfaite, sous un même drapeau, à un âge où la camaraderie est facile, sortirait une nation plus homogène; que les préjugés, les jalousies, les haines qui séparent les différentes classes ou couches sociales, seraient effacées par un contact prolongé qui leur permettrait de se mieux connaître. Ils espéraient enfin que le niveau moral et intellectuel du grand nombre ne pourrait manquer de s'élever, comme il arrive naturellement quand on vit des années dans la familiarité de gens d'une éducation supérieure. Cette espérance a été en grande partie déçue. Au nom de l'intérêt public faussement invoqué, on a déchargé d'une partie considérable du fardeau tous ceux, à peu près, qui peuvent en payer l'exemption. Le nombre en est et en sera de plus en plus considérable. On a ainsi introduit dans l'armée une catégorie de privilégiés, la pire de toutes, les privilégiés de la fortune. Cette faculté d'exonération partielle, qu'on veuille bien y réfléchir n'est rien moins que favorable au développement du patriotisme. Qu'on eût congédié après la 1re ou la 2e année de service tous ceux dont l'instruction militaire aurait été jugée suffisante, nous le comprendrions encore; il n'y a rien là que de conforme à la justice et au bon sens. Mais que, sous prétexte d'agriculture, de commerce ou d'industrie, Pierre, qui possède 1500 fr., soit libéré après une année, et que Paul soit obligé de servir cinq ans, parce qu'il ne les a pas, c'est ce qui ne peut se comprendre. Nous ne voudrions point affirmer que l'intérêt public n'exige pas quelque dérogation à la règle générale, bien que tel ne soit pas notre sentiment; mais nous demandons au moins que ces dérogations, si elles sont nécessaires, soient réduites à la plus stricte nécessité ; nous demandons surtout qu'il ne s'y mêle point de question d'argent. Si l'intérêt public impose certaines immunités, qu'on les accorde purement et simplement, sans se laisser toucher par une fausse sympathie pour le budget. S'il y a des économies à faire ce n'est pas de ce côté. La France, qui est toujours assez riche pour payer sa gloire, l'est encore assez pour payer sa sécurité sans blesser ni l'égalité, ni la justice, ni la dignité de ses enfants.

Sommes-nous, en cette matière, au bout de nos justes critiques ? — Pas encore. — Près de 100,000 hommes en France sont exemptés de tout service militaire à titre de ministres d'un culte, et cette exemption est certainement une des causes qui contribuent le plus à pousser tant de robustes gars dans la voie de la perfection. Il est vrai que, pendant que le peuple d'Israël combat dans la plaine, la tribu sainte invoque sur la montagne le Dieu des armées. Mais, quelle que soit l'efficacité de leurs oraisons jaculatoires, nous avons la simplicité de penser qu'elles seraient avantageusement remplacées par des chassepots et des canons se chargeant par la culasse.

Assez, encore une fois, assez de ces priviléges odieux, de ces immunités injustifiables. — Pour cette raison et pour d'autres encore, que tout le monde doit comprendre, il importe au plus haut degré de réformer sur ce point, et le plus tôt possible, nos lois militaires. Nous n'admettons pas même d'exemption pour les membres du corps enseignant. Si nous voulons que le maître puisse inspirer à la jeunesse le dévouement au pays, il faut au moins qu'il l'ait servi lui-même et qu'il soit prêt à prêcher d'exemple et à payer de sa personne.

— L'égalité existe-t-elle au moins devant la justice répressive ainsi qu'on se plaît tant à le répéter? Est-il vrai que les mêmes délits, comme le voulait la Constituante, soient punis des mêmes peines, sans aucune distinction de personnes? Il est impossible de ne pas répondre négativement à cette question, surtout en ce qui touche aux crimes ou délits politiques. Comment veut-on que le pouvoir, s'il peut mettre à son gré, la main sur la balance de la justice, la tienne égale entre les parties? Il est inutile ici de se livrer à une longue énumération de faits qui sont présents à toutes les mémoires : qu'on songe seulement à la presse. Et n'avons-nous pas coudoyé cent fois promenant leur importance sur nos boulevards des hommes qui, au mépris de toutes les lois et de tous les serments, y ont assassiné par centaines un peuple inoffensif, femmes, enfants, vieillards; tandis que les défenseurs du droit et de la loi, ceux du moins qui n'étaient pas tombés sous les balles des bourreaux, mouraient ou languissaient dans les prisons et dans l'exil? Et les juges qui ont prononcé ces criminelles sentences, est-ce qu'ils ne siégent pas encore? Et alors même que la justice a condamné, l'arbitraire et l'inégalité ne se glissent-ils pas jusque dans le droit de grâce? On fusille Rossel, on grâcie Bazaine! Et dans des criminels de droit commun, ne rencontre-t-on pas les commutations les plus surprenantes et les plus étranges réhabilitations? Qu'on se souvienne seulement des Doineau et des Laroncière. Suivant que vous serez puissant ou misérable, dit le Fabuliste... Nous n'insistons pas. Il nous suffit d'avoir démontré que, même en cette matière, contrairement à l'opinion commune, il s'en faut de beaucoup que l'égalité soit respectée. Elle ne le sera vraiment que le jour où, réalisant, dans l'organisation du pouvoir judiciaire, les réformes que nous avons indiquées, l'honneur, la vie, la liberté, la propriété, la pensée des citoyens se trouveront placés sous la sauvegarde d'une justice indépendante des influences d'en haut et de la pression d'en bas.

— Mais il est un moyen plus général et plus sûr d'établir parmi les hommes le règne de l'égalité; c'est de la créer réellement dans les âmes par un système d'éducation qui les élève moralement au même niveau, en leur donnant une connaissance suffisante de leurs droits et de leurs devoirs. Alors seulement disparaîtront, pour ne plus reparaître qu'à l'état de fossiles historiques, les titres vains, la morgue insolente, les prétentions surannées, l'amour égoïste du privilége, comme disparait du sol une flore ou une faune, quand, les conditions d'existence étant changées, elle n'y trouve plus les moyens de vivre. C'est ce qu'avaient bien compris les grandes assemblées de la Révolution, et, en particulier, la Constituante. Ces législateurs, qui n'en étaient pas encore venus, comme les nôtres, à douter ou à rire des principes rationels de la philosophie sociale, et dont l'esprit embrassait, dans sa vaste portée, l'ensemble complet des institutions qui doivent servir d'organes à une société bien policée, ces législateurs n'avaient pas oublié de décréter : « qu'il serait créé et organisé une instruction publique commune à tous les citoyens, gratuite à l'égard des parties d'enseignement indispensables pour tous les hommes, et dont les établissements seraient distribués graduellement dans un rapport combiné avec la division du royaume. » Ils savaient, ce qui est l'évidence même, que les individus valent ce que vaut leur éducation, et les sociétés ce que valent les individus ; ils en concluaient tout naturellement que veiller à cette éducation est le droit le plus incontestable de l'État, son devoir le plus certain, son intérêt le plus impérieux.

CHAPITRE IX

Quelques mots touchant la fraternité.

> Diliges proximum tuum
> Sicut te ipsum.

Le mot de fraternité n'éveille encore trop souvent, dans la plupart des esprits, que l'idée d'une sensibilité toute instinctive qui nous porte vers nos semblables, vers ceux surtout dont la misère, la faiblesse, la maladie ou l'abandon sollicitent plus particulièrement notre sympathie et notre assistance. Synonyme de charité, il implique pour le chrétien l'idée d'obligation religieuse. Le christianisme évangélique, en effet, n'en déplaise aux dévôts contempteurs du nombre, n'est guère autre chose que la doctrine de la fraternité poussée jusqu'à son extrême limite : la communauté des biens. Mais, vivant à part de la société civile qu'il ignorait, pour ainsi dire, tout en la subissant, il ne pouvait guère songer à transformer cette obligation religieuse en obligation sociale. Et la raison en est fort simple : si le christianisme évangélique eût jamais pu se réaliser, si, triomphant de son égoïsme, chaque homme en était venu à « aimer son prochain comme lui-même », il est évident que toute autre prescription eût été superflue, et que la société religieuse aurait absorbé la société civile ; laquelle n'eût été dès lors que le concours harmonieux de toutes les volontés, cherchant en toute chose ce qui est le plus utile au bien commun.

— Si l'humanité n'est pas au-dessous de cet idéal, il faut reconnaître qu'elle en est encore fort éloignée. Aussi n'est-ce pas dans cette acception que nous prenons le mot « fraternité ». Son synonyme pour nous, n'est pas charité, c'est-à-dire amour ; c'est solidarité, c'est-à-dire devoir, obligation réciproque, susceptible d'être transformée en obligation légale. Or, comme à tout devoir correspond un droit, au devoir d'assister chez tous, doit correspondre le droit à l'assistance chez chacun.

Que le lecteur ne s'alarme point de cette affirmation. Nous ne sommes pas socialiste dans le sens utopique du mot ; notre idéal n'est point l'État-Providence, chargé d'assigner à chacun sa tâche et sa pâture. Tout en nous tenant dans une prudente réserve touchant les modifications que peut subir la conception de l'ordre social dans un avenir très-lointain, nous sommes personnellement individualiste ; c'est-à-dire que nous attendons surtout de la liberté et de l'activité propre de l'individu les améliorations matérielles, intellectuelles et morales qui peuvent augmenter son bien-être. — Il ne faut pas cependant tomber d'un extrême dans l'autre et, parce qu'on ne fait pas de l'État le souverain arbitre de la destinée de chacun, ne lui reconnaître aucune obligation, aucune responsabilité vis-à-vis de ses membres. Une telle opinion serait contraire à l'idée même de société, d'État, de gouvernement. Il y a ici, comme partout, une question de limite qu'il s'agit de tracer d'une main sûre.

— Ce n'est pas, certes, que nous fassions abstraction du sentiment de la fraternité naturelle, car c'est elle, au fond, qui constitue cette sympathie de plus en plus large que nous éprouvons pour tous nos semblables, à quelque société, à quelque race qu'ils appartiennent et que nous appelons si justement : humanité. Si nous ne nous croyons plus, au sens religieux du mot, les fils d'un même Père, la science ne nous révèle pas moins sûrement que la religion la communauté de notre origine ; et la notion, d'une origine commune, est bien de nature à favoriser entre les hommes le développement d'une affection fraternelle [1]. Mais cette fraternité ne doit plus, selon nous, conformément à l'idéal chrétien, se traduire par l'aumône. Le temps devrait être passé de ces riches mendiants qui, faisant vœu de pauvreté, ramassaient des fortunes incalculables [2] et croyaient satisfaire au précepte en distribuant à la porte de leurs monastères quelques écuelles de soupe à des malheureux qu'ils ruinaient en les tenant dans la paresse et l'abrutis-

1. Et non-seulement entre les hommes; mais, dans la mesure du possible, entre les hommes et les animaux inférieurs, qui sont nos frères dans le sens généalogique du mot.

2. Le clergé recevait tant qu'il faut que dans les trois races on lui ait donné plusieurs fois tous les biens du royaume...............

« Ces acquisitions sans fin paraissent aux peuples si déraisonnables que celui qui voudrait parler pour elles serait regardé comme un imbécile. » (Montesquie *Esprit des lois.*)

sement[1]. C'est pour eux qu'il a été dit : « « *Vœ vobis* « *scribæ et Pharisæi hypocritæ, quia comeditis domos vi-* « *duarum orationes longas orantes; propter hoc amplius* « *accipietis judicium.* » — « Malheur à vous Scribes et « Pharisiens hypocrites qui, sous prétexte de vos lon- « gues prières, dévorez les maisons des veuves; c'est « pour cela que vous recevrez un châtiment plus ri- « goureux. »

Nous avons aujourd'hui une idée plus juste de la fraternité humaine et de ses droits. Dans nos démocraties laborieuses, il ne doit plus y avoir de place pour le parasitisme et surtout pour le parasitisme religieux, cette lèpre qui dévore les sociétés en les infectant. Il faut que chacun vive de son travail ou des fruits légitimes d'un travail antécédent. Or, cette légitimité nous ne saurions jamais la reconnaître aux profits de la captation et de la mendicité. — Cependant, comme il existe dans chaque société un nombre plus ou moins considérable d'individus incapables, à divers titres, de pourvoir à leurs besoins par leur propre travail, la question se pose nécessairement des rapports réciproques de ces individus et de l'État.

1. « Pour vaincre la paresse du climat, il faudrait que les lois cherchassent à ôter tous les moyens de vivre sans travail; mais dans le midi de l'Europe, elles font tout le contraire; elles donnent à ceux qui veulent être oisifs des places propres à la vie spéculative et y attachent des richesses immenses. Ces gens qui vivent dans une abondance qui leur est à charge, donnent avec raison leur superflu au bas peuple : il a perdu la propriété des biens; ils l'en dédommagent par l'oisiveté dont ils le font jouir, *et il parvient à aimer sa misère même.* » (Montesquieu, *Du Monachisme.*)

Nous aimons à citer Montesquieu sur cette matière afin qu'on sache bien ce que valait un état qu'on voudrait nous faire regretter et auquel on cherche à nous ramener.

Quels sont, à ce point de vue, les droits et les devoirs de l'État envers les individus? — Quels sont les droits et les devoirs de l'individu envers l'État? — Le droit de l'État c'est évidemment que personne ne puisse se mettre indûment à la charge de la société ; le devoir de l'individu, c'est de pourvoir lui-même à sa propre subsistance sans nuire à cette même société. Mais dans cette lutte pour l'existence, qui est le fond de la vie universelle, dans cette bataille acharnée pour laquelle tous ne sont pas également armés, dans laquelle tous ne peuvent pas être également heureux, il y a toujours de nombreux blessés. — Ces blessés, la société doit-elle les achever, ou, passant dédaigneusement à côté d'eux, les laisser mourir, comme on dit, de leur belle mort? — Il suffit de poser une telle question pour la résoudre.

— Dans les sociétés primitives, où l'État existant à peine, n'exige de l'individu que le moindre sacrifice possible de sa liberté naturelle ; où placé directement en face de la nature, c'est avec elle surtout qu'il entre en lutte ; où la simplicité des besoins en facilite la satisfaction, l'État, si l'on peut lui donner ce titre, ne doit à l'individu qu'une très-faible assistance. C'est alors la fraternité naturelle qui entre, à peu près seule, en jeu. Mais lorsque les sociétés se compliquent au point que l'homme, éloigné de la nature, devenu presque exclusivement un être social, ne vit et ne peut vivre que dans et par la société qui lui impose toutes sortes de limitations, s'il vient à fléchir dans la lutte pour l'existence, en revanche n'a-t-il pas le droit de demander à la société, de lui venir en aide, au nom de la fraternité, ou plutôt de la solidarité sociale? La société qui s'y refuserait ne romprait-elle pas tout pacte avec les individus dont il s'agit? Car elle ne peut, évidemment, condamner personne à mourir de faim quand sa faiblesse, son infirmité ou le manque de travail ne lui laissent pas les moyens de vivre. Vivre, en effet, est le premier des besoins et le premier des droits; une société qui ne nous en assurerait pas la jouissance, mériterait à peine notre respect; elle n'aurait aucun frein à nous opposer que la force; force bien faible, puisqu'elle ne nous laisserait que le choix entre deux maux: l'un certain et suprême qui est de mourir de faim; l'autre douteux et d'ailleurs presque toujours moindre, la peine légale, à laquelle on peut ordinairement se flatter d'échapper si on est assez heureux ou assez habile. Ce serait l'état de guerre, c'est-à-dire la négation même de l'ordre social. *Malesuada fames!* On conçoit sans peine quel trouble résulterait d'un tel état de choses, et combien il importe de le prévenir. C'est donc son propre intérêt autant que le droit de l'individu qui impose à la société l'assistance fraternelle [1].

1. « Quelques aumônes que l'on fait à un homme nu dans les ues ne remplissent point les obligations de l'État, *qui doit à tous es citoyens une subsistance assurée, la nourriture, un vêtement onvenable et un genre de vie qui ne soit point contraire à la anté*................... »

.... « Les richesses d'un État supposent beaucoup l'industrie. Il n'est pas possible que dans un si grand nombre de ranches de commerce il n'y en ait toujours quelqu'une qui souffre t dont, par conséquent, les ouvriers ne soient dans une nécessité nomentanée. C'est pour lors que l'État a besoin d'apporter un prompt ecours, *soit pour empêcher le peuple de souffrir, soit pour éviter u'il ne se révolte*; c'est dans ce cas qu'il faut des hôpitaux ou uelque règlement équivalent qui puisse prévenir cette misère. »

(Montesquieu, *Esprit des lois*, l. XXIII, ch. XXIX.)

L'intérêt est évident, mais, selon nous, le droit ne l'est pas moins. Supposons, en effet, que la société, répondant à l'individu qui implore son assistance, lui adresse ces dures paroles : — « Pourquoi êtes-vous pauvre ? » — Car, en définitive, il n'y a que le pauvre qui ait besoin de son secours ; — est-ce que, dans la plupart des cas, l'individu ne serait pas fondé à lui renvoyer sa question ? « En effet, pourquoi « suis-je pauvre ? Qui peut, dans ma pauvreté, faire « le départ de ce qui me revient à moi-même et de ce « qui vous revient, à vous société ? Suis-je maître « de la destinée ? A-t-il dépendu de moi de naître ici « plutôt qu'ailleurs, de tel père plutôt que de tel « autre, en tel temps plutôt qu'en tel autre, avec « telle complexion plutôt qu'avec telle autre ? Pour-« quoi je suis pauvre ? En effet, pourquoi ne suis-je « pas riche ?... Infime rouage jeté par la fatalité dans « une machine énorme et qui m'entraîne dans son « mouvement, est-ce ma faute ou la sienne si je « fonctionne mal ? Si nous croissions ensemble au « sein de la nature, en quoi serais-je inférieur à tel « ou tel ? Etes-vous sûre d'avoir toujours été juste « envers moi ? M'avez-vous suffisamment armé pour « le combat de la vie ? Ne m'avez-vous pas, au con-« traire, écrasé de votre poids ? Qu'avez-vous fait « pour développer ma force productive ?... J'ai « manqué de prévoyance et d'économie ?... Quelle « prévoyance ? Quelle économie ?... N'avons-nous pas, « de père en fils, de génération en génération, porté le « poids du jour pour d'autres que pour nous, rece-« vant à peine, en échange, le pain quotidien [1] ? Est-

1. « L'on voit certains animaux farouches, des mâles et des

« ce ma faute si je n'ai pas un grabat pour y mourir?
« Je suis entouré de richesses incalculables que
« nous avons tous contribué à créer, — tous, enten-
« dez-vous, et surtout les pauvres; — je suis sans
« cesse tenté par tous mes sens; ai-je seulement
« songé à porter la main sur tout ce superflu? Dois-
« je donc abaisser ma dignité d'homme jusqu'à men-
« dier de la pitié brutale ou dédaigneuse des heu-
« reux ce qu'il me faut pour apaiser ma faim ou
« couvrir ma nudité?... — Que je travaille?... —
« C'est ce que je demande. — Ce n'est pas notre
« affaire? — Il faut donc que je meure? — Eh bien,
« soit! C'est la guerre entre nous. Je sais que je
« succomberai sous votre force supérieure; mais la
« force n'est pas le droit; et, d'ailleurs, je ne suc-
« comberai pas sans vengeance; j'aurai frappé le
« premier coup. »

Quelle réponse la société ferait-elle à ces récriminations et à tant d'autres qui pourraient lui être adressées? — Sans doute, nous ne prétendons pas qu'il n'y ait que des misères légitimes, et que la volonté de l'individu ne soit jamais pour rien dans son malheur. Mais, outre que les infortunes imméritées ne sont pas rares, la société y a toujours une telle part qu'elle ne saurait en décliner absolument la res-

femelles, répandus par la campagne, noirs, livides et tout brûlés du soleil, attachés à la terre, qu'ils fouillent et qu'ils remuent avec une opiniâtreté invincible; ils ont comme une voix articulée et quand ils se lèvent sur leurs pieds, ils montrent une face humaine *et, en effet, ils sont des hommes.* Ils se retirent le soir dans des tanières, où ils vivent de pain noir, d'eau et de racines; ils épargnent aux autres hommes la peine de semer, de labourer et de recueillir pour vivre, *et méritent ainsi de ne pas manquer de ce pain qu'ils ont semé.* » (La Bruyère, *de l'Homme.*)

ponsabilité. D'ailleurs, elle forme un corps dont les individus qui la composent sont tous les membres au même titre. En échange des sacrifices qu'elle leur impose, et qui vont, dans certains cas, jusqu'au sacrifice de la vie, elle leur doit sa protection. Or, que vaudrait cette protection, si, après leur avoir imposé de tels sacrifices au nom de la solidarité sociale, cette même solidarité ne les empêchait pas de mourir de faim au coin d'une borne? — Encore faut-il que tel soit le bon plaisir du maître de la borne; — car, dans une société où tout est approprié, le fils de l'homme peut littéralement n'avoir pas une pierre où reposer sa tête.

— En présence d'une semblable possibilité, la société peut-elle se décharger absolument sur la charité privée du soin d'assister ses membres malheureux? — Certes, il faut le reconnaître, le cœur humain, presque dans tous les temps et dans tous les milieux, a toujours eu des trésors de pitié, de bienveillance et de dévouement au service de toutes les infortunes. C'est à ce sentiment de fraternité naturelle, c'est à la charité, puisqu'il faut l'appeler par son nom, qu'ont été dues, presque partout, les fondations si variées qui ont pour but de soulager la diversité des misères humaines. Mais qui oserait en affirmer la suffisance? Ne rencontrons-nous pas tous les jours, à toute heure, sous des aspects souvent hideux, toujours pénibles, la mendicité qui nous assiége, et près de laquelle nous passons le cœur serré, incertains le plus souvent si nous faisons plus de bien que de mal en laissant tomber notre obole dans la main qui nous est tendue, incapables que nous sommes de discerner la main de la probité malheureuse de la main du vice, cause ou effet habituel de la misère? Certes, la charité, au point de vue subjectif, est toujours une bonne et noble chose; — il n'en est pas de plus douce; mais qui peut affirmer qu'elle ne soit pas souvent, au point de vue objectif, une chose funeste par les excès qu'elle engendre[1]?

Ne le fût-elle jamais, reste son insuffisance. Or, elle est surtout insuffisante parce qu'elle est facultative, et que, étant facultative, elle met complétement notre semblable à notre discrétion. Pouvons-nous penser sans frémir à ce qui se passe dans l'âme d'un honnête homme que l'excès du besoin a réduit à tendre aux passants une main furtive, et qui les voit se raidir à son aspect dans leur indifférence dédaigneuse et souvent brutale? La pauvreté honnête est ordinairement timide et fière; combien, plutôt que d'avoir recours à l'aumône, aiment mieux en finir

1. La charité, si ingénieuse dans l'invention des moyens les plus propres à secourir la misère sous tous ses aspects, n'est-elle pas souvent, par cela même, une prime à la paresse et à l'imprévoyance et n'engendre-t-elle pas, sans le vouloir, plus de maux qu'elle n'en soulage? — Qu'on veuille bien, avant de se récrier, méditer ces paroles de Montesquieu : « Henri VIII voulant réformer l'église d'Angleterre, détruisit les moines, *nation paresseuse elle-même et qui entretenait la paresse des autres*, parce que, pratiquant l'hospitalité, une infinité de gens oisifs, gentilshommes et bourgeois, passaient leur vie à courir de couvent en couvent. Il ôta encore les hôpitaux, où le bas peuple trouvait sa subsistance, comme les gentilshommes trouvaient la leur dans les monastères. Depuis ce changement, l'esprit d'industrie et de commerce s'établit en Angleterre.» .... « A Rome, les hôpitaux font que tout le monde est à son aise, excepté ceux qui travaillent, excepté ceux qui ont de l'industrie, excepté ceux qui cultivent les arts, excepté ceux qui ont des terres, excepté ceux qui font le commerce.»

(Montesquieu, *Esprit des lois*.)

avec la vie? Combien d'infortunées jeunes filles, placées entre la faim et le déshonneur, achètent avec leurs derniers sous ce qu'il leur faut de charbon pour s'asphyxier dans leurs mansardes? N'a-t-on pas vu des mères se précipiter dans les fleuves, après s'être attaché autour du corps leurs pauvres petits enfants? Nous n'avons pas la prétention d'offrir ici même une faible esquisse des désespoirs causés par des misères non secourues ou insuffisamment secourues. C'est un tableau que chacun peut se représenter à soi-même, et qui est bien capable de nous troubler jusqu'au fond de l'âme, surtout si nous le considérons sous ses deux faces. Car, pendant que l'honnêteté souffre et meurt, des gredins et des misérables, qui connaissent à fond l'art d'exploiter la charité publique, vivent à nos dépens dans un sale parasitisme, et dépensent dans d'ignobles orgies ce même argent que nous avons refusé, peut-être, à la vertu mourant de faim.

— Oui, quelque admirable qu'elle soit, la charité privée est insuffisante, parce qu'elle est arbitraire, parce qu'elle est facultative, parce qu'elle est incohérente, parce qu'elle ne peut embrasser la diversité des misères sociales de manière à y remédier complétement par un ensemble d'institutions combinées, parce que, enfin, il ne serait peut-être pas difficile, en creusant le sujet, de prouver qu'avec les intentions les plus pures, pour réaliser un petit bien, elle maintient souvent ou prépare de grands maux.

L'État et les différents groupes sociaux, départements et communes, ont bien compris cette insuffisance de la charité privée; aussi ont-ils rivalisé avec elle dans la recherche et la création des moyens de remédier à toutes les infortunes. Depuis les crèches et les salles d'asile jusqu'aux hôpitaux et aux maisons d'aliénés, il n'est guère d'espèce d'infirmités au soulagement de laquelle il n'ait été pourvu par des établissements utiles. Mais, outre qu'ils sont arbitrairement distribués, qu'ils ne suffisent pas toujours à tous les besoins, et que l'utilité de quelques-uns est fort contestable, sinon pour le présent, au point de vue du fait, au moins pour l'avenir, au point de vue des conséquences, ces établissements, quels qu'en soient le nombre et la variété, laissent pourtant dans le système des secours publics une importante lacune.

On n'a pas prévu le cas où, faute de travail, le pauvre valide serait réduit, à quoi? à mendier! Il semble qu'on ait voulu se dispenser par là de reconnaître, sinon le droit au travail, au moins le droit à l'assistance dans ce qu'il a de plus caractéristique.— Et, cependant, en quoi le besoin du pauvre infirme est-il plus respectable que celui du pauvre valide? Sans insister ici sur le droit, que nous croyons très-suffisamment établi, n'y a-t-il pas pour la société un intérêt bien autrement impérieux à secourir le pauvre valide qu'à secourir le pauvre infirme? Vis-à-vis de l'infirme, en effet, il n'y a place que pour la pitié, que pour la sympathie; vis-à-vis du valide, au contraire, il y a place aussi pour la crainte.

Nous ne prétendons pas, assurément, que la société soit tenue d'accorder ses secours sans examen et sans réflexion à tous ceux qui les réclament. Mais, outre l'horreur insurmontable qu'éprouve la dignité de tout honnête homme à la seule pensée de la mendicité, horreur qu'il serait cruel de ne point lui épargner s'il est possible, que lui restera-t-il si la faim, lui ayant imposé cette pénible résignation, il voit, ce qui peut arriver, ce qui arrive, sa prière repoussée? — La mort [1] ou le crime; ce que, du moins, la société ne peut s'empêcher de condamner comme tel. Et, pourtant, qui ne sent ici qu'il ne peut être juste de frapper, pour avoir violé les lois sociales, une personne, honnête d'ailleurs, mais à laquelle il ne restait d'autre moyen de vivre que de les violer? — C'est là qu'est le droit, et c'est là qu'est l'intérêt.

— Ce droit et cet intérêt, l'Assemblée constituante les avait bien compris. De la hauteur des principes où elle s'était placée, embrassant de son clair regard l'ensemble des institutions nécessaires à une sage démocratie, elle avait décrété ce qui suit: « Il sera créé et organisé un établissement général de secours publics pour élever les enfants abandonnés, soulager les pauvres infirmes, et fournir du travail aux pauvres valides qui n'auraient pas pu s'en procurer. » La misère est ici prévue sous ses trois aspects possibles : l'incapacité de l'âge, l'infirmité physique ou intellectuelle, l'impossibilité accidentelle pour les valides de se procurer du travail et de subvenir ainsi par eux-mêmes à leurs besoins. La Constituante nous a tracé en ceci, comme en toutes choses, le plan de l'édifice, mais elle ne l'a point construit. Cet établissement général de secours publics est encore à créer et à organiser.

1. Et qu'on ne dise pas que nous exagérons. Il n'est pas si rare qu'on relève quelque part, dans nos rues, des personnes que les médecins déclarent être mortes d'inanition.

Il est de plus une disposition que la Constituante n'aurait sans doute pas manqué d'ajouter à cet article, s'il ne la contenait implicitement, à savoir : que la mendicité serait absolument interdite sur le territoire de la république, comme dégradante pour celui qui l'exerce et honteuse pour la société qui la souffre. Du reste, elle n'a logiquement aucune raison d'être dans une société qui se reconnaît l'obligation d'assister toutes les indigences.

— Cependant, la mendicité peut revêtir plus d'une forme, et il en est une, plus horrible cent fois sous ses faux brillants que celle qui vient faire sur la voie publique un hideux étalage de ses dégoûtantes infirmités. Nous ne pouvons nous empêcher d'en dire un mot; car, outre son importance propre, cette question se rattache étroitement à celle des enfants abandonnés, ou plutôt se confond avec elle; nous voulons parler de la prostitution.

Qu'est-ce en effet que ces enfants «abandonnés» ? De qui s'agit-il ici? Des orphelins sans famille? — Non? — Tout le monde comprend qu'il s'agit surtout des enfants du vice ou de la séduction, qu'une main furtive dépose dans un tour ou expose sur la voie publique afin de se débarrasser d'une charge incommode ou d'échapper au déshonneur. Certes, il n'est pas douteux qu'on ne doive aux sentiments de la plus pure humanité l'invention des moyens, plus ou moins ingénieux, par lesquels on vient au secours de ces tristes et innocentes victimes; mais qui peut affirmer qu'ils ne soient pas aussi nuisibles qu'utiles et que la possibilité de se débarrasser ainsi clandestinement du fruit d'une faute n'ait pas rendu bien des femmes plus faciles à la séduction ?

Quoi qu'il en soit, il nous semble que le législateur aurait pu prendre d'autres moyens d'atténuer, en le prévenant dans une certaine mesure, un mal qui ne s'arrête par là. — D'où vient, en effet, cette foule toujours croissante dont le flot remplit nos rues, nos places, nos restaurants, nos cafés, nos théâtres, tous nos lieux publics, et qui, l'œil impudent et le fard sur la joue, exerce effrontément, sous la soie et le velours, la plus honteuse des mendicités ? Ce sont les mères de ces enfants et celles qui leur ressemblent.

— Que de choses touchantes n'a-t-on pas écrites sur ces infortunées, qui, après tout, elles aussi, pour la plupart, ont commencé par être des victimes !

> Ah ! n'insultez jamais une femme qui tombe.
> Qui sait combien de jours sa faim a combattu ?
> . . . .
> Pauvreté, pauvreté, c'est toi la courtisanne....
> . . . .
> Ta fille est belle, est vierge, et tout cela se vend....

s'écrient à l'envi nos plus grands poëtes. — Certes, ces accents de pitié nous touchent ; mais hélas ! ils ne remédient point au mal. Ce n'est pas tout que de plaindre, il faut protéger et défendre. — Du reste, est-il bien vrai que la pauvreté soit la mère ordinaire de la prostitution ? — Quelquefois peut-être ; trop souvent sans doute ; mais, à notre avis, plus rarement qu'on ne le dit. La cause de beaucoup la plus fréquente de ce mal, c'est la séduction, contre laquelle, dans notre pays, la jeune fille n'est défendue ni par son éducation, ni par les lois, ni par les mœurs. Le sentiment naturel de l'honneur ôté, son éducation morale est presque nulle ; le catholicisme a pris bien soin d'étouffer sa raison, qui aurait été sa force, sous des maximes vides et des pratiques superstitieuses[1]; faible défense pour la vertu quand le cœur et les sens commençent à parler. Car Don Juan est toujours là qui rôde, cherchant, sans scrupule d'aucune sorte, une proie à dévorer. Rien ne lui coûte, ni les promesses, ni les parjures. — Pauvre petite ! comment ne se laisserait-elle pas prendre à la sérénade de ce roué ? Sa voix est si touchante, son accent si sincère !... C'est fait ! à d'autres. — Après? — Après? — Rien; une fille déshonorée, une famille désolée, un enfant sans père, peut-être une prostituée de plus. — Qu'est-ce que cela ? — Si cet homme avait volé cent sous, la justice l'aurait appréhendé au corps ; elle l'aurait noté d'infamie; ce serait un homme fini. — Mais la paix d'une famille et sa considération, l'honneur d'une vierge, la vie entière d'une femme, le législateur a bien affaire de s'occuper de ces bagatelles. Ne faut-il pas protéger les fils de famille contre les piéges que peuvent leur tendre les filles pauvres? L'argent, à la bonne heure, voilà ce qu'il faut défendre. Mais la vertu ?... *Virtus post*

1. Nous pourrions ajouter que, par son affectation à reporter sans cesse l'esprit des jeunes filles sur l'excellence de la virginité, dans un langage qui n'est bien souvent rien moins que chaste, et surtout par les longs tête-à-tête et les confidences scabreuses du confessionnal, le catholicisme contribue peut-être, plus que tout autre chose, à faire fermenter le levain de la passion dans le cœur de la jeunesse.

nummos. — Les mœurs, sans doute, vont suppléer aux lois; la réprobation publique va frapper le séducteur et lui faire durement expier son crime? — Oui, son crime! Car s'il n'est pas dans la séduction, il est au moins dans l'abandon. — Erreur! cela ne fait que lui donner du prestige; c'est un homme à bonnes fortunes; il est désormais irrésistible. Il se trouvera des femmes, qui *le savent*, des amies même de la victime ou des victimes, qui, pour peu qu'il s'y prête, auront le courage de l'épouser. — Ah! qu'on ne s'y trompe point! Ce ne sont pas là de vaines déclamations. Il ne s'agit pas seulement ici d'intérêts particuliers, qui cependant sont infiniment respectables; il s'agit de l'intérêt public[1]. Ces femmes dont vous n'avez pas su protéger la faiblesse, vous rendront au centuple le mal que vous leur avez laissé faire. Vous les avez corrompues; elles vous corrom-

1. Nous ne parlons pas du grand nombre d'infanticides qui conduisent sur les bancs de la cour d'assises tant d'infortunées jeunes filles, que l'abandon de leur séducteur a réduites au désespoir. Réfléchissez un peu, âmes sensibles, ou plutôt, âmes justes, et demandez-vous où est le vrai coupable?

Une femme riche et respectable vit retirée avec sa fille, une enfant de quinze ans. Un domestique, guidé par les plus ignobles calculs, abusant de la familiarité qu'entraîne sa position, séduit cette enfant et la déshonore. Le sentiment exagéré de l'honneur familial pousse jusqu'au crime la mère infortunée. Elle est condamnée à une détention perpétuelle; la jeune fille est jetée dans une maison de correction; et le misérable qui est l'auteur de tous ces maux, le vrai coupable, après avoir déposé cyniquement devant la justice, s'en va librement, le sourire aux lèvres; et des spéculateurs, dignes de tout mépris, pourront s'en faire une enseigne et offrir ce scandaleux appât à la curiosité malsaine du public. N'est-ce pas monstrueux? — Ah! s'il avait détourné quelque objet mobilier.... Mais il n'y avait pas abus de confiance.... (Affaire Lemoine.)

pront à votre tour ; elles feront plus ; elles corrompront vos femmes et vos filles : vos femmes, par leur luxe; vos filles, par l'apparence d'une vie en même temps heureuse et oisive. Elles seront une cause de ruine pour l'État lui-même. — Nous nous plaignons souvent, dans notre pays, de la lenteur relative avec laquelle s'accroît notre population. On peut assigner à ce fait des causes multiples et diverses : les destructions d'hommes produites par nos guerres si fréquentes, le célibat ecclésiastique et le développement excessif des corporations religieuses; mais il n'en est aucune peut-être qui y contribue plus que celle-ci. Qu'on songe au nombre prodigieux de filles qui font métier de leurs corps et qui presque toutes, fort heureusement du reste, demeurent, dès lors, infécondes. Et pourtant ne sont-elles pas, selon l'expression du poëte :

Les plus beaux corps du monde, et les cœurs les plus doux?

Elles pouvaient être l'élite et l'honneur de leur sexe dont elles ne sont que le rebut et la lie. — Mais leur stérilité ne se réduit point à elles seules. C'est elles qui entretiennent dans le célibat un si grand nombre d'hommes que la facilité qu'ils trouvent à se satisfaire éloigne du mariage dont ils redoutent les devoirs sérieux et les lourdes charges; tout cela au grand détriment des mœurs et des caractères. — Prenons-y garde! Plus que toute autre forme de gouvernement la démocratie a besoin d'une forte discipline morale. C'est par la décadence morale que commençent toutes les autres. C'est par là qu'ont péri, ne l'oublions pas, les civilisations antiques; et cette décadence se reconnaît surtout à ce signe, que l'amour des plaisirs sensuels, des jouissances faciles s'accroît, que le mariage baisse et que les courtisanes tiennent le haut du pavé [1].

— Sans doute, dira-t-on peut-être, il y a du vrai dans tout cela; rien de plus facile que de signaler un mal qui s'étale à tous les yeux; mais le remède? — Le remède, le voici.

Le mal, avons-nous dit, peut se ramener à trois causes principales : l'éducation, les lois et les mœurs. C'est en détruisant les causes que nous préviendrons les effets. Qu'une solide éducation publique et privée prépare nos filles à la vie sérieuse de femme et de mère qui est leur destinée; qu'une forte culture de leur raison leur en fasse comprendre et goûter la noblesse, la douceur et la dignité; que, dès l'enfance, elles soient habituées au travail, à la simplicité, à la modestie; elles seront suffisamment défendues contre elles-mêmes.

Mais cela ne suffit pas; il faut encore les protéger contre les dangers extérieurs qui les menacent. Il faut inspirer à nos fils le respect inviolable de la femme; il faut que cette enfant, cette vierge dont le cœur, certes, n'est que trop porté par la nature même à céder à la séduction, soit assurée autant que possible contre les piéges qu'on peut lui tendre. —

1. No free government can be preserved but by a firm adherence to justice, moderation, temperance, frugality and virtue, and by frequent recurrence to fundamental principles. — Un gouvernement libre ne peut être conservé que par un ferme attachement à la justice, à la modération, à la tempérance, à la frugalité, à la vertu et par un fréquent retour aux principes fondamentaux. »

(Proclamation des droits de l'homme, Virginie, 1776.)

C'est en vain qu'on alléguerait que la femme est un être raisonnable et volontaire comme nous; qu'elle a consenti, qu'elle n'a dès lors plus droit de se plaindre. Il n'y a point parité. Nous savons tous de qui vient l'attaque[1], nous savons par quels moyens s'obtient ce consentement; nous n'ignorons pas combien sont différentes les conséquences qui résultent d'un même acte, et c'est en prendre trop à son aise que de s'en laver ainsi les mains. Il y a là un dommage qu'il faut réparer[2].

1. Trovatene vo'alcuna che vi chiami?
Non parlo delle pubbliche ed infami.
(Ariosto, canto XXVIII.)

Nous sommes, sous ce rapport, au-dessous des bêtes, que nous méprisons tant. Où trouve-t-on parmi les animaux supérieurs, si nous en exceptons ceux que la domestication soustrait à la loi naturelle, où trouve-t-on, dis-je, un mâle qui abandonne une femelle, après s'être uni à elle et qui ne lui reste fidèle, au moins jusqu'à ce que leur progéniture soit élevée?

2. Nous ne pouvons résister au désir de citer les vers charmants dans lesquels Catulle exprime d'une manière si poétique ce qu'est pour une jeune fille la perte de ce qu'on a si spirituellement appelé un capital. — La traduction que nous donnons de ces vers n'en est (nous avons à peine besoin de le dire) qu'un très-pâle reflet :

Ut flos in septis secretus nascitur hortis
Ignotus pecori, nullo contusus aratro,
Quem mulcent auræ, firmat sol, educat imber,
Multi illum pueri, multæ optavere puellæ;
Idem quum tenui carptus defloruit ungui,
Nulli illum pueri, nullæ optavere puellæ.
Sic virgo, dum intacta manet, dum cara suis est.
Quum castum amisit polluto corpore florem,
Nec pueris jucunda manet, nec cara puellis.

....

Comme dans nos jardins une fleur précieuse
Croît à l'abri du soc, sans crainte des troupeaux;
Tout l'embellit : les vents, le soleil et les eaux;
Elle tente à l'envi la jeunesse amoureuse.
Mais qu'une avide main déflore sa beauté,
A tous indifférente, elle gît dédaignée.
Ainsi la jeune fille en sa virginité;
C'est l'espoir de l'hymen, l'orgueil de sa lignée.
A-t-elle de sa fleur terni la chasteté?
A tous indifférente, elle gît dédaignée.

Ainsi que nous l'avons dit plus haut, ce n'est point dans la séduction spontanée qu'est le crime; c'est dans la séduction préméditée, c'est dans l'abandon. Si vous aimez une femme qui vous aime, épousez-la; si vous ne voulez pas l'épouser, respectez-la; si vous ne l'avez pas respectée, si vous lui avez causé ce dommage, le plus grand que puisse subir une vierge, réparez-le de la manière qui sied le mieux à un honnête homme, par le mariage; sinon, soyez frappé par la loi avec une telle rigueur que chacun tremble à la pensée de vous imiter.

— Comment! vont s'écrier nos jurisconsultes; permettre la recherche de la paternité! — Pourquoi non? Et d'ailleurs, il ne s'agit pas ici de paternité seulement, mais de séduction. Soyez tranquille, vous ne serez pas livré sans défense. C'est à la plaignante ou à sa famille d'établir le fait; c'est le jury, c'est-à-dire la société elle-même qui juge, et si le dommage est prouvé pourquoi donc ne serait-il pas réparé? — Le séducteur alléguera, sans doute, comme on le fait presque toujours en pareil cas, qu'il n'est ni le premier, ni le seul. Il le sait puisqu'il l'affirme; alors qu'il le prouve. Mais le scandale? — Qu'est-ce à dire? — Voyons? voyons! protégez vos fils contre leurs passions et non pas contre les conséquences légitimes de leurs fautes — Et toi, peuple, puisque tu es aujourd'hui ton propre législateur, défends tes filles, et surtout, respecte-les.

Ce n'est pas tout; les mœurs peuvent encore ajouter une grande force à la loi ou suppléer à ce qui lui manque. Nous savons bien qu'il n'y a rien de plus rare chez une femme que « la pitié pour une sœur qui a failli [1] » ; mais, à défaut de pitié, ne devrait-on pas trouver en elle au moins quelque notion de la solidarité qui les lie? Toute femme ne devrait-elle pas considérer comme une infamie, comme un crime contre son sexe, le fait d'accorder sa main à un séducteur avéré?

Il faudrait, enfin, que la prostitution dans les grandes villes ne fût pas un asile toujours ouvert à la femme « qui tombe » et bien souvent une provocation « à tomber ». Nous ignorons jusqu'à quel point une certaine tolérance est nécessaire ; mais nous voudrions au moins que ce triste métier ne pût s'exercer qu'à huis clos ; que toute femme convaincue de s'y livrer fût pour la première fois reconduite dans sa commune, si elle est étrangère, et, pour la seconde fois, enfermée. On ne saurait attacher trop d'infamie à cette dégradation, ni combattre avec trop de rigueur cet ignoble parasitisme qui nous corrompt, qui nous déshonore et qui coûte au pays trois fois plus d'argent qu'il n'en faudrait pour entretenir des milliers d'honnêtes ménages.

— Par de telles mesures ou des mesures analogues, l'État, qui a le devoir non-seulement de secourir toutes les infortunes réelles, mais aussi, et surtout de les prévenir, autant que possible, par de sages lois, réduirait à sa plus simple expression, s'il ne le détruisait absolument, ce mal que la Constituante appelait: « les enfants abandonnés » et que nous appelons aujourd'hui: « les enfants trouvés ». A ceux qui resteraient encore, il devrait la subsistance,

1. Lord Byron, *le Giaour*.

l'éducation et surtout un métier qui les mît à même de se suffire ; déchargeant ainsi le corps social d'une obligation qu'il ne doit subir que dans la mesure exacte de la nécessité.

Le devoir de l'État serait absolument le même envers les orphelins sans famille, ou dont les familles sont réduites à une extrême indigence ; car les secours accordés par l'État ne doivent jamais être une prime à l'avarice, à l'incurie, à l'abandon. Avant la solidarité sociale, il y a la solidarité familiale, et nous ne savons pas s'il ne serait pas juste de l'étendre jusqu'au dernier degré successible, en limitant, peut-être, la successibilité au sixième degré.

— Les pauvres infirmes, qui forment la seconde catégorie des personnes que la Constituante reconnaissait avoir droit à l'assistance de l'État, sont absolument dans la même situation. L'État doit s'enquérir avant tout des ressources de la famille et n'accorder que juste la quantité de secours qu'exige leur insuffisance. Nous sommes même d'avis que, lorsque cette insuffisance n'est qu'accidentelle et momentanée, l'État ne doit faire que des avances dont il exigera le remboursement en temps utile. Ce n'est que justice, et l'intérêt de chacun l'exige autant que l'intérêt de tous. C'est ainsi seulement que l'État peut secourir la misère sans grever immodérément le travail des uns en favorisant la paresse, le désordre et l'imprévoyance des autres.

— Il nous reste enfin à parler du troisième cas, que l'article de la Constituante énonce en ces termes : « Fournir du travail aux pauvres valides qui n'auraient pu s'en procurer. » — Cette formule mal interprétée a soulevé d'énergiques protestations; et cependant, pour qui veut la comprendre, rien n'est plus facile que d'en donner une explication satisfaisante. Il ne s'agit point ici, qu'on le sache bien, d'un droit au travail plus ou moins vague; car l'État n'a pas la faculté de créer artificiellement, à son gré, des travaux productifs. Il s'agit du droit à l'assistance pour les valides, lorsque, le travail leur faisant défaut, ils se trouvent momentanément dans l'impossibilité de subvenir à leurs besoins. — Nous croyons avoir suffisamment établi, d'un côté, le droit de l'individu, de l'autre, le devoir de l'État et son intérêt impérieux. Montesquieu, que nous avons cité plus haut et qui n'était certainement pas un démagogue, admet l'obligation de l'État comme une de ces vérités évidentes par elles-mêmes, un de ces dogmes qui ne se discutent pas. Mais, cette obligation reconnue, il s'agit de l'exécuter, et c'est ici que la difficulté commence.

Nous nous trouvons en présence d'un grave problème dont une fausse solution pourrait engendrer les plus grands maux. Il ne faut pas que, sous prétexte de manque de travail, la paresse ou l'imprévoyance soient admises à vivre aux dépens d'autrui; car, ne l'oublions pas, ce que l'État donne d'une main sous forme de secours, il le prend de l'autre sous forme de contributions. Et c'est pour cela que toutes les fois qu'il y a possibilité pour lui d'employer à des travaux utiles les valides qui sollicitent son assistance, il le doit, sans qu'ils puissent s'y refuser; car, ce faisant, il diminue d'autant les charges qui pèsent sur le corps social. Mais il doit bien se garder de tomber dans l'erreur de ce qu'on a nommé : les ateliers nationaux. — Créer des travaux inutiles pour avoir occasion de distribuer des salaires, ce n'est guère, au point de vue financier, qu'un pur cercle vicieux ; c'est presque toujours, au point de vue moral et politique, un grave danger.

Il serait, selon nous, infiniment préférable que l'État fît directement des avances pécuniaires dont il se réserverait de poursuivre plus tard le remboursement, intégral ou partiel, selon la situation des personnes, ou qu'il garantit aux diverses catégories de fournisseurs le remboursement des avances qu'ils auraient faites eux-mêmes, en cas de non-payement de la part de leurs débiteurs.

— Nous n'avons point, nous le répétons pour la dixième fois, nous n'avons pas la prétention d'indiquer les solutions définitives ; nous avons surtout pour but de poser les problèmes, persuadé que lorsque l'attention de la démocratie se sera portée sur eux, ils seront résolus conformément à la raison et à la justice. Ce qui importe, pour le moment, c'est que les droits et les devoirs respectifs de l'individu et de l'État soient clairement établis et exactement délimités. La solidarité sociale exige que la misère soit secourue ; mais l'intérêt de l'État, autant que celui de l'individu lui-même, demande qu'elle soit secourue de manière à ne favoriser jamais ni la paresse ni l'imprévoyance. Dans cette mesure, le malheureux indigent peut accepter avec dignité l'assistance qui lui est offerte, parce qu'elle lui est due et qu'il lui reste la faculté de se libérer en des temps meilleurs. Mais, ne pouvant compter sur l'État, comme sur une providence qui lui accorderait gratuitement ses bienfaits, il apprend à s'en passer; il travaille, il prévoit, il épargne pour les jours de chômage et de maladie; et, s'il est réduit à les accepter, ce n'est que le moins longtemps et dans la plus faible mesure possible.

La bienfaisance est un noble et généreux sentiment, mais il ne saurait s'exercer avec trop de circonspection. S'il n'est contenu dans de justes limites, il ne manque jamais de faire plus de mal que de bien. « Les nations riches, dit Montesquieu, ont besoin d'hôpitaux (c'est-à-dire d'établissements de charité publique), parce que la fortune y est sujette à mille accidents; mais on sent que des secours passagers vaudraient bien mieux que des établissements perpétuels. Le mal est momentané; il faut des secours de même nature et qui soient applicables à l'accident particulier. » Ajoutons qu'ils doivent être distribués de telle manière qu'ils ne puissent ni entretenir le mal ni le faire naître.

— On peut voir, par tout ce qui précède, combien nous sommes éloignés de l'utopie socialiste qui fait de l'État l'arbitre souverain de toutes les destinées individuelles. Conception diamétralement opposée à l'esprit même de notre grande Révolution, il n'en est pas, croyons-nous, qui soit plus funeste à l'activité de l'homme et à son bien-être. — Ayant à passer en revue les rapports principaux que l'État et l'individu soutiennent respectivement, nous ne pouvions nous dispenser d'établir et de délimiter les droits et les devoirs qui résultent, sur ce point, de la solidarité sociale; mais il ne faut point s'en exagérer les effets. Nous sommes ici, pour ainsi dire, dans l'extrême. Sans doute, si le cas prévu vient à se présenter, c'est selon ces règles qu'il faut agir. Mais cette même solidarité qui impose à l'État l'obligation de l'assistance publique, lui confère, en même temps, le droit de prendre toutes les mesures nécessaires pour assurer le bien-être de ses membres ou, tout au moins, les préserver de la misère, parce qu'elle n'est pas seulement un mal pour l'indigent, mais une charge pour le corps social tout entier.

C'est cette obligation d'assurer le bien être de tous ses membres, qui impose à l'État le devoir et lui confère le droit, non point, comme le prétendent certaines gens, de porter atteinte à la liberté individuelle, mais d'empêcher que l'usage illégitime de cette liberté ne nuise à l'intérêt général. C'est ainsi qu'il a le droit de veiller, autant que possible, à la suppression de tous les parasitismes, qu'ils s'appellent monachisme, mendicité ou prostitution, parce qu'ils sont également une cause d'appauvrissement et d'immoralité. Il faut que, dans une démocratie bien policée, chacun vive de son travail ou des fruits légitimes d'un travail antécédent. Nous avons dit plus haut que nous ne saurions reconnaître comme légitimes les profits de la captation et de la mendicité [1].

Il est telles institutions, telles corporations, si l'on veut, car nous tenons à être clair, qui sont, de leur nature, si contraires à un ordre social vraiment

1. « Le clergé a toujours acquis, il a toujours rendu et il acquier encore. » (Montesquieu.) — Ajoutons qu'il a encore rendu depuis Montesquieu et qu'il acquiert toujours !....

rationnel, qu'on ne saurait les laisser subsister sans danger pour la chose publique. Qu'on veuille bien se souvenir de ce qu'elles étaient avant la Révolution; qu'on veuille bien regarder où elles tendent; qu'on veuille bien considérer ce qu'elles ont produit dans toutes les sociétés où on les a laissées se développer librement, et l'on nous comprendra. Écoutons encore Montesquieu; cette répétition n'est point inutile. Il y a des choses qu'il est bon de lire plutôt deux fois qu'une. — « A Rome, dit-il, les hôpitaux (entendez le monachisme qui vit de la charité qu'il est censé faire), à Rome, les hôpitaux font que tout le monde est à son aise, excepté ceux qui travaillent, excepté ceux qui ont de l'industrie, excepté ceux qui cultivent les arts, excepté ceux qui ont des terres, excepté ceux qui font le commerce. » Il n'est certes pas possible de dire plus clairement ni avec plus de force ce qu'on ne dit pas; il n'est pas possible de tracer un tableau plus exact de ce que devient à la longue un pays qui s'abandonne à de pareilles influences.

— Ne sont-ils pas des parasites encore, et des plus dangereux pour la moralité publique, ces hommes vulgairement connus sous le nom de boursiers, qui, sans créer aucune utilité, ne vivent que du jeu et ne s'enrichissent trop souvent qu'en faisant habilement passer dans leurs poches les épargnes des travailleurs? Tout le monde comprend la nécessité de la Bourse comme marché des fonds publics et des valeurs industrielles; mais pourquoi des marchés à terme? Est-ce que les marchés au comptant ne suffisent pas pour toutes les affaires sérieuses? Pourquoi proscrire le jeu clandestin autour d'un tapis vert et tolérer le jeu public autour de la corbeille des agents de change? Et ces spéculateurs sans vergogne, qui ne reculent devant aucun expédient, devant aucune manœuvre, devant aucun mensonge; qui allumeraient la guerre aux quatre coins du monde pour réaliser les profits les plus déloyaux? Et ces lanceurs d'affaires qui se retirent avec des millions de rente, après avoir ruiné des milliers d'actionnaires, bravant le mépris public et se riant de la justice qui ne peut les atteindre? Et les honorables gentilshommes et gentlemen qui vendent leur nom à ces honnêtes agioteurs pour leur servir d'amorce et les aider à pêcher dans la poche d'autrui? Croit-on qu'il n'y ait rien à faire à tout cela? Sans doute, les lois ne sont pas absolument muettes[1]; mais qu'est-ce que des lois qu'on n'applique point? Peut-être sont-elles insuffisantes? Alors qu'on les complète et qu'on prévienne le mal en le frappant énergiquement partout où il se laisse surprendre.

Il n'est point question en tout ceci, qu'on le sache bien, d'attenter le moins du monde à la libre initiative des esprits entreprenants; il s'agit de protéger d'une manière efficace les poches du public contre les plus audacieux et les plus dangereux larrons, en prenant courageusement les mesures nécessaires pour atteindre ce but. Ce faisant, on favorisera les affaires sérieuses au lieu de les entraver; on y ramènera même nombre de gens habiles, mais honnêtes, que ces tripotages dégoûtent et qui se retirent

1. Code pénal, art. 421 et 422.

peu à peu devant les aventuriers de la finance. Il faut nettoyer ces écuries d'Augias; et il n'y a que la démocratie qui soit assez forte pour ce travail herculéen.

— Mais supprimer les parasitismes ne suffit point. Il faut, par de bonnes lois, protéger la liberté sous toutes ses formes; par une politique pacifique, donner lieu à l'activité sociale de s'exercer avec confiance; par une administration économe, tout en ne reculant devant aucune dépense vraiment utile, ménager, autant que possible, les salaires des travailleurs et permettre à l'épargne de se former; il faut surtout, par un système d'éducation large et solide, cohérent et rationnel, faire de tout membre de la société un être capable de comprendre ses droits et ses devoirs publics et privés, ses intérêts véritables et sa dignité; il faut enfin que l'État ne se contente pas de veiller à l'éducation morale et intellectuelle de ses membres; il faut encore qu'il veille à leur éducation professionnelle. De même qu'il a toujours, au nom de la solidarité sociale, le droit d'exiger du père de famille qu'il nourrisse ses enfants et les élève, il a le droit d'exiger qu'il leur donne un métier ou les mette, d'une manière quelconque, à même de pourvoir à leur subsistance. En cas d'impossibilité de la part du père, c'est à l'État, tuteur naturel de tous les incapables, de le remplacer dans ses obligations. Nul, en effet, ne saurait avoir le droit de procréer des enfants pour les mettre à la charge de la société, pour en faire, par leur ignorance ou leur paresse, des misérables ou des criminels. On comprend aisément combien l'État a d'intérêt à remplacer les hôpitaux et les prisons par des écoles et des ateliers. Mais il y a plus : quand la démocratie vraiment constituée se sera dotée elle-même des sages institutions qu'elle porte dans ses flancs; quand, par elles, comme il est inévitable, elle aura crû en raison et en dignité, cette charge de l'assistance publique, imposée à l'État, et qui peut paraître à des esprits prévenus si lourde et si inquiétante, sera précisément réduite à rien; car, sauf des exceptions bien rares, sauf le cas d'une extrême et inéluctable nécessité, nul ne songera plus à s'adresser à lui. Le travail et la prévoyance propre auront pourvu, par l'épargne privée, aux accidents possibles de la vie industrielle, ou, ce qui existe déjà dans une certaine mesure, des associations d'assistance mutuelle remplaceront, par des solidarités particulières, la grande solidarité nationale.

CONCLUSION

Parvenus au terme de ce long travail il n'est peut-être pas inutile de nous demander ce que nous avons voulu démontrer, et de renouer, pour ainsi dire, dans un résumé rapide, la série de nos idées, interrompue, comme il était inévitable, par de nombreuses digressions.

— Il n'est pas vrai, comme le prétendent, malheureusement, un trop grand nombre d'esprits, d'ailleurs distingués, et même de philosophes à qui manque, plus qu'ils ne le croient, le sens philosophique; il n'est pas vrai qu'il ne doive être question en politique que « d'expériences et d'expédients ». La politique, en effet, est une science, comme toutes les autres, comme les sciences physiques et naturelles; c'est une science qui, si elle n'est point faite, est, — comme les autres, — en voie de se faire, mais qui possède déjà ses principes fondamentaux dont il s'agit de tirer les conséquences.

— Qu'est-ce en effet qu'une science, sinon la recherche, la coordination logique et l'application des lois qui régissent un ordre de faits déterminés? Or, il n'est rien de fortuit dans l'univers. Tout être a ses lois, comme dit Montesquieu; l'homme, par conséquent, a aussi les siennes, et ces lois sont les rapports nécessaires qui dérivent de sa nature. C'est donc dans la nature humaine elle-même, dans son organisation, dans les tendances diverses qui en résultent qu'il faut chercher les lois fondamentales qui doivent régir les sociétés.

Ces lois, il faut en poursuivre la découverte, non point par une vaine curiosité, en vue d'une platonique satisfaction, mais pour les réaliser, pour les appliquer dans les constitutions politiques, qui ne peuvent avoir qu'un but légitime : le plus grand bien du plus grand nombre; car ce bien ne peut, évidemment, se trouver que dans la conformité des institutions sociales avec les lois qui dérivent nécessairement de la nature humaine.

C'est là ce qu'on appelle : Radicalisme, et il y aurait fort à s'étonner qu'une telle dénomination ait pu devenir injurieuse, si l'on ne savait quelle profonde stupidité, quelle absence complète d'esprit philosophique peut se cacher sous la haine déloyale des partis. Est-il possible, en effet, dans une science quelconque, de n'être pas radical, et un savant conservateur ne serait-il pas le plus étrange et le moins intelligible des phénomènes? Conçoit-on, par exemple, un physicien ou un chimiste prétendant, sous prétexte de conservation, limiter la science aux doctrines régnantes et aux résultats acquis, et s'interdisant, à ce titre, de tirer les conséquences d'une loi suffisamment établie[1] ? — La science est nécessairement progressiste, et c'est précisément pour cette raison qu'elle est l'ennemie nécessaire, parce qu'elle leur est mortelle, de tous les dogmatismes, de toutes les orthodoxies, religieuses ou autres, qui prétendent borner la raison humaine et l'immobiliser, malgré elle, dans des institutions ou des croyances données. En politique, comme en toute autre science, il est impossible, pour un esprit loyal et ferme, de n'être point radical, c'est-à-dire de ne point aller dans la recherche de la vérité jusqu'à la racine de l'arbre, jusqu'aux principes, et, les principes trouvés, de n'en point tirer les conséquences logiques. Ce radicalisme ne peut avoir qu'une limite qui est partout la même. C'est une règle de méthode qui consiste à n'admettre pour vrai que ce qui est démontré, à ne jamais conclure prématurément, et, quand il s'agit de réformes, à ne point vouloir les réaliser avant l'heure. C'est une question de conduite, qui n'a rien d'incompatible avec les principes ; les radicaux n'ayant jamais, à notre connaissance, montré dans la poursuite de leur but ni moins de modération, ni moins de moralité que les conservateurs.

Rien n'est donc plus légitime, dans l'espèce, que de

1. Il y a plus de deux siècles que ce « bon impertinent » de Molière se raillait agréablement de ces honnêtes conservateurs dans la personne des Purgon et des Diafoirus : « Mais, sur toute chose, ce qui me plait en lui (Thomas) et en quoi il suit mon exemple, c'est qu'il *s'attache* AVEUGLÉMENT *aux opinions de nos anciens*, et que jamais il *n'a voulu comprendre ni* ÉCOUTER les raisons et les expériences *des prétendues découvertes de notre siècle touchant la circulation du sang*, et autres opinions de même farine. »

(*Malade imaginaire.*)

faire table rase de toute opinion préconçue et de nous adresser directement à la nature humaine dont l'analyse seule peut nous conduire à la découverte des principes fondamentaux sur lesquels nous pourrons, en en tirant les conséquences logiques, établir une solide constitution.

— Qu'est-ce que l'homme ?

Issu des profondeurs de l'Être universel, inconscient et inorganique, dont il n'est, comme tous les êtres organisés, qu'une manifestation passagère, l'homme est, sur le globe que nous habitons, la plus haute expression de la vie universelle dans un organisme vivant. Il est, si l'on en croit des théories qui semblent approcher fort de l'évidence scientifique, le dernier et le plus parfait anneau d'une série animale qui, partant des organismes les plus rudimentaires, s'élève de transformations en transformations, et par une complication toujours croissante jusqu'à cette expression supérieure de l'intelligence que nous appelons : Raison. — Cette supériorité, il ne la doit qu'à la perfection relative de son organisme; si on le compare aux animaux inférieurs, il n'en diffère point en nature, mais en degré ; ils ont une commune origine ; il porte plus haut la tête, mais il a les pieds au même niveau ; il est soumis aux mêmes lois primordiales, et, si nous voulons le connaître, nous devons l'étudier, en dehors de tout préoccupation théologique ou philosophique, comme nous les étudierions eux-mêmes. Ce n'est qu'une question d'histoire naturelle.

— Quelles sont ces lois primordiales?

La tendance nécessaire de tout être vivant est de

persévérer dans son être et de se développer selon son essence. — Cette tendance l'homme la subit, comme tous les autres animaux ; elle constitue pour lui le droit absolu, la liberté, l'indépendance ; il est l'origine et la source de tous ses autres droits qui ne sont que des dérivés de celui-ci.

Mais, comme beaucoup d'autres animaux, — car la sociabilité n'est point pour lui un privilége — l'homme est sociable. Il n'est pas fait pour vivre solitaire ; il se trouve naturellement en présence d'êtres de son espèce, qu'il ne peut s'empêcher de reconnaître comme ses égaux, ayant, par conséquent des droits aussi respectables que les siens. Cette notion de l'égalité spécifique limite nécessairement sa liberté absolue et engendre, en se combinant avec elle, tout les droits relatifs ou sociaux.

Enfin, le respect du droit individuel ne peut être assuré que par une autorité sociale, et c'est la conciliation harmonieuse de l'autorité sociale et de la liberté individuelle qui seule peut produire une bonne constitution.

Telles sont, *au point de vue de la sociabilité*, les lois premières que contient virtuellement la nature humaine ou plutôt la nature animale ; car elles sont communes, dans la mesure de leur perfection relative, à tous les animaux sociables. L'homme, par cela seul qu'il est un animal supérieur, ne peut pas ne pas en avoir quelque notion. Mais cette notion est d'abord confuse et ce n'est qu'après s'être élevé, grâce à sa nature perfectible, bien haut au-dessus de la pure animalité, qu'il parvient à la pleine conscience de ses droits et qu'il cherche, dans les constitutions politiques, les moyens d'en assurer et d'en faciliter l'exercice. C'est là ce qu'on appelle l'état démocratique, c'est à-dire, cet état intellectuel où la liberté et l'égalité naturelles n'étant plus contestées, elles deviennent les principes générateurs de toutes les lois.

— Avant d'en arriver à cet état vraiment philosophique, rationnel, scientifique, l'homme a dû passer, pour ainsi dire, par toutes les étapes de l'erreur et subir toutes les misères qu'elle engendre. *Une loi fatale de ce monde c'est la concurrence vitale, la lutte pour l'existence.* La nature vue de haut est comme un funèbre banquet où, à chaque instant de sa durée, la vie d'un être ne peut s'entretenir qu'aux dépens de celle d'un autre. Cependant la conservation même de l'espèce exige le respect de l'égalité spécifique; aussi n'est-ce généralement qu'entre des espèces différentes qu'existe la lutte sanglante, mortelle ; mais la concurrence vitale ne s'arrête pas là. Elle s'exerce encore, dans une certaine mesure, entre les membres de la même espèce.

Tant que l'homme est resté à l'état barbare, plus ou moins esclave de ses instincts ; tant que sa raison trop faible n'a pu s'élever à la pure conception du droit, cette concurrence a sévi d'une manière effroyable entre les divers groupes humains. La loi primordiale de la vie qui pousse chaque être ou chaque groupe d'êtres à se développer le plus largement possible, dominant le respect de l'égalité spécifique dans des groupes différents, les a lancés les uns contre les autres à la conquête des biens et des personnes. C'est ainsi que l'inégalité a pénétré dans le monde, que se sont formées les aristocraties oisives, les pouvoirs oppressifs, la sujétion et l'esclavage.

A cette cause, la plus générale de toutes : la conquête par la force, il faut ajouter, sans doute, la conquête par l'asservissement religieux ; mais nous inclinons à croire que cette cause a dû être postérieure à l'autre, car elle nous semble supposer un degré supérieur de développement intellectuel, au moins dans la caste sacerdotale. Quelquefois, souvent même, les deux causes ont agi de concert afin de consolider leur domination et d'en partager les fruits.

— Mais, en entrant dans le monde, l'inégalité créait un antagonisme nécessaire entre le vainqueur et le vaincu, entre l'oppresseur et l'opprimé. L'homme, quoi qu'on dise, n'a jamais pu perdre la notion ou, si l'on veut, le sentiment de la liberté et de l'égalité originelles ; aussi, partout où l'asservissement religieux, en l'abrutissant, n'a pas tari la source de toute énergie et de toute activité, il a constamment lutté, il s'est exposé à mille maux pour les reconquérir. Aucun revers ne l'a découragé ; il n'est retombé du haut de ses espérances que pour remonter avec une nouvelle ardeur à l'assaut de l'inégalité, cette forteresse dans laquelle s'étaient cantonnés les priviléges les plus injustes et les plus oppressifs. Les civilisations les plus lumineuses se sont écroulées les unes sur les autres ; la nuit de la barbarie a tout enveloppé dans ses ténèbres ; rien n'y a fait. Cette force inéluctable a poussé l'humanité du fond de sa misère jusqu'au sommet radieux de la démocratie moderne, plus complète, plus juste, plus humaine que les démocraties antiques, parce qu'elle est plus scientifique et plus rationnelle.

— Sans doute, toutes les races n'ont pas marché d'un pas égal à la conquête de la liberté et de l'égalité des droits. Il en est qui sont restées à peu près stationnaires. Mais, sans rechercher ici les causes de leur apparente immobilité, rien ne prouve qu'elles soient radicalement improgressives[1]. Tout semble démontrer au contraire qu'elles n'attendent que l'impulsion d'une race plus avancée pour secouer leur longue torpeur et se remettre en route. Ce sont des hommes ; et, quoi qu'on en ait dit, il y a quelque chose de plus profond que les différences qui semblent distinguer les races humaines; ce sont les ressemblances qui en font incontestablement une seule et même espèce. Cette immobilité, d'ailleurs, fût-elle certaine, on ne saurait en inférer rien de contraire à l'existence de la force naturelle dont nous parlons. Ou ces peuples seront entraînés dans le mouvement en avant des races européennes, ou ils subiront la loi fatale que nous voyons s'appliquer sous nos yeux sur différents points du globe : ils se fondront dans une civilisation supérieure ou disparaîtront devant elle.

Sans doute, nous n'en sommes pas encore là ; mais les voies sont déjà tracées qui mènent à cet avenir certain. Car, bien que la plupart des États de l'Europe en soient restés à la forme monarchique et qu'il existe partout de nombreux et importants débris de

1. N'oublions pas que nous touchons à peine au but.

l'inégalité féodale, il n'est pas douteux pour nous qu'elle ne marche d'un pas rapide vers cette forme nécessaire de la démocratie qui est la République, et qu'elle ne doive entraîner dans son orbite le monde entier, parce que le but commun de tous les hommes, leur étoile polaire, leur idéal, c'est la justice, laquelle ne trouve sa réalisation sociale que dans la démocratie, c'est-à-dire, dans un état politique reposant sur la double base de la liberté et de l'égalité des droits.

— Les édifices qu'on peut élever sur ces bases, c'est-à-dire, les constitutions diverses destinées à régir les différentes sociétés démocratiques, pourront bien varier dans quelques détails, à raison des conditions historiques de ces sociétés ; mais elles doivent satisfaire également à de certaines lois, parce que ces lois sont les rapports nécessaires qui dérivent de la nature des choses.

La première de ces lois c'est que l'individu doit être considéré comme antérieur et supérieur à l'État, en ce sens que l'État n'existe que par lui et pour lui, parce que « le but de toute association politique est la conservation des droits naturels et imprescriptibles de l'homme[1] ; » c'est-à-dire, de toutes les facultés qui découlent du droit primordial de vivre et de se développer selon son essence ; droit que nous avons appelé : liberté absolue.

La seconde, c'est que l'homme, être sociable, reconnaissant dans les êtres de son espèce des droits égaux aux siens, doit subir cette limitation de sa

1. Déclaration des droits de l'homme.

liberté absolue sans laquelle la société serait impossible; c'est-à-dire que « sa liberté ne consiste qu'à pouvoir faire tout ce qui ne nuit pas à autrui »; en sorte que « l'exercice des droits naturels de chaque homme n'a de bornes que celles qui assurent aux autres membres de la société la jouissance de ces mêmes droits [1]. »

La troisième, enfin, c'est que, dans toute société, il est nécessaire qu'il y ait une autorité chargée de délimiter ces droits, de les faire respecter et d'en faciliter l'exercice par les moyens les mieux appropriés aux circonstances. C'est cette nécessité qui fait qu'une société n'est pas une simple collection d'individus sans liens entre eux, mais un corps véritable, ayant une vie commune et des intérêts communs, qu'on appelle : l'État, et qui a pour organe : le gouvernement ou l'administration.

— Que doit être le gouvernement?

S'il ne s'agissait que d'une société de quelques centaines de citoyens, le gouvernement ne serait pas autre chose que ces citoyens eux-mêmes réunis en assemblée générale pour délibérer sur les intérêts communs et choisissant des mandataires pour veiller à l'exécution des mesures décrétées. Ce serait le gouvernement direct, la souveraineté s'exerçant elle-même sans aucune représentation. — Mais, dans nos sociétés modernes, beaucoup plus nombreuses et plus occupées que les sociétés antiques, il ne saurait en être ainsi. Le gouvernement ne peut être que représentatif, c'est-à-dire, composé d'un certain

1. Déclaration des droits de l'homme.

nombre de délégués élus par le suffrage universel de la nation, en qui réside la souveraineté imprescriptible et inaliénable. Cette souveraineté, elle en délègue l'exercice à une assemblée nationale pour qu'elle en use, sous son contrôle, en tout ce qui peut être utile au bien commun, sans pouvoir jamais par aucune loi, ni directement, ni indirectement, porter atteinte aux libertés naturelles spécifiées dans le titre premier de la Constitution. L'égalité exige que cette assemblée soit unique; car il ne doit logiquement exister de représentation multiple que là où il existe, dans le corps social, des catégories différentes de droits et d'intérêts; l'égalité exige également que cette assemblée soit élue par le suffrage de tous les citoyens. L'assemblée nationale ayant pour fonction de gérer les intérêts généraux du pays, la logique exigerait encore qu'elle fût élue par scrutin de liste sur le pays tout entier formant un seul collége électoral; la nécessité pratique seule impose la division de ce collége électoral en sections de moindre étendue, — telles que le département par exemple, — qui nomment par scrutin de liste un nombre de députés proportionnel à leur population.

— Des considérations, selon nous très-importantes, que nous ne saurions répéter ici, nous ont conduit à penser que la représentation nationale doit être perpétuelle, mais fréquemment renouvelable dans ses éléments constitutifs, de manière à réunir toutes les conditions nécessaires de stabilité et de progrès, d'esprit de suite en même temps que de flexibilité dans les desseins, sous le contrôle fréquent et toujours souverain de l'opinion.

C'est dans cette Assemblée, représentation du pays, que réside la souveraineté déléguée et la toute-puissance, dans les limites fixées par la constitution ; mais parce qu'agir n'est point le fait d'une assemblée nombreuse, elle choisit dans son sein un agent surbordonné ou mandataire général chargé d'exécuter ses décrets et de présider, en son nom et sous son contrôle, à l'administration du pays. Cet agent ou pouvoir exécutif est personnellement irresponsable, c'est-à-dire inamovible pendant la durée de ses fonctions ; il n'est responsable que dans la personne de ses ministres, qu'il choisit dans la majorité de l'Assemblée et qu'il ne peut, en aucun cas, maintenir devant un vote de défiance.

— Telles sont, à peu près, réduites à leur plus haut degré de condensation possible, les idées que nous avons essayé de développer dans cet ouvrage : la démocratie, idéal et, par conséquent, objectif nécessaire de l'humanité, se réalisant dans une constitution politique fondée sur la liberté et l'égalité des droits et en tirant toutes les conséquences logiques qu'elles contiennent et qui sont en rapport avec le développement actuel de la civilisation.

— Mais nous n'avons pas encore tout dit. Nos sociétés si vastes ne sont pas, comme une petite cité antique, réduites à un seul groupe. Il existe dans l'État une hiérarchie de sociétés naturelles qui ont leurs intérêts propres et qui doivent, par conséquent, avoir leur administration particulière : ce sont la commune, le département, etc. Ces groupes ne diffèrent de l'État que par leur importance et non par leur nature ; entre eux il n'y a que la différence d'un intérêt moins général à un intérêt plus général. Dans les limites de leurs attributions naturelles, ils sont souverains comme l'État, autonomes comme lui; car il ne s'agit, au fond, quelque groupe que l'on considère, que de la liberté individuelle, aussi sacrée dans le département ou dans la commune que dans l'État. Ces divers groupes ont donc le droit de constituer eux-mêmes leur propre administration; ils sont majeurs. Nous pensons cependant qu'il est utile et naturel qu'ils l'organisent sous la même forme que l'État, sauf les modifications que nous avons indiquées et qui tiennent à la nature des choses.

— Une constitution serait incomplète si, après avoir organisé le pouvoir législatif et le pouvoir exécutif, elle n'organisait un troisième pouvoir ayant pour fonction de dire le droit, de prononcer dans tous les conflits, soit d'ordre privé, soit d'ordre public, conformément à la loi, laissant à l'Exécutif le soin de poursuivre l'exécution de ses jugements: c'est le pouvoir judiciaire, dont l'importance, dans l'ensemble d'une constitution, ne saurait être exagérée. Il est l'arbitre souverain, la voix même de la justice devant laquelle tout doit s'incliner, jusqu'à l'État. On conçoit aisément combien il importe qu'il soit indépendant de toute influence, soit d'en haut, soit d'en bas. Cette indépendance, nous croyons la lui avoir assurée sans porter aucun trouble profond dans son organisation matérielle, principalement en introduisant dans le recrutement de la magistrature et dans son avancement les règles les plus conformes au bon sens et à l'esprit démocratique. Jusqu'à ce jour, dans notre pays, la justice n'était qu'une branche du pouvoir exécutif; que nos idées soient adoptées, elle sera désormais un véritable pouvoir.

— Nous aurions pu nous en tenir là; l'esquisse de notre constitution pouvait nous paraître suffisamment achevée; mais, nous inspirant de l'exemple de nos grands ancêtres de 89, nous avons pensé qu'une démocratie qui veut vivre et prospérer doit s'attacher, autant que possible, à mettre ses mœurs d'accord avec ses principes. Or, nous estimons que le désaccord manifeste qui existe entre nos principes et nos mœurs est pour une très-grande part dans les obstacles qui s'opposent au développement de la démocratie. L'égalité ne doit pas être un vain mot écrit dans nos codes et nos constitutions; il faut qu'elle produise toutes ses conséquences sociales. Les personnes qui nous auront fait l'honneur de nous lire savent déjà que nous ne sommes point de stupides niveleurs et que nos prétentions sont encore loin d'égaler les résolutions des hommes de la Constituante; résolutions si sages, si généreuses et si dignes de véritables hommes d'État. Enfin, nous inspirant encore des idées de ces grands hommes, nous avons pensé que le mot de Fraternité qui figure à côté de ceux d'Égalité et de Liberté dans notre devise républicaine, ne devait pas non plus rester un mot vide de sens. Nous avons essayé d'établir, au nom de la solidarité sociale, les obligations de l'État envers ses membres malheureux, nous prononçant avec énergie contre tous les parasitismes qui dévorent et infectent notre société. Il faut que la démocratie s'épure, et ce n'est pas trop de son bras d'hercule pour nettoyer sa maison et en faire enfin un séjour tranquille, confortable et salubre.

— Nous tenons cependant à déclarer que, tout en réclamant des mesures législatives que nous croyons efficaces, il est une réforme sur laquelle nous comptons infiniment plus que sur les meilleures lois spéciales; nous voulons parler de la réforme de l'instruction publique. S'il est une panacée qui puisse guérir tous nos maux, c'est celle-là et celle-là seule. — Nous n'avons pas à développer ici cette idée que nous avons essayé d'exposer ailleurs[1]; mais qu'on le sache bien, il ne s'agit point de petites réformes de détail, insignifiantes et puériles. Il s'agit de la création d'ensemble d'un grand système d'éducation nationale qui fasse enfin des hommes et des citoyens. Est-il possible de rester plus longtemps dans la torpeur et dans l'aveuglement à cet égard? Ne comprendrons-nous donc jamais que les individus valent ce que vaut leur éducation et qu'une société vaut ce que valent les individus qui la composent?

C'est par cette éducation générale que s'établiront enfin la véritable égalité, la véritable fraternite; que se résoudront sans peine la plupart des problèmes qui nous préoccupent et nous inquiètent, parce que leur solution ne requiert que deux conditions : science et liberté.

C'est par elle que s'obtiendra la stabilité la plus solide; avec des citoyens bien instruits de leurs droits et de leurs devoirs, il n'y a plus de révolutions à

1. Opinion du père Mathieu, *Dialogue sur l'éducation* (chez André Sagnier, 9, rue Vivienne.)

craindre, par cette excellente raison qu'il ne saurait plus y avoir de mauvais gouvernements.

Mais, surtout, c'est par une générale et forte éducation que nous parerons au plus grave danger qui puisse nous menacer, à savoir : la domination cléricale. C'est parce qu'ils redoutent cette éducation rationnelle comme l'instrument certain de leur ruine ; c'est parce qu'ils savent bien que celui-là est le maître des peuples qui fait l'éducation des peuples, que, ne pouvant plus, dans ce siècle de progrès, prêcher la sainte ignorance, ils s'efforcent au moins de s'emparer de l'instruction publique à tous les degrés, afin de troubler l'intelligence à sa source et de la rendre à jamais impénétrable aux lumières de la raison et de la science.

Heureusement pour nous, notre bonne race française a toujours été réfractaire au jésuitisme ! Elle aime la franchise et la clarté[1] ; c'est ce qui l'a toujours sauvée.

Ne nous étonnons pas, du reste, de ces efforts ; ils sont dans la nature des choses. — Personne ne meurt volontiers, pas plus les religions que les hommes. Or, toute religion qui se trouve en face de la science se sent frappée à mort. Les religions sont destinées à mourir parce qu'elles ne sont que la fausse science du passé dont l'ombre funeste se projette trop longtemps sur la vraie science, qui est la religion de l'avenir, la seule qui puisse jamais réunir dans son gi-

1. « Te voilà aux fers, te voilà en l'inquisition d'Espagne, plus intolérable mille fois et plus dure à supporter *aux esprits nez libres et francs, comme sont les Français*, que les plus cruelles morts dont les Espagnols se sçauraient adviser. »

(*Satire Ménippée*, Discours de d'Aubray, 1593.)

ron l'humanité tout entière; car, ne s'adressant qu'à la raison qui est partout la même, elle doit nécessairement s'imposer un jour à tous les hommes par sa propre évidence. Alors, dans un avenir lointain, mais qu'il est permis de prévoir, l'humanité, devenue majeure, ne formera plus qu'une grande famille, et, ce qui ne semble aujourd'hui à la plupart des hommes que le rêve d'un utopiste, la république universelle sera, sans doute, un idéal réalisé.

TABLE DES MATIÈRES

18055. — Typographie Lahure, rue de Fleurus, 9, à Paris.

www.ingramcontent.com/pod-product-compliance
Ingram Content Group UK Ltd.
Pitfield, Milton Keynes, MK11 3LW, UK
UKHW022327190726
13856UKWH00001B/259